Elogios para

O Mindset de Grandeza

"O que Lewis escreveu é uma mensagem que muitos precisam ouvir agora. Em um mundo dominado por burnout, estresse e ansiedade, *O Mindset de Grandeza* ajudará os leitores a se reconectar com seu propósito, desbloquear sua força interior e usar seus dons para aprimorar as comunidades ao seu redor."

— ***Arianna Huffington,*** *cofundadora do* The Huffington Post *e fundadora/CEO da Thrive Global*

"Tem sido incrível ver Lewis superar consistentemente obstáculos ao longo dos anos para alcançar seus sonhos, e tudo isso começa com seu mindset. Me anima que ele tenha dedicado tempo para documentar suas referências neste livro, de forma que outros possam superar suas próprias dúvidas e viver uma vida plena."

— ***Jay Shetty,*** *autor de* Pense como um monge, *best-seller do* New York Times, *e apresentador do podcast* On Purpose

"Não importa o que você faça na vida, adotar o mindset correto é o ingrediente mais importante para realizar seus sonhos. Neste livro maravilhoso, Lewis Howes lhe dá as ferramentas práticas para alcançar a verdadeira grandeza."

— ***Dr. Joe Dispenza,*** *autor de* Você é o placebo, *best-seller do* New York Times

"Lewis tem a capacidade de compartilhar verdades difíceis de uma maneira profundamente capacitadora. Nestas páginas, você se sentirá vislumbrado e amparado para enfrentar corajosamente sua própria verdade e retornar a melhor versão de si mesmo. Recomendo altamente *O Mindset de Grandeza* para qualquer pessoa que esteja pronta para elevar sua vida."

— ***Gabrielle Bernstein****, autora de* The Universe Has Your Back, *best-seller do* New York Times

"Suas crenças limitantes já o mantiveram preso por tempo demais. Lewis Howes está aqui com seu livro para ajudar. Mude suas crenças e você mudará sua vida."

— ***Mel Robbins****, autora best-seller internacional de* Um único hábito pode mudar sua vida *e* O poder dos 5 segundos

"A abordagem prática e respaldada pela ciência de Lewis para um tópico potencialmente arrebatador é um verdadeiro sopro de ar fresco. Eu recomendo altamente *O Mindset de Grandeza* para qualquer pessoa que queira se reconectar com sua própria visão, revitalizar seus relacionamentos ou reinventar a si mesmo."

— ***Dra. Tara Swart Bieber****, neurocientista e professora da Escola de Administração Sloan do MIT*

O Mindset de Grandeza

OUTRAS OBRAS DO AUTOR

The School of Greatness
The Mask of Masculinity

O Mindset de Grandeza

Libere o Poder da sua Mente e Viva a sua Melhor Vida

Lewis Howes

ALTA BOOKS
GRUPO EDITORIAL
Rio de Janeiro, 2024

O Mindset de Grandeza

Alta Life é um selo da editora Alta Books do Grupo Editorial Alta Books (Starlin Alta Editora e Consultoria LTDA.)

ISBN: 978-85-5082-211-2

Translated from original The Greatness Mindset Copyright © 2023 by Lewis Howes. ISBN 978-1-4019-7190-8. This translation is published and sold by Hay House, Inc., the owner of all rights to publish and sell the same. PORTUGUESE language edition published by Starlin Alta Editora e Consultoria Ltda, Copyright © 2024 by STARLIN ALTA EDITORA E CONSULTORIA LTDA.

Impresso no Brasil — 1ª Edição, 2024 — Edição revisada conforme o Acordo Ortográfico da Língua Portuguesa de 2009.

Dados Internacionais de Catalogação na Publicação (CIP) de acordo com ISBD

H859m Howes, Lewis

O Mindset de Grandeza: libere o poder da sua mente e viva a sua melhor vida / Lewis Howes. - Rio de Janeiro : Alta Books, 2024.
320 p. ; 15,7cm x 23cm.

Inclui índice.
ISBN: 978-85-5082-211-2

1. Autoajuda. 2. Mindset. I. Título.

2024-243 CDD 158.1
CDU 159.947

Elaborado por Vagner Rodolfo da Silva - CRB-8/9410

Índice para catálogo sistemático:
1. Autoajuda 158.1
2. Autoajuda 159.947

Produção Editorial: Grupo Editorial Alta Books
Diretor Editorial: Anderson Vieira
Vendas Governamentais: Cristiane Mutüs
Editor da Obra: Ibraima Tavares
Gerência Comercial: Claudio Lima
Gerência Marketing: Andréa Guatiello

Produtor Editorial: Thales Silva
Tradução: Bernardo Kallina
Copidesque: Daniel Salgado
Revisão: Alberto G. Streicher; Rafael Fontes
Diagramação: Rita Motta

ALTA BOOKS
GRUPO EDITORIAL

Rua Viúva Cláudio, 291 — Bairro Industrial do Jacaré
CEP: 20.970-031 — Rio de Janeiro (RJ)
Tels.: (21) 3278-8069 / 3278-8419
www.altabooks.com.br — altabooks@altabooks.com.br
Ouvidoria: ouvidoria@altabooks.com.br

Editora **afiliada à:**

ASSOCIADO CBL Câmara Brasileira do Livro

Dedico este livro ao meu eu mais jovem por ter tido a coragem de me fazer atravessar a dor, ao meu eu atual por conseguir enfrentar a vergonha e aprender a curar, e ao meu eu futuro, pois a jornada para a grandeza acaba de começar.

SUMÁRIO

Capítulo 1. À PROCURA DA GRANDEZA 1

Capítulo 2. A ALTERNATIVA DA GRANDEZA 13

PARTE 1: O INIMIGO DA GRANDEZA

Capítulo 3. FALTANDO COM SUA MISSÃO SIGNIFICATIVA 31

PARTE 2: AS BARREIRAS PARA A GRANDEZA

Capítulo 4. MEDO Nº 1: FRACASSO 55

Capítulo 5. MEDO Nº 2: SUCESSO 71

Capítulo 6. MEDO Nº 3: JULGAMENTO 81

Capítulo 7. ASSASSINA DE SONHOS: AUTODÚVIDA 91

Capítulo 8. SEU KIT DE FERRAMENTAS DE CONVERSÃO DO MEDO 101

PARTE 3: O MINDSET DE GRANDEZA

Capítulo 9. CURANDO SEU PASSADO 123

Capítulo 10. ENCONTRANDO SUA IDENTIDADE 141

Capítulo 11. O CICLO DO MINDSET EM MOVIMENTO 163

PARTE 4: ESTRATÉGIA PARA A GRANDEZA

Capítulo 12. FAÇA PERGUNTAS CORAJOSAS 191

Capítulo 13. DÊ PERMISSÃO A SI MESMO 203

Capítulo 14. ACEITE O DESAFIO 213

Capítulo 15. DEFINA SEUS OBJETIVOS DE GRANDEZA 227

Capítulo 16. SOLICITAR APOIO 241

Capítulo 17. FAÇA ACONTECER 255

Capítulo 18. CELEBRE: VOCÊ É SUFICIENTE! 271

AGRADECIMENTOS 279

SOBRE O AUTOR 281

NOTAS 283

ÍNDICE 305

Capítulo 1

À PROCURA DA GRANDEZA

Eu tinha 23 anos, dormia no sofá da minha irmã em Columbus, Ohio (EUA) e estava completamente quebrado. Minha vida estava longe de ser ótima.

Até aquele momento, minha vida tinha sido definida pelos esportes. Eu havia alcançado o status de All-American no decatlo, mas minha verdadeira paixão era o futebol americano, onde também era um All-American. Conquistei o recorde mundial de maior número de jardas recebidas em um único jogo de futebol americano (em todas as divisões e todos os níveis). E finalmente realizei meu sonho de jogar profissionalmente na Arena Football League enquanto buscava minha chance de ir para a NFL. Mas então, no meio de um jogo, quebrei meu pulso. O prognóstico? Cirurgia. Eles abriram meu quadril para pegar um pedaço de osso e fundi-lo ao meu pulso — seis meses engessado e mais um ano de repouso.

Eu estava há apenas um mês engessado, em setembro de 2007, quando me perguntei se algum dia seria capaz de pisar no campo novamente. Para piorar, meu pai havia sofrido um acidente no ano anterior, enquanto viajava para a Nova Zelândia. Ele havia sofrido uma grave lesão cerebral. Depois de ficar em coma por meses, ele finalmente recuperou a consciência, mas estava claro que sua jornada de cura seria longa. Depois que ele voltou para os Estados Unidos, pude visitá-lo semanalmente, mas ele se lembrava muito pouco de todas as pessoas que haviam significado tanto para ele antes do acidente, e não mostrava sinais de melhora.

Minhas noites eram assombradas por perguntas assustadoras: *e se meu pulso não melhorasse? E se não pudesse jogar novamente? E se meu sonho*

Eu sabia que essa não poderia ser a história da minha vida.

acabasse ali? Quem eu seria, então? E se meu pai nunca se lembrasse de mim? E se eu não conseguisse descobrir o que fazer a seguir? E se ninguém nunca me amasse? E se eu tentasse e falhasse? O que as pessoas pensariam? Pior ainda, e se eu não conseguisse corresponder às minhas próprias expectativas? Parecia que tudo o que eu podia fazer durante aqueles dias sombrios era me distrair com programas de TV e comerciais enquanto sentia minha chance para a grandeza escorrendo entre os dedos, desaparecendo cada vez mais depressa. Não sabia o que pensar ou sentir, nem como processar minhas próprias emoções. E ainda por cima, não tinha terminado a faculdade. Estava financeira, física, emocional e espiritualmente quebrado. Me indagava sobre o que fazer a seguir e, na minha perspectiva, estava sozinho nessa.

Mas eu sabia que essa não poderia ser a história da minha vida. Eu sabia que deveria haver algo a mais — que havia grandeza dentro de mim —, mas não sabia por onde ou como começar. No entanto, lá no fundo, eu sabia que acabaria descobrindo tudo.

MINDSET IMPORTA

Talvez você já tenha tido um daqueles momentos em que percebeu a terrível verdade: você está apenas tentando sobreviver, correndo contra o tempo, esperando que algo mágico aconteça um dia e mude tudo. Talvez você tenha um sonho que permaneceu apenas isso — um sonho, algo a ser feito em algum dia que parece nunca chegar.

Enquanto escrevo estas palavras, a pandemia de COVID deixou muitas pessoas paralisadas, estressadas e deprimidas. Mas, é claro, não é preciso uma pandemia para produzir estresse, pois quem é que sabe o que virá em seguida? Sempre haverá algo. A vida acontece. Talvez algo inesperado tenha acontecido com você nos últimos anos: você perdeu o emprego, passou por um divórcio ou desilusão amorosa, perdeu um ente querido ou fez uma cirurgia que acabou com sua carreira — e você se sente atordoado, incerto sobre o que fazer a seguir.

Ou talvez você tenha saído do sofá da vida há muito tempo. Você esteve ocupado fazendo as coisas acontecerem, perseguindo seus sonhos e parecendo bom fazendo isso. Talvez você tenha desenvolvido uma atividade paralela, um negócio ou carreira bem-sucedidos em busca de seus sonhos mas, por dentro, sente que não é o suficiente. Embora possa ser bom em obter resultados, você sente que falta algo e que está destinado a mais.

Isso é bom, mas não *grandioso*!

Uma das razões pelas quais muitas pessoas se esforçam é que sentem que sua identidade está ligada aos resultados que alcançam. Talvez seja o seu caso. Eu certamente já passei por isso. O velho ditado no golfe afirma que você é tão bom quanto sua próxima tacada, mas esse mindset pode deixá-lo se sentindo bastante insatisfeito, como se nunca pudesse ser ou fazer o *suficiente*.

Você sente que falta algo e que está destinado a mais.

Uma das coisas mais difíceis da qual se libertar é uma vida "boa, mas não ótima". Ouço isso com frequência de pessoas que ganham o que a maioria consideraria uma quantia de dinheiro boa e que têm o que parece ser uma boa carreira, com filhos e família — mas ainda sentem uma dor ou insatisfação subjacentes. Há um sentimento por algo *mais*.

Isso ressoa em você?

Agora, não me entenda mal. Não há nada de errado em viver uma vida "boa". Sem dúvida, milhões de pessoas no mundo ficariam felizes em trocar de lugar com você. Mas a questão é: esta é a vida que você quer? É a história que você quer que o seu futuro eu conte?

Essas são as perguntas intencionais que pessoas de alto desempenho fazem, e se esse é o seu caso, não quero deixá-lo de fora desta conversa. Talvez você já esteja perseguindo e alcançando seus sonhos, buscando a grandeza no mais alto nível nos negócios, esportes, artes, política, trabalhos de caridade — você escolhe. Você se esforçou muito para desenvolver intencionalmente seu mindset, mas sabe que ninguém nunca realmente chega lá. Você quer essa vantagem extra e está sempre procurando maneiras de aproveitar o poder da sua mente. Eu entendo.

Portanto, se você se sente estagnado, quebrado ou mal sobrevivendo à vida neste momento, ou está vivendo o que a maioria chamaria de uma boa vida, mas ainda se sente insatisfeito por dentro, ou se simplesmente deseja passar para o próximo nível e encontrar alguma vantagem, você veio ao lugar certo.

O Mindset de Grandeza ajudará você a desbloquear o poder da sua mente, mostrando como encontrar sua própria Missão Significativa, superar seus medos e dúvidas e, finalmente, alcançar aquelas metas e sonhos que podem ter parecido tão elusivos por tanto tempo.

Você *pode* reescrever a história do seu passado para impulsioná-lo para um futuro melhor em vez de se tornar uma história que se repete infinitamente em sua mente e o impede de avançar. Mas como você quer escrever essa história futura? Quem você quer ser? Para onde quer ir? Você sabe? E então, como você pode exercitar a coragem para superar os medos e as dúvidas e desenvolver um plano para perseguir seus sonhos com maior clareza sobre quem você é e quem deseja se tornar?

Esta é a vida que você quer?

Sejam quais forem seus sonhos, ou mesmo se você se esqueceu de que os tinha, eu lhe faço esta simples pergunta:

Você se sentiria feliz ou realizado se seu sonho morresse com você? Se não, o que você vai fazer a respeito?

AÇÃO MASSIVA E IMPERFEITA

Felizmente, minha história não terminou no sofá da minha irmã. E minha irmã deixou claro que eu não viveria com ela pelo resto da vida. Na verdade, um dos maiores presentes que ela me deu foi dizer que eu precisava ajudar a pagar o aluguel ou encontrar outro lugar para morar. Então, depois de me lamentar por um mês ou dois, levantei do sofá e segui em frente.

Meu primeiro passo foi ligar para Stewart Jenkins, um mentor meu que eu admirava, e que era o diretor da minha antiga escola, e apenas fazer a pergunta óbvia: *o que posso fazer?* Ele disse ter ouvido falar que as pessoas estavam encontrando empregos em uma plataforma digital chamada LinkedIn. Foi a primeira vez que ouvi falar disso, mas imaginei que, se ele achava uma boa ideia, eu daria uma olhada. Assim, *mergulhei de cabeça* nisso, obcecado por aprender tudo o que pudesse.

Então, no Natal, meu irmão me deu um presente. Nossa família tinha a tradição de sortear nomes para decidir quem daria um presente para quem, e ele tirou meu nome. Seu presente foi um livro. Ele nem embrulhou. Ele apenas me entregou, ainda em um saco plástico. O livro era *Trabalhe 4 horas por semana*, de Timothy Ferris. O subtítulo definitivamente chamou minha atenção: *fuja da rotina, viva onde quiser e fique rico*. Devorei aquele livro em poucos dias na época do Natal, segurando-o desajeitadamente, virando as páginas com minha única mão livre. O livro me abriu para um mundo de possibilidades sobre coisas como negócios digitais, marketing online e o lançamento de algo novo. Então fui a fundo, lendo blogs de todos os principais líderes da época e entrando em contato com todos em quem pude pensar no LinkedIn para desenvolver relacionamentos ao longo do ano seguinte.

Você pode reescrever a história do seu passado para impulsioná-lo para um futuro melhor.

Duas coisas me ajudaram muito durante esse período. Uma foi levar a sério aprender como dançar salsa (uma história que contarei mais tarde). A outra foi escolher dominar a habilidade de falar em público — um medo que me limitou por toda a vida e que senti que precisava superar. Conheci um cara que era palestrante profissional e disse a ele que queria aprender a fazer o que ele fazia, mas não conseguia falar na frente de ninguém. Ele me convidou para tomar um café (não, eu ainda não tinha dinheiro para pagar minha própria xícara de café!) e me deu seu melhor conselho: "você precisa se juntar ao Toastmasters e fazer um discurso toda semana durante um ano." *Bem*, pensei, *esse cara claramente sabe o que está fazendo, então estou dentro!*

Em um evento do Toastmasters que ocorreu em Columbus, Ohio, um cara deu um discurso incrível. Após o evento, fui para o fundo da sala. Enquanto enfiava salgadinhos na boca e embrulhava mais alguns em guardanapos, ouvi um homem perguntar: "o que você está fazendo?"

Eu gelei, então me virei para ver quem tinha feito a pergunta. Era o palestrante que acabara de fazer aquele discurso incrível! Engoli em seco e tentei engolir o resto, agindo como se fosse a coisa mais natural do mundo enfiar comida grátis em todos os bolsos vazios que eu tinha com apenas uma mão.

"Bem, eu, é, realmente não tenho, hum, muito dinheiro, então estou levando um pouco disso para comer mais tarde em casa." Se eu pudesse ter me enfiado embaixo da mesa de lanches, teria feito isso, mas duvidei que, com meu 1,80m, pudesse me esconder debaixo da toalha de mesa sem que ele notasse — e, além disso, eu teria esmagado os salgadinhos nos meus bolsos.

"Deixe-me pagar um almoço para você", respondeu ele, e virou-se em direção à porta como se encontrasse pessoas famintas enchendo os bolsos após cada discurso.

Seu nome era Frank Agin e ele começou a me orientar quanto à falar em público; ele também tinha uma empresa local de networking empresarial. À medida que nosso relacionamento crescia, contei a ele sobre todo o trabalho que eu vinha fazendo para aprender sobre o LinkedIn, e o ajudei a atualizar seu perfil lá. Ele me deu um cheque de U$100 e disse que isso viraria o jogo para seus negócios. Eu fiquei atordoado. *Quer dizer que as pessoas vão me pagar para fazer isso*? Com seu incentivo, comecei a ajudar mais pessoas que também me pagavam. Dinheiro de verdade!

Mas ele não me deixou parar por aí. Em pouco tempo, tinha outro desafio para mim: "você deveria escrever um livro sobre o LinkedIn." *O quê?* Eu não tinha ideia de como escrever um livro. Eu tinha apenas 24 anos. Quem me ouviria? Além disso, eu quase fui reprovado na aula de inglês no ensino médio.

Ele não se intimidou. "Vou ajudá-lo a escrever." Ele já havia escrito alguns livros antes, então decidimos que ele escreveria uma seção sobre networking offline, e eu sobre como usar o LinkedIn para fazer networking online. Não foi um livro ganhador do Prêmio Pulitzer, mas conseguimos concluí-lo, e ele estava agregando valor às pessoas. Antes que eu percebesse, eu era um autor, ganhando dinheiro e seguindo em frente.

Então fui a um encontro do Twitter e pensei: *talvez eu possa fazer isso no LinkedIn*. Até onde eu sabia, ninguém jamais havia feito um evento de networking do LinkedIn. Então, fiz 20 eventos no ano seguinte, em todo o país, usando minha rede de contatos, o que me levou a fazer mais consultorias e, por fim, ao meu primeiro webinar, que me lançou no mundo dos negócios online e digital — e, desde então, não olhei para trás.

Avançando 14 anos, não apenas voltei a praticar esportes, mas também joguei na seleção masculina de handebol dos EUA por nove anos, no nível competitivo olímpico. Enquanto isso, no mundo dos negócios, abri uma empresa que cresceu e atingiu um fluxo de receita anual de sete dígitos. Entre milhões de podcasts no mundo, o meu, *The School of Greatness* [*A Escola da Grandeza*], está consistentemente próximo ao topo da lista e apresenta algumas das pessoas mais bem-sucedidas do mundo, com mais de 1.200 episódios e meio bilhão de downloads. Além disso, tenho o programa número 1 de desenvolvimento pessoal no YouTube e escrevi vários livros, incluindo um best-seller do *New York Times*. Já participei de programas como *Ellen*, *Today* e *Good Morning America* e consegui conquistar mais de 8 milhões de seguidores nas redes sociais.

Tudo isso me possibilitou causar um impacto no mundo, participando em muitos conselhos consultivos de organizações sem fins lucrativos e servindo a causas com as quais me preocupo há uma década. Consegui aproveitar minha rede pessoal para arrecadar muitos milhões em doações, ajudando o Pencils of Promise e outras causas como Charity: Water e Operation Underground Railroad na libertação de crianças da escravidão sexual.

Consegui descobrir muitas coisas nesta jornada e aprendi diretamente com algumas das maiores mentes do mundo, pessoas que se dedicaram à busca da grandeza em seus respectivos campos. Mas, no fim das contas, eu sabia que precisava escrever este livro sobre encontrar significados, superar medos e criar uma estratégia para o sentido e a realização na vida, por causa do que sinto por dentro todos os dias.

O CAMINHO À FRENTE

Enquanto seguimos juntos, compartilharei mais sobre como cresci, inclusive nos últimos anos. A grandeza é o que venho estudando e tentando aplicar em toda a minha vida adulta. Em diferentes momentos, tive que superar desafios físicos, emocionais e mentais nas três grandes áreas da vida: saúde, relacionamentos e em meus negócios e finanças. E não foi fácil. Eu encontrei medos e inseguranças em todos os níveis, mas consegui superar muitos deles com a ajuda de algumas das maiores mentes do mundo. Como entrevistador e aprendiz dessas grandes mentes, pude aproveitar sua expertise para ver como superaram suas dores, desafios e traumas para realizar coisas incríveis.

Mas você pode estar se perguntando, o que quero dizer quando falo em *grandeza*?

Desde o momento em que tomei aquela ação inicial massiva e imperfeita até hoje, desenvolvi uma definição funcional do que é grandeza:

Grandeza é descobrir seus dons e talentos únicos para perseguir sua Missão Significativa e causar o máximo de impacto positivo nas pessoas ao seu redor.

Não é complicado. Trata-se de descobrir quem você é e como fazer uma contribuição autêntica e única que ajude as pessoas ao seu redor e torne o mundo um lugar melhor. Parece simples. Então, o que impede tantos de nós de viver isso?

Uma das principais razões pelas quais as pessoas não buscam a grandeza é que rapidamente encontram o Inimigo da Grandeza: **a falta de uma Missão Significativa clara.**

Quando você não sabe o que realmente quer fazer, é muito difícil fazê-lo. Então, o Passo 1 é descobrir o seu propósito. Como Viktor Frankl, sobrevivente do Holocausto e autor de *Em Busca de Sentido*, disse: "a primeira coisa que dá sentido à vida é um projeto que exige sua atenção."[1] Fora isso, você está simplesmente vagando sem rumo. Vou equipá-lo com orientações práticas sobre como esclarecer sua missão.

Não ter direção ou propósito cria um vácuo em sua alma, um vácuo que o medo, a tristeza e os desafios de saúde mental correm para preencher. É por isso que o Passo 2 é fundamental: mostrarei como superar as barreiras mais comuns à grandeza. Vou guiá-lo através de cada um dos medos debilitantes — medo do fracasso, medo do sucesso, medo do que os outros pensam sobre você e, finalmente, medo do que você pensa sobre si mesmo. A verdade é que, se não forem resolvidos, todos esses medos levam você ao mesmo lugar: a dúvida de si mesmo e a crença de que você não é suficiente. A única maneira de superá-los e convertê-los é atacá-los de frente. Nestes capítulos, mostrarei como e fornecerei um Kit Prático de Ferramentas para a Conversão do Medo.

É no Passo 3 que você realmente aprenderá a desenvolver um Mindset de Grandeza. No centro desse mindset está a crença inabalável de que "eu sou o suficiente!" Isso não significa que você chegou lá, alcançou a perfeição ou fez todo o bem que poderia fazer no mundo. Isso significa que você ainda é um trabalho em andamento, certamente, mas segue avançando, tentando, falhando, aprendendo e crescendo enquanto ajuda outras pessoas a fazerem o mesmo.

Trata-se de descobrir quem você é e como fazer uma contribuição autêntica e única que ajude as pessoas ao seu redor e torne o mundo um lugar melhor.

O Mindset de Grandeza começa a tomar forma quando você inicia a jornada para curar as dores e os traumas do passado. Até que faça isso, muitas vezes você pode se encontrar à mercê de dores passadas sem nunca perceber como ou por quê. Exploraremos a psicologia e a ciência cerebral por trás de como nosso passado vem a moldar nossas respostas atuais, e como optar por ouvir seu treinador interno em vez de seu crítico interno.

Somente quando você tiver iniciado a jornada para curar seu passado, poderá se envolver em uma avaliação autêntica dos quatro elementos-chave do Mindset de Grandeza, naquilo que chamo de Ciclo do Mindset em Movimento:

1. **Identidade.** Você é o herói da sua própria aventura, mas heróis só se fazem enfrentando e superando desafios.
2. **Pensamentos.** Seus pensamentos moldam sua realidade, especialmente a tagarelice dentro de sua própria cabeça. Vamos dar uma olhada mais detalhada em como a ciência cerebral mais recente pode nos ajudar a entender o que se passa dentro de nossa cabeça.
3. **Emoções.** Seus sentimentos estão intimamente ligados aos seus pensamentos e ao seu corpo. Mais uma vez, a ciência cerebral mais recente e a psicologia oferecem insights cruciais. Paul Conti, autor do excelente livro *Trauma: a epidemia invisível*, nos adverte a investir tempo na cura das dores

do nosso passado porque "o trauma muda nossas emoções; emoções alteradas determinam nossas decisões."[2]

4. **Comportamentos.** Suas ações dão vida ao mindset interno, à medida que você a vive no universo físico. Examinaremos o papel que os hábitos e rotinas desempenham ao alimentar o Mindset de Grandeza.

E finalmente, Passo 4 — você precisa de uma Estratégia para a Grandeza. As sete ações a seguir fornecem um plano comprovado baseado em minha própria experiência e na expertise de tantos especialistas com quem tive o privilégio de aprender:

1. **Faça perguntas corajosas.** Quando você se atreve a fazer perguntas corajosas, começa a tornar o impossível possível.
2. **Dê permissão a si mesmo.** Uma vez que a porta esteja aberta, você deve se permitir acordar todos os dias e atravessá-la.
3. **Aceite o desafio.** Se você quer se tornar destemido, precisa dedicar-se *totalmente* aos medos até que eles desapareçam. Mostrarei como usar um desafio de 30, 60 ou 90 dias para fazer isso acontecer.
4. **Defina seus objetivos de grandeza.** Compartilharei meu próprio processo comprovado de definição e conquista de metas que o capacitará, mas não o sobrecarregará.
5. **Peça ajuda.** Você não pode chegar lá sozinho. Você precisará de sua própria ajuda interna por meio de hábitos e rotinas, bem como do suporte externo de colegas, treinadores e outras vozes para ajudá-lo a manter o curso.
6. **Faça acontecer.** Agora é hora de agir. Compartilharei as chaves para de fato fazer as coisas e se envolver em atividades significativas para continuar avançando, não importa o que aconteça.
7. **Celebre!** Tudo se resume a se tranquilizar com a realidade de que você é o suficiente em seu eu autêntico, não importa o resultado.

VOCÊ REALMENTE QUER ISSO?

Nas próximas páginas, recorrerei aos muitos especialistas que foram meus professores durante a última década e compartilharei minhas próprias ideias. Eu não tenho todas as respostas. Nenhum de nós tem. Mas, juntos, podemos alcançar algo mais, algo maior, quem sabe até a própria grandeza.

Não estou dizendo que cheguei lá. De jeito nenhum. A jornada continua. Mas... Eu. Sou. Suficiente. Aprendi a amar e aceitar a mim mesmo, e a cada dia que passa estou aprendendo e crescendo com isso. Percebi que há um caminho a seguir para um lugar onde posso vivenciar minha Missão Significativa e sentir uma profunda realização e significado nesta vida.

Veja, buscar a grandeza pode significar que você tropeçará e cairá algumas vezes ao longo do caminho. Você está disposto a correr esse risco? Eu sei que já esteve, no dia em que estava aprendendo a andar. Você caiu. Muito. Mas continuou se levantando e tentando novamente. E novamente. E novamente. Até que conseguiu. Agora, já nem pensa mais nisso. Essa é a atitude da qual precisará. Você precisará se sentir confortável em tentar, falhar e aprender, sabendo que o fracasso é o único caminho para o sucesso.

Isso significa ignorar os críticos e as opiniões de todas as pessoas que escolhem se sentar nas arquibancadas em vez de entrar em campo (incluindo o crítico mais barulhento de todos, que vive dentro da sua cabeça). Uma coisa que aprendi nessa jornada: críticas acontecem de qualquer jeito. É o preço da admissão à vida. Você só não pode deixar que isso determine como sua história será contada.

Você está pronto para descobrir seus dons e talentos únicos, empenhando-se totalmente em sua busca?

Isso significa encontrar e ouvir treinadores que possam ajudá-lo a ver além de seus medos e expandir sua visão do que é possível em sua vida. Pode significar contar com a ajuda de profissionais ou terapeutas treinados que possam ajudá-lo a curar seu passado para que você possa seguir em frente. Não pretendo saber os detalhes do tipo de apoio específico de que você precisará, mas sei que o especialista em liderança John C. Maxwell está certo: "um é um número muito pequeno para alcançar a grandeza."[3]

Isso significa dar tudo de si, tomar atitudes corajosas, mas depois abrir mão dos resultados. Afinal, estes podem não ser o que você espera. Eles podem ser melhores, ou apenas diferentes. E tudo bem. Se você continuar agindo em prol de sua Missão Significativa — aquelas coisas que você sabe que um dia se orgulhará de ter feito —, os resultados aparecerão por si só.

Então, minha pergunta para você é a seguinte — e seja honesto consigo mesmo, porque a opinião de mais ninguém importa: você está pronto para descobrir seus dons e talentos únicos, empenhando-se *totalmente* em sua busca e, durante essa busca, causar o máximo de impacto nas pessoas ao seu redor?

Se estiver, você pode dominar o Mindset de Grandeza e ajustar sua história de vida de tal forma que, em vez de perseguir a grandeza, a grandeza o perseguirá.

Capítulo 2

A ALTERNATIVA DA GRANDEZA

Em 13 de setembro de 2007, o tenente Jason Redman, um SEAL da Marinha dos EUA, estava chegando ao fim de sua missão na província de Anbar, no Iraque. Quase todas as noites, ele e seus companheiros conduziam missões, envolvendo-se em tiroteios de vida ou morte no que havia sido o destacamento mais intenso de seus 15 anos de carreira. Faltava apenas uma semana para ele retornar para casa, para a esposa e os três filhos pequenos para desfrutar de uma divertida celebração de Halloween.

Naquela noite, a inteligência indicou que eles poderiam ter finalmente localizado o principal líder da Al-Qaeda na província de Anbar, que se cercava de uma equipe de segurança conhecida por escolher o ataque suicida em vez da rendição. Esse líder também era responsável pela morte de um colega SEAL da Marinha. Enquanto Jason se preparava para a missão daquela noite, ele deixou as placas laterais de seu colete de lado, pensando que precisaria se mover rapidamente no conflito que se aproximava. Ele não queria carregar nenhum peso extra que pudesse vir a atrasá-lo. No entanto, algo o incomodava, incitando-o a colocar as placas. E foi o que acabou fazendo; então, sem pensar duas vezes, embarcou no helicóptero para adentrar o território inimigo.

No entanto, quando eles pousaram e entraram na casa onde o líder estava supostamente escondido, quem quer que estivesse lá já havia desaparecido, embora eles tenham encontrado armas e materiais para fabricação de bombas. Enquanto Jason e sua equipe esperavam na varanda pela destruição dos explosivos, uma informação chegou: cinco indivíduos haviam acabado de ser vistos correndo de uma casa a cerca de 150 metros de distância e estavam escondidos na vegetação densa. Sua equipe de nove membros foi encarregada de rastreá-los para descobrir o que sabiam.

À medida que avançavam na escuridão, verificaram com a vigilância aérea: alguma arma? *Não*. O que esses caras estão fazendo? *Não consigo vê-los*. Conforme avançavam pela vegetação densa, o "sensor aranha" de Jason o alertou de que algo estava errado. Ele atribuiu isso ao estresse e avançou, seguindo o que haviam sido treinados para fazer.

Então, aconteceu. O médico da equipe encontrou um dos homens que estavam procurando — literalmente pisando nele. A figura sombria no chão rolou e estendeu a mão para o médico, que prontamente atirou nele enquanto levava um tiro no processo. O que nenhum deles sabia era que os cinco homens que estavam perseguindo eram o último destacamento de segurança suicida do líder da Al-Qaeda, composto por cerca de quinze pessoas, e que o inimigo havia preparado uma emboscada naquele campo. Para piorar, o médico estava na retaguarda da equipe SEAL, o que significava que Jason e o resto do grupo já estavam dentro do ninho das vespas.

Enquanto arrastavam o médico até um grande pneu de trator John Deere caído no campo, outros membros da equipe foram baleados. À frente, Jason se viu a menos de 15 metros de duas metralhadoras com cintos de munição disparando balas maciças que perfuravam o ar ao seu redor com força supersônica, com projéteis rastreadores iluminando a área como vaga-lumes explosivos.

Jason foi imediatamente "costurado", sendo atingido por balas em todo o seu colete. Ao cair, sentiu como se um gorila de 300 kg o tivesse atingido com um taco de beisebol enquanto tomava mais dois tiros no cotovelo direito; então, um raio subiu pelo seu braço e o atingiu na nuca. Uma rápida tateada com a mão esquerda não encontrou nada. Ele presumiu que seu braço havia sido arrancado. Jason continuou respondendo ao fogo e gritando ordens para sua equipe, movimento que fez com que o inimigo focasse ambas as armas em sua direção.

As balas atingiram seu capacete e arma e destruíram o dispositivo de visão noturna em sua cabeça. Em seguida, uma única bala atingiu de frente sua orelha direita, atravessando seu rosto e saindo pelo lado direito de seu nariz. O impacto estraçalhou sua mandíbula até o queixo, quebrou todos os ossos ao redor de seu olho direito, arrancou seu nariz e o deixou inconsciente.

Quando Jason voltou à consciência, tentou entender o que havia acontecido. *Meu braço já era.* Sua mão esquerda explorou o lugar onde costumava estar a lateral de seu rosto. *Meu rosto já era.* Munições traçantes passaram raspando a poucos centímetros acima dele. *Não se mexa!*

Incapaz de alcançar seu torniquete para estancar o sangramento, ele pediu ajuda à sua equipe. Pela primeira vez, eles perceberam que ele ainda estava vivo. Outra bala atingiu a placa lateral do colete, que ele quase havia deixado na base. Por mais doloroso que tenha sido o impacto, ela impediu que o projétil atingisse seu rim e destroçasse sua coluna.

De alguma forma, o líder da equipe arrastou Jason de volta para a cobertura do pneu. Eles convocaram um ataque aéreo próximo e, quando o borrão de transportes de helicóptero e equipes médicas trabalhando freneticamente para salvar sua vida passou, Jason havia perdido cerca de 40% de seu sangue.

Pouco depois de chegar ao Hospital Naval de Bethesda, em Maryland, os médicos realizaram uma tomografia computadorizada e criaram um modelo 3D de seu crânio para descobrir possíveis opções de reconstrução. A imagem parecia mostrar um rosto atingido por um machado. Seu braço direito ainda estava ali, mas os médicos discutiam a necessidade de amputá-lo.

A ficha ainda não havia caído. Ele havia planejado ir ao casamento de sua irmã nas Ilhas Virgens em outubro daquele ano; então, a certa altura, escreveu um bilhete para a enfermeira perguntando quanto tempo tudo aquilo levaria. Ela deu a ele um olhar incrédulo e simplesmente disse: "vai levar anos para você se recompor."

Enquanto ele estava deitado lá uma noite sem nada para fazer a não ser lutar com seus próprios pensamentos, uma voz começou a falar. Alguém havia entrado em seu quarto e, pensando que ele estava dormindo, disse o quanto a experiência no hospital podia ser devastadora. Eles falaram sobre como devia ser terrível para todos aqueles soldados feridos que foram destroçados e nunca mais voltariam a ser os mesmos. E Jason percebeu que estavam falando sobre ele.

QUANDO O INIMIGO VENCE

Se alguém tinha uma desculpa para desistir naquele momento e se contentar com uma vida menos do que ótima, era Jason Redman. Mas, como você verá, Jason escolheu um caminho diferente e mais intencional.

Tantas pessoas maravilhosas vivem vidas sem grandeza porque vivem por *padrão*, e não por *escolha*. Elas se deixam limitar por medos, ansiedades e dores do passado, em vez de abraçar um mindset ilimitado e abundante. Isso não significa que elas não lidam com complicações. Claro que não. Estas chegam a todos nós das mais diversas maneiras. Mas você não precisa fugir quando isso acontecer. Você pode escolher aceitar os desafios e enfrentar os medos — e aproveitar a jornada!

Quando as pessoas vivem na escuridão do medo e da incerteza, elas não têm o que eu chamo de Missão Significativa, um propósito subjacente que dá às suas vidas uma maior significância. Como resultado, elas não sentem liberdade interior ou paz em suas jornadas. Inconscientemente, deixam o medo controlar suas decisões de vida e moldar suas percepções sobre quais escolhas podem ser feitas. Consequentemente, elas se sentem presas onde estão, e até mesmo encurraladas, o que pode levá-las a se sentirem perdidas, ressentidas e com raiva de si mesmas e dos outros.

Essa incerteza interna pode produzir uma ansiedade tremenda. Conforme seus corpos reagem a essas emoções, elas podem até experimentar respostas fisiológicas ou ataques de pânico. Estamos vendo esse tipo de ansiedade se manifestar cada vez mais. A ansiedade é o transtorno mental mais comum nos EUA, afetando 40 milhões de adultos.[1] De acordo com a Cleveland Clinic, todos os anos, até 30 milhões de norte-americanos experimentam algum tipo de ataque de pânico.[2] E muitas vezes são pessoas que estão no que a maioria consideraria o auge da vida que enfrentam as maiores batalhas. De acordo com o Instituto Nacional de Saúde Mental dos EUA (NIMH), mais de 31% dos adolescentes experimentam algum transtorno de ansiedade, seguidos por pessoas de 18 a 44 anos, em cerca de 22%, e de 45 a 59 anos, em pouco mais de 20%.[3] Em outras palavras, ninguém está livre disso.

Esse aumento na ansiedade pode ser atribuído a vários fatores, mas o resultado final é uma crescente sensação de incerteza. E como a Dra. Wendy Suzuki me disse em meu programa, a incerteza é o principal motivador de muitas de nossas ansiedades.[4]

Você já se sentiu insatisfeito em sua vida? Com sua carreira ou experiência empresarial? Com seus relacionamentos íntimos, família ou amigos? Ou, principalmente, consigo mesmo?

Uma sensação geral de "blá-blá-blá" pode se tornar a regra em vez da exceção. Talvez seja por isso que tenhamos observado um declínio significativo na felicidade dos adultos nos EUA. Em uma pesquisa social geral ao longo de mais de 40 anos (1973–2016), as tendências têm sido no sentido de as pessoas dizerem que estão menos felizes, especialmente nos últimos 20 anos.[5]

Algumas recorrem a mecanismos de enfrentamento para alívio temporário do estresse, como comer mais, mas se exercitar menos. Isso pode explicar por que, de acordo com o Instituto Nacional de Saúde dos EUA, quase 1 em cada 3 adultos está acima do peso, mais de 2 em cada 5 adultos tem obesidade e cerca de 1 em cada 11 adultos tem obesidade grave.[6] Todos esses comportamentos, infelizmente, são movimentos de autossabotagem que exacerbam o problema em vez de levar a soluções. E estamos aqui para chegar à causa raiz e encontrar soluções saudáveis para o seu crescimento, abundância e grandeza.

Alguns tomam decisões financeiras ruins na esperança de que gastar mais no curto prazo ou comprar aquela "coisa" incrível de alguma forma venha a produzir uma sensação de realização. E quando isso não funciona, tentam novamente. E novamente. Esse padrão pode ser especialmente destrutivo para alguém que já vive com um orçamento apertado. A pessoa cava um buraco de dívidas que torna tudo na vida mais desafiador e apenas multiplica uma carga de estresse que já era esmagadora.

> **Você não pode mudar a direção de sua vida se não souber onde está *neste momento*.**

Vemos essa tendência no aumento dos níveis de endividamento. Por exemplo, a renda familiar média nos Estados Unidos foi de US$79.900 em 2021, de acordo com o Departamento de Habitação e Desenvolvimento Urbano do país.[7] Isso representa um aumento de quase US$35 mil em relação a 2000. No entanto, o típico lar norte-americano agora carrega uma dívida média de US$145 mil, um aumento de mais de US$94 mil durante o mesmo período! Não estou dizendo que toda dívida é ruim, mas esse nível extra de endividamento só contribui para a carga de estresse. Em vez de ajudar as pessoas a se sentirem melhor, isso amplifica o problema.

Alguns se voltam para o trabalho na esperança de se sentirem melhor e encontrarem clareza. *Se eu puder fazer mais*, pensam eles, *finalmente sentirei que tenho valor e que estou fazendo alguma diferença real*. No entanto, parece que nunca há tempo suficiente para fazer o que precisa ser feito *agora*, muito menos fazer mais. À medida que os minutos passam, a sensação de sobrecarga aumenta. Eles sentem aquela sensação familiar de aperto no peito, o peso de um espectro sentado sobre eles, dificultando a respiração ou a clareza de pensamento.

Eles se sentem esgotados, exauridos. Nunca em dia com o repouso, o sono, os relacionamentos, os exercícios, as expectativas de amigos, familiares, colegas de trabalho e da sociedade. Afogando-se em responsabilidades. E então, vem a dor física. Dores de cabeça e enxaquecas. Apertos na garganta. Taquicardias. Distúrbios estomacais. Dores nas costas. Escolha o que quiser. O corpo soa o alarme: *algo está errado*.

E quanto mais intensa essa espiral descendente se torna, mais isolados e sozinhos eles podem começar a se sentir. *Ninguém entende como me sinto. Não posso falar com ninguém sobre isso, porque todo mundo já se resolveu, menos eu*. Então, é claro, se isso for verdade, o cenário está montado para a amargura se instalar. *Por que eu? Por que sou o único que se sente emocionalmente, financeiramente, relacionalmente, espiritualmente (e todo tipo de -mente) quebrado? E por que tudo e todos estão contra mim?* Não acho que seja coincidência que quase 20% de todos os norte-americanos tenham experimentado problemas de saúde mental[8] (e isso foi antes da pandemia do COVID!).

Posso ser verdadeiro com você? Acabei de descrever essas dores e ansiedades na terceira pessoa do plural — *eles* sentem, *eles* experimentam, *eles* temem. Mas eu mesmo senti quase todas essas coisas em muitos momentos. E talvez você também o tenha. Já compartilhei alguns de meus próprios conflitos e compartilharei ainda mais nas próximas páginas. Então, já posso desafiar você a reler as descrições acima e aplicá-las a si. *Você* sente. *Você* experimenta. *Você* teme. Ou, se você realmente leva a sério a busca pela grandeza, considere mudar para a *primeira pessoa do*

A luta pela grandeza faz parte daquilo que nos torna humanos.

singular. Eu me sinto esgotado. *Eu* fico sobrecarregado. *Eu* tenho medo de não fazer ou não ser o suficiente. *Eu* sinto diariamente as dolorosas consequências de tudo isso.

Não estou tentando criar mais problemas para você, mas quero desafiá-lo a ser honesto consigo mesmo. Porque você não pode mudar a direção de sua vida se não souber onde está *neste momento*. Você não pode ter esperança de alcançar um novo destino a menos que seja realista sobre sua situação e localização atuais. Se você deseja escalar a montanha mais alta, ajuda saber se você já está na metade do caminho para o cume, preso na lama no vale mais baixo ou a milhares de quilômetros de lugar algum.

Se alguma dessas descrições lhe parece familiar, você não está sozinho. Muito pelo contrário! Você é normal. Isso não é para banalizar a intensidade dos desafios ou a realidade de que algumas pessoas enfrentam passados mais dolorosos, muralhas mais altas e preconceitos mais profundos do que outras. Mas à medida que entrevistei tantos especialistas de todo o mundo, estudei os insights de incontáveis pessoas e me engajei com outras que estão apenas tentando viver vidas melhores, aprendi que a luta pela grandeza faz parte daquilo que nos torna humanos. Esforçar-se significa que você está vivo.

Isso não significa, no entanto, que você tenha que sofrer.

É importante como reagimos aos conflitos, porque cada um de nós tem o potencial para algo mais — a grandeza. Você enfrentará medos. Enfrentará desafios. A diferença está no que você escolhe fazer a respeito disso.

Outras pessoas veem sinais do Inimigo da Grandeza manifestando-se em explosões de raiva imprevisíveis. Muitas vezes, essas manifestações externas de uma realidade interna parecem surgir do nada, desencadeadas por sabe-se lá o quê. Pode ser fácil descartá-las quando são pequenas, mas com o tempo, elas podem aumentar em frequência e intensidade. Geralmente, derivam de algum trauma ou dor não resolvidos do passado.

Cada um de nós tem o potencial para algo mais.

Eu adoro a analogia de uma laranja suculenta. Esprema-a e você descobrirá que o que está dentro da laranja é suco. Quando você olha para um ser humano e aplica pressão nele, o que sai depende do que está dentro.

Se você tem paz, amor e paciência dentro de si, é isso que sairá quando "a vida acontecer". Se você tem raiva, ressentimento, vergonha e estresse dentro de você e não aprendeu a processar essa dor, então é isso que sairá de você quando tudo não ocorrer conforme o planejado.

Algumas pessoas aprenderam a manter tudo dentro de si. Elas aprenderam a não verbalizar sua raiva ou frustração. Mas manter tudo dentro de si apenas faz com que isso se manifeste de outras maneiras.

Não importa o que façamos, a dor interior se manifestará de alguma forma.

Eu costumava ter muito medo e raiva dentro de mim. Quando eu era atiçado pela vida de determinadas maneiras, isso vinha à tona. Não era bonito. Mas a jornada de cura que empreendi me levou a um lugar muito diferente, um lugar de paz e contentamento.

O OPOSTO DE NADA MAU: NADA BOM

Vários anos depois de ter saído do sofá da minha irmã e me aventurado no mundo do LinkedIn, consegui construir um negócio digital de sete dígitos. Estava ganhando muito dinheiro e ajudando muitas pessoas. E por um tempo, isso foi o suficiente. Mas aos poucos comecei a perceber que, se tivesse que falar mais uma vez sobre como maximizar sua biografia no LinkedIn, eu, bem... Eu provavelmente teria uma daquelas explosões de raiva que mencionei acima.

Não foi a primeira vez que me apaixonei por algo durante uma temporada. Por exemplo, eu adorava jogar beisebol desde os 5 anos de idade até decidir, aos 17, no último ano do ensino médio, que aquilo não era mais para mim. Eu era um bom jogador — um dos melhores do time — mas já não gostava tanto, e não via para onde aquilo me levaria em termos de direção de vida e futuro. Então, desisti do beisebol e me concentrei no futebol americano, no atletismo e no basquete. Esse movimento me deu mais tempo para desenvolver as habilidades que me levariam ao próximo nível na faculdade, quando me tornei um All-American duas vezes — no futebol americano e como decatleta.

Assim como o beisebol, os negócios eram algo que me entusiasmava muito — até que não mais. Afinal, eu não estava usando meu gênio interior ao máximo, embora não soubesse o que mais poderia fazer. Era bom ter construído um negócio bem-sucedido, e era ainda melhor ter dinheiro no banco. Mas quando contei a alguns amigos que estava pensando em fazer uma mudança, eles ficaram chocados: *como assim? Você já tem esse negócio que está gerando todo esse dinheiro e ajudando muita gente. Por que mudar agora?*

Eu só sabia que não estava no meu ponto ideal (algo que exploraremos mais no próximo capítulo). Como a maioria das pessoas, minha missão estava evoluindo. Tive a sensação de que o que tinha começado a fazer ali não era mais meu foco. Era hora de fazer uma mudança.

Então, com um negócio multimilionário que crescia ano após ano, eu disse ao meu sócio que não faria mais aquilo. Já havia ficado claro para mim há algum tempo que nós dois tínhamos visões diferentes para a empresa, mas eu apenas abaixava a cabeça e continuava me matando de trabalhar até as 3h da madrugada para manter o negócio funcional e operante. Apesar do fato de termos uma divisão de 50-50 da empresa, eu estava tendo três ou quatro vezes mais trabalho. Eu era o cara de vendas e marketing, bem como o criador de conteúdos, enquanto meu sócio gerenciava as operações de back-end. Quando parei de trabalhar, tudo desacelerou. Quando eu disse que queria me afastar, ele disse que assumiria parte da carga de vendas. Ele realizou um webinar que eu tinha apresentado e que não vendeu nada. Mesmo produto. Mesmo conteúdo. Nenhuma venda. Eu sabia que era hora de mudar de direção.

Mais uma vez, sendo transparente com você, nós não tínhamos a maturidade ou as habilidades para comunicar a situação de uma maneira saudável. Suspeito que ambos estávamos frustrados um com o outro e, falando por mim mesmo, éramos jovens e egocêntricos. Houve muita culpa em ambos os lados, e nós basicamente não nos falamos por vários meses.

Foi somente depois que comecei a encontrar meu caminho em direção à minha própria Missão Significativa e a tomar medidas para começar a curar meu próprio passado que pude voltar a ele com uma perspectiva radicalmente diferente.

Quando entrei em contato com meu sócio novamente, pude fazê-lo com paz e gratidão. Ele ficou chocado: *o que aconteceu com você?* Eu simplesmente disse que era grato por ele e por tudo o que havíamos construído juntos. Eu parti de um lugar de valorização ao invés de frustração. O programa que construímos ainda estava gerando uma receita significativa; então, eu vendi minhas ações para ele por sete dígitos e concentrei toda a minha atenção em ter clareza sobre o próximo passo da minha Missão Significativa.

E SE VOCÊ SE DECIDIR?

Quanto mais Jason Redman pensava na voz negativa que ouvira no hospital, mais furioso ficava. Ele acordou e escreveu, com a mão boa, um bilhete para a esposa, informando que ninguém teria permissão para entrar em seu quarto e sentir pena dele. Nunca mais. Ele pediu para que ela colocasse o seguinte aviso em um grande cartaz à sua porta:

ATENÇÃO
A todos que aqui entrarem:

Se você está entrando nesta sala com tristeza ou para sentir pena de minhas feridas, vá para outro lugar. As feridas que recebi, consegui em um trabalho que amo, fazendo isso por pessoas que amo, e apoiando a liberdade de um país que amo profundamente. Sou incrivelmente resistente e farei uma recuperação completa. O que é completo? É o máximo absoluto que o meu corpo é capaz de recuperar fisicamente. Então, ultrapassarei isso em cerca de 20% apenas com a força de vontade mental. A sala em que você está prestes a entrar é uma sala de diversão, otimismo e crescimento intenso e rápido. Se você não está preparado para isso, vá para outro lugar.

Atenciosamente,
a Administração[9]

Como Jason optou por adotar um mindset positivo, ele deu início ao seu lento e doloroso processo de cura. Enquanto isso, o manifesto que ele havia postado na porta viralizou. Posteriormente, o presidente George W. Bush o convidou para a Casa Branca, e a primeira-dama Michelle Obama mencionou o bilhete em dois de seus próprios livros. Também foi destacado em um livro do secretário de Defesa, Robert Gates. Mais importante ainda, inspirou milhões de pessoas que enfrentam desafios avassaladores a adotar o mesmo mindset positivo. O bilhete foi assinado pelo presidente Bush e atualmente encontra-se pendurado nos corredores da ala Wounded Warrior em Bethesda, inspirando mais pessoas enquanto um Redman recuperado continua a perseguir sua própria Missão Significativa.

A grandeza não acontecerá por acidente.

Eis o que ele me disse: "precisamos formar pessoas mais resilientes e ajudá-las a entender que às vezes ninguém virá salvar você, exceto você mesmo. Tudo começa com você. Você tem que ser a pessoa que se levanta e começa a avançar. Existe um nível de resiliência que vem com a escolha de seguir em frente."[10] Em outras palavras, a grandeza não acontecerá por acidente. Ninguém nunca tropeçou e caiu nela por acaso. O Dr. Jordan Peterson, um professor canadense de psicologia, até adverte os pais para não tornarem a vida de seus filhos muito fácil, pois isso pode fazer com que eles não sejam resilientes. A falta de desafios na vida pode prejudicar seriamente seu desenvolvimento.[11]

E se você optar por não buscar a grandeza e abraçar esse mindset positivo? Como seria a vida, então? Bem, existe uma série de resultados possíveis, todos eles girando em torno de sofrimentos e tristezas, talvez de se sentir sozinho ou como uma vítima. À primeira vista, pode parecer que você está vivendo uma vida ótima — família, filhos, carros, barcos, viagens ou qualquer outra definição pessoal de sucesso externo —, mas uma vida verdadeiramente significativa passará batida por você.

John Glenn, um dos primeiros norte-americanos a ir para o espaço e orbitar a Terra, atuou como senador por muitos mandatos e foi premiado

Você pode optar por ficar estagnado [...] mas nunca descobrirá totalmente qual é a sua maior e mais significativa contribuição para o mundo.

com a Medalha Presidencial da Liberdade em 2012 pelo presidente Barack Obama. Ele também foi a pessoa mais velha a ir ao espaço, aos 77 anos. "Se há uma coisa que aprendi em meus anos neste planeta", disse ele, "é que as pessoas mais felizes e realizadas que conheci são aquelas que se dedicaram a algo maior e mais profundo do que apenas seus próprios interesses."[12]

Você pode seguir um caminho de vida que se encaixa no que acha que deveria fazer, mas que não é o que deveria fazer de fato. Ou talvez este tenha sido o caminho certo por um período, mas agora que sua história evoluiu, ele apenas deixa você preso em um lugar que não parece *certo*. Você pode optar por ficar estagnado aí, fazendo o que acha que os outros querem que você faça, mas nunca descobrirá totalmente qual é a sua maior e mais significativa contribuição para o mundo.

Pior ainda, você pode ficar frustrado com tudo isso e se tornar amargo e raivoso, em vez de responder ao desafio como Redman fez. O mundo está cheio de pessoas que, depois de encararem certos desafios, optam por se tornar vilões de suas próprias histórias, em vez de heróis. Elas então começam a machucar outras pessoas. Nenhum de nós pretende ser essa pessoa, mas, ainda assim, isso não deixa de acontecer.

Eu quero algo muito, muito melhor para você — algo grandioso. E se você ainda está lendo estas páginas, presumo que também queira. Então, vamos investir um pouco de tempo juntos para descobrir onde você está antes de se concentrar em descobrir sua própria Missão Significativa.

AVALIAÇÃO DE DESEMPENHO DE GRANDEZA

Alcançar uma vida de grandeza é possível quando você se concentra em três áreas diferentes de sua vida. Eu gosto de chamá-las de Três Fatores — Negócios, Relacionamentos, Bem-estar. Pode ser tentador se concentrar em um ou dois deles, mas é importante desenvolver todos os três.

Como parte de nosso programa de Coaching para a Grandeza, ajudamos as pessoas a avaliar o quão bem estão vivendo cada aspecto desses Três Fatores. Esta avaliação simples o ajudará a entender seus pontos fortes e fracos e mostrará onde você precisa melhorar para alcançar a grandeza.

Aqui está uma versão condensada da avaliação que usamos no Coaching para a Grandeza:

Dê a cada afirmação abaixo uma pontuação de 1 a 10.

(1 = "Discordo totalmente" e 10 = "Concordo totalmente")

Até que ponto as seguintes afirmações descrevem quem você é neste momento?

Negócios e Carreira

1. Estou fazendo o que amo e desejo continuar fazendo isso profissionalmente.

2. Estou obtendo a receita ou renda que desejo com base em minhas habilidades.

3. Meus esforços comerciais ou profissionais têm impacto positivo sobre os outros.

4. Faço progressos constantes e mensuráveis para atingir minhas metas de negócios.

5. Tenho um plano intencional para crescer profissional e financeiramente nos próximos três anos.

(Some seu total de pontos para 1–5)

Pontuação Total (Negócios e Carreira): ______

(Divida a pontuação total por 5) Nota Média: ______

Relacionamentos

1. Meus relacionamentos familiares e/ou românticos são saudáveis, satisfatórios e estão onde quero que eles estejam.

2. Eu me envolvo regularmente em conexões sociais (encontros, eventos de happy hour).

3. Eu invisto tempo e energia nos relacionamentos com minha família, parceiro/a, amigos e colegas.

4. Pratico uma comunicação honesta, mesmo quando o assunto é desconfortável ou difícil.

5. Tenho um plano intencional para crescer em meus relacionamentos nos próximos três anos.

(Some seu total de pontos para 1–5)

Pontuação Total (Relacionamentos): ______

(Divida a pontuação total por 5) Nota Média: ______

Bem-estar

1. Estou fisicamente saudável e faço exercícios regularmente.
2. Faço escolhas nutricionais conscientes regularmente.
3. Durmo muito bem e faço disso uma prioridade.
4. Frequentemente pratico o autocuidado e estratégias para otimizar minha saúde mental.
5. Tenho um plano intencional para melhorar minha saúde nos próximos três anos.

(Some seu total de pontos para 1–5)

Pontuação total (Bem-estar): ______

(Divida a pontuação total por 5) Nota Média: ______

Seus Resultados

Média de Pontos Acumulados: ______

(Adicione o total de suas notas médias e divida por 3.)

Como você se saiu?

Utilize a escala simples abaixo para avaliar onde você está nesse momento:

RECONSTRUINDO	ACELERANDO	VENCENDO	AVANÇADO	CAMPEÃO
2.0–4.4	4.5–5.9	6.0–7.4	7.5–8.9	9.0–10.0

PASSO 1

O Inimigo da Grandeza

Capítulo 3

FALTANDO COM SUA MISSÃO SIGNIFICATIVA

Sete dólares. Isso é tudo que ele tinha no bolso quando chegou ao fundo do poço.

Durante anos, ele dedicou seu tempo, esforço e energia a um sonho — perseguir a grandeza no campo e chegar à NFL. E ele tinha a matéria-prima para fazer isso acontecer. Treinava com fervor, e, quando recebeu a oferta de uma bolsa de estudos para atletas na faculdade, ele tinha 1,95 m de altura e pesava 130 kg.

Mas talento e desejo nem sempre são suficientes.

Ele jogou todos os quatro anos obtendo um sucesso moderado, ao lado dos futuros membros do Hall da Fama da NFL. Mas quando chegou à temporada sênior, sofreu uma lesão no ombro e teve um ano sombrio. Quando o recrutamento da NFL veio, ele não foi escolhido. Seu sonho de futebol americano ainda estava vivo, no entanto, e ele aceitou um contrato de U$250 semanais para jogar em um time da Canadian Football League. (Coincidentemente, esta é a quantia exata de dinheiro que ganhei quando jogava na Arena Football League enquanto perseguia meu sonho de chegar à NFL.) Ele aparecia todos os dias cheio de foco, paixão e determinação para dar o seu melhor, mas a equipe já tinha muitos defensores no banco.

Certo dia, o treinador ligou para ele: "respeito seu trabalho duro e determinação, mas infelizmente este não é o seu ano. Lamento, mas vamos ter que cortá-lo." Parecia que seu sonho futebolístico havia morrido ali mesmo.

Ele pegou uma carona até o aeroporto e, ansiosamente, tomou o longo voo de volta para casa, no sul da Flórida. Quando pousou em Miami, fez a única coisa que sabia que devia fazer: ligou para seus pais, que moravam em Tampa, pedindo uma carona e um lugar para ficar. Na longa viagem pelo Everglades, na pequena caminhonete vermelha de seu pai, ele se indagou sobre qual seria o próximo passo. Lá estava ele, um jovem de 24 anos com sonhos de ser um atleta profissional milionário que estava voltando a morar com os pais. Enquanto ponderava sobre seu propósito, ele puxou a carteira para ver quanto dinheiro lhe restava: uma nota de U$5, uma de U$1 e algumas moedas.

O que tornava isso especialmente doloroso era que sua vida não tinha sido fácil. Ele pulava de um lugar para outro quando criança, morando em mais de treze estados diferentes. Quando adolescente, viveu com a mãe no Havaí enquanto seus pais estavam separados, e foram despejados, precisando morar no carro. Ele se lembrava bem das noites em que a via chorar: “o que vamos fazer agora?”

Para ajudar sua mãe a pagar as contas, ele começou a roubar de turistas que iam ao Havaí. Como resultado, ele foi preso oito vezes ao longo dos anos. Ele pensou que, ao ir para a faculdade e perseguir seu sonho de grandeza na NFL, as coisas finalmente mudariam. Mas aqui estava ele, olhando para seus míseros US$7 e ouvindo a pergunta de sua mãe ecoando em sua cabeça: *o que vou fazer agora?*

Ele passou as duas semanas seguintes no sofá, alternando entre assistir ao julgamento de O. J. Simpson na televisão e “limpar cada marca de arranhão do apartamento com um frasco de limpador 409”.[1] Então, depois de cerca de duas semanas, ele teve uma revelação:

> Percebi que havia algo mais para mim. O mundo ouviria falar de mim. Eu não sabia como. Não sabia quando. Mas sabia que minha vida era mais do que apenas ficar sentado neste pequeno apartamento, limpando marcas de arranhões e ficando deprimido.[2]

Ele sabia que tinha uma Missão Significativa. Só precisava encontrá-la. E não conseguiria fazer isso sentado no sofá. Então, decidiu usar seu tamanho como lutador profissional. Sendo assim, foi para a academia e começou a treinar como um homem com uma missão.

Seu pai foi um lutador famoso, então ele pediu ajuda para treinar e aplicou toda a perseverança e tenacidade que antes dedicava ao futebol americano em sua nova missão de se tornar grandioso e de alguma forma causar um impacto significativo. E embora o sucesso não tenha vindo de uma só vez, valeu a pena. Ele começou lutando sob o nome de Rocky Maivia, uma junção dos nomes de seu pai e avô, mas acabou sendo vaiado pela multidão. Então, se tornou o Blue Chipper, com praticamente a mesma reação negativa. Mas ele estava aprendendo tanto as habilidades atléticas quanto a experiência do show business que não demorou até que desenvolvesse uma nova persona de luta livre que quebraria recordes.

Vestido todo de preto, ele se transformou no vilão que todos adoravam odiar — e a multidão o amava. Nos sete anos seguintes, ele dominou o mundo da luta livre, ganhando o título mundial todos os anos. Por fim, teve sucesso em sua missão. Mas não parou por aí. Você pode não ter acompanhado a luta livre durante esses sete anos, mas provavelmente já ouviu falar desse jovem determinado, porque, à medida que Dwayne "The Rock" Johnson se destacava no lado empresarial do mundo da luta livre, sua missão evoluiu quando ele passou a almejar algo maior — Hollywood.

A ESSÊNCIA DO INIMIGO

Quando Dwayne Johnson não tinha uma Missão Significativa em sua vida, ele se esforçou para alcançar qualquer progresso. Mas uma vez que confrontou o Inimigo da Grandeza, ele iniciou os eventos que o impulsionaram à ela — e ele ainda não terminou.

Por que chamo a falta de uma Missão Significativa de Inimigo da Grandeza? É simples. Se você não tem um caminho claro a seguir, nunca avançará. Por que o faria? A maioria das pessoas acha mais seguro ficar parado quando confrontadas pelo desconhecido. Se você é mais aventureiro e ambicioso, pode tentar se mover, mas acaba se sentindo disperso e confuso, perseguindo cada objeto brilhante que aparece em seu caminho. Você fica muito ocupado, mas sente que, no fim do dia, está de volta ao ponto de partida. E isso pode ser ainda mais frustrante. Depois de todo esse esforço, você não

Se você não tem um caminho claro a seguir, nunca avançará.

chegou a lugar algum. É aí que algumas pessoas começam a perder a esperança e recorrem a mecanismos de enfrentamento para atenuar a dor. Credo. Ninguém quer isso.

E, no entanto, é tal a sensação que você pode ter diariamente quando não confronta o Inimigo da Grandeza. Ele espreita nos bastidores da vida, sombrio e invisível, não identificado, mas incrivelmente poderoso, moldando histórias de maneiras que as pessoas nunca percebem completamente até que a vida tenha passado por elas. "Seu propósito precisa ser a missão mais importante da sua vida. Se você não está caminhando em seu propósito, está apenas trabalhando e vivendo para morrer", disse Nicole Lynn, a primeira agente feminina a representar uma importante agência da NFL, quando conversou comigo em meu podcast. "Você precisa descobrir qual é esse propósito e qual é esse chamado."[3]

Sri Sri Ravi Shankar, muitas vezes referido como Gurudev, é um guru indiano de ioga, humanitário, líder espiritual e embaixador da paz. Ele é o fundador da Art of Living Foundation, que ajudou milhões de pessoas nos últimos quarenta anos a encontrar paz interior e realização em suas vidas. Quando lhe perguntei o que aconteceria se os seres humanos não encontrassem uma Missão Significativa, ele respondeu:

> Por um lado, eles vivem uma vida rotineira e tediosa, em que o intelecto fica adormecido. Assim, você não precisa procurar um propósito na vida, já que você apenas existe. Mas quando está mais maduro, começa a pensar: *qual é o propósito da vida?* Isso é um sinal de amadurecimento intelectual. E quando passamos a ter um espírito indagador em relação à própria vida, nossa jornada espiritual começa.[4]

Verdade seja dita, não ter uma missão clara alimenta os medos que são essenciais para todos nós: e se realmente não formos bons o suficiente para conseguir? E se não tivermos o que é preciso para ter sucesso? E se o problema formos nós mesmos? Quando você não sabe para onde está indo ou por quê, naturalmente duvidará mais de si mesmo. Se você tiver clareza, no entanto, poderá aprender a transformar esses medos em confiança e superar essa sensação incômoda de autodúvida.

Ter uma Missão Significativa possibilita acabar com a inércia e a tentação de vaguear sem rumo e rotular isso como "sucesso". Acredite em mim, eu sei como é ficar à deriva — ainda não consigo tirar da cabeça todos aqueles comerciais de "fique rico rápido" tarde da noite, quando eu ainda estava vivendo no sofá da minha irmã. E eu sei como é alcançar o sucesso em algo que você não quer fazer ou que não o faz feliz.

Para mim, tudo isso mudou quando encontrei o início da minha própria Missão Significativa em pleno trânsito de Los Angeles.

DE VOLTA À ESCOLA

Em um dia quente de verão, eu estava preso no trânsito da rodovia 405. O ar-condicionado mal funcionava, o que me fazia sentir ainda mais calor naquele dia escaldante de agosto. Havia percorrido menos de 3 km em duas horas, então tive muito tempo para batucar com os dedos no volante e pensar. O carro em si era um clássico que parecia parado no tempo: um Cadillac Eldorado 1997 de duas portas com bancos de couro, um rádio que não funcionava e um CD player. Eu o comprei por US$4 mil de um mentor meu. Parecia o carro do meu avô, mas me levava aonde eu precisava ir.

Eu tinha acabado de me mudar para Los Angeles alguns meses antes e ainda não estava me sentindo em casa. Eu tinha vendido minha empresa anterior para meu sócio por sete dígitos. Nem tudo foi perfeito, mas foi feito. Estava livre para seguir em uma nova direção, mas não tinha ideia de qual seria.

Assim, continuei seguindo em frente, acreditando que algo se materializaria, mas estava frustrado com muitas coisas na minha vida. Quer dizer, aqui estava eu, jovem e saudável. Eu havia ganhado o que a maioria das pessoas consideraria uma boa quantia de dinheiro, mas me sentia vazio. Meus relacionamentos também não pareciam estar indo bem. Como resultado da falta de propósito, senti minha saúde física começando a se deteriorar, e minha saúde emocional junto com ela. Sentia como se minha vida estivesse desmoronando.

Então, enquanto estava sentado no carro naquele dia com o rádio falhando ao fundo, perguntei a mim mesmo: *por que não estou me sentindo bem por dentro? Por que estou me sentindo tão insatisfeito? Por que não me sinto realizado quando tenho sido tão motivado nos últimos anos?* Tenho sido orientado para metas e feito as coisas acontecerem, mas não me sinto realizado por dentro. *Por quê?*

Eu sabia que adorava entrevistar pessoas, fazer perguntas e aprender, mas não fazia ideia de como ganhar a vida fazendo isso. Então me dei conta: estou preso, e literalmente cercado por todas essas outras pessoas que também estão presas. Elas estão obviamente frustradas com base em suas buzinas e gritos — e não apenas pelo trânsito. Sua frustração, como a minha, é mais profunda; diz respeito à vida em geral. Então percebi que devia haver milhões, se não bilhões de pessoas, na mesma situação. E se eu pudesse ir até elas e ajudá-las, e me ajudar no processo, enquanto ganhava a vida fazendo isso?

As rodas começaram a girar em minha mente, mas não na estrada, infelizmente. Na época, eu tinha ouvido falar sobre podcasts, mas eles não eram nem de longe tão populares quanto são hoje. Você tinha que explicar o que era um podcast para a maioria das pessoas quando o assunto aparecia nas conversas, e isso raramente acontecia. As poucas pessoas que eu conhecia que gostavam de fazer podcasts ainda não estavam ganhando dinheiro com isso. Mas eu comecei a me perguntar se conseguiria. Afinal, eu já estava entrevistando todo tipo de pessoa, mas apenas para meu próprio benefício e aprendizado. E se eu pudesse fazer o que amo, gravar essas entrevistas e compartilhá-las com o mundo para ajudar outras pessoas? Hum.

Assim, enquanto ainda estava parado no trânsito, comecei a ligar para alguns amigos que se interessavam por podcasting. Tanto Derek Halpern quanto Pat Flynn me encorajaram a mergulhar nisso, dizendo: "é uma das minhas coisas favoritas" e "É a melhor ferramenta para envolver o público". Como não havia me movido mais de 3 metros, liguei para meu amigo James Wedmore para obter sua opinião. Ele também me deu um feedback positivo, e começamos a pensar em um nome para o programa.

Com consciência da minha própria fragilidade na vida, eu disse a James que gostaria que a escola tivesse me ensinado as coisas que eu realmente precisava saber. Em vez disso, sempre me senti devagar, estúpido e *insuficiente* no ambiente escolar. Gostaria que houvesse uma escola onde eu pudesse me sentir empoderado — que me ensinasse a superar o medo, o fracasso e as inseguranças; a administrar minhas finanças; a desfrutar de relacionamentos satisfatórios; a manter minha saúde emocional; ou mesmo a ter hábitos saudáveis, inclusive na alimentação.

Todas essas coisas pareciam desmoronar em minha vida naquela época, e eu só queria uma escola que pudesse me ensinar coisas significativas, e não apenas atingir metas ou ser bem-sucedido. *Eu só quero viver uma vida grandiosa.*

Se ao menos houvesse uma... *escola... que ensinasse sobre como fazer isso... uma... Escola da Grandeza.*

Bingo!

O nome do programa me ocorreu ali mesmo. No momento em que estava preso, tanto no trânsito quanto na vida, surgiu a ideia de começar um podcast que pudesse, literalmente, me ajudar a sair do lugar, mas também as pessoas ao meu redor — e milhões de outras — a viverem uma vida mais significativa e satisfatória.

SIGNIFICADO E MISSÃO

Uma pessoa que já entrevistei no programa muitas vezes e com quem tive interações marcantes é Tony Robbins, e ele me disse que a maioria das pessoas tem dificuldade em elaborar uma grande visão para o futuro porque se concentra em *como* isso pode ser feito, em vez de *por que* querem fazê-lo. A questão é que, quando você tem clareza sobre o seu porquê, o como se resolve sozinho.[5]

Nenhum de nós pode ver como uma missão pode ser realizada no início, porque nossa única perspectiva é a que temos naquele momento. Essa perspectiva é moldada pelo que experimentamos no passado, não pelo que podemos experimentar no futuro. Mas quando começamos a seguir em frente, nossa perspectiva começa a mudar. Oportunidades que nunca imaginamos de repente se apresentam para nós. Conexões que não sabíamos que eram possíveis abrem portas que nem sabíamos que existiam. Recursos que pensávamos estarem indisponíveis de repente se tornam acessíveis porque aprendemos segredos que não sabíamos que estavam escondidos de nós. E tudo começa com uma Missão Significativa.

Ninguém mais pode escolher sua Missão Significativa para você.

Agora, existem duas questões fundamentais que você já deve estar se perguntando: o que torna uma missão *significativa*? E, ainda mais fundamental: por que você está chamando isso de *missão*?

Para que uma missão seja significativa, ela deve primeiramente ser pessoal; deve ressoar com você individualmente. Não pode ser uma missão que outra pessoa quer que você cumpra. Não pode ser imposta a você contra sua vontade, nem algo em que você se envolve por acidente. Deve ser uma aceitação intencional de uma direção que seja significativa para você. E isso é fundamental, porque significa que ninguém mais pode escolher sua Missão Significativa para você.

O primeiro passo para descobrir sua Missão Significativa é ser honesto consigo mesmo. Se eu não tivesse sido honesto comigo mesmo sobre minha situação de vida quando estava parado no trânsito naquele dia, nunca teria pedido ajuda. Nunca teria procurado por algo a mais. Eu ainda poderia estar preso no trânsito da vida, esperando alguém me salvar de mim mesmo.

Uma vez que comecei a me enxergar com mais clareza, ousei fazer a pergunta mais importante: *o que eu realmente quero?* É por isso que usei o termo *missão*. Uma missão envolve algo mais significativo do que, digamos, um passeio ou uma viagem. *Não é* tirar férias. Ela convoca as partes mais profundas de nossa alma e nos leva a arriscar algo maior do que nós mesmos.

Como uma busca heroica, uma missão tem um foco ou propósito singular, bem como um chamado que o obriga a superar a resistência para completá-la. É por isso que não usamos a palavra *missão* para descrever uma ida ao supermercado, ao dentista ou a um parque de diversões. Uma missão é, por definição, *maior*. Leva tempo. Requer determinação e coragem. Muitas vezes, transforma as pessoas que fazem parte dela em algo melhor. E sempre implica que o destino é mais grandioso ou maior do que qualquer outra coisa que você já tenha alcançado antes. Afinal, se fosse algo que você já tivesse feito antes e pudesse facilmente fazer de novo, não seria uma missão significativa.

Uma missão convoca as partes mais profundas de nossa alma e nos leva a arriscar algo maior do que nós mesmos.

Quando comecei a ser honesto comigo mesmo sobre onde estava e o que queria da vida, minha Missão Significativa começou a tomar forma. Agora ela está clara:

Servir 100 milhões de pessoas semanalmente, ajudando a melhorar sua qualidade de vida e a superar as coisas que as detêm.

Dar à minha missão um número concreto permite-me quantificar as ações e avaliar o progresso para atingir esse objetivo. E assim que conseguir atingi-lo, reavaliarei a missão e minha próxima temporada de vida.

E isso é fundamental. Minha missão *não é* ser um podcaster, um autor, um apresentador de TV etc. O podcast e essas outras plataformas são os mecanismos para servir à missão.

Ter clareza sobre sua Missão Significativa agora não significa que ela permanecerá sempre a mesma. Na verdade, para que qualquer missão permaneça significativa, ela deve evoluir ao longo do tempo à medida que você mesmo cresce e muda. Por muitas temporadas, adorei jogar beisebol. Até que não mais. Achei o negócio do LinkedIn gratificante. Até que não. E tudo bem. O mecanismo pelo qual sirvo aos outros atualmente é por meio do programa *Escola da Grandeza*, utilizando várias plataformas para compactar e distribuir o programa, e outros esforços de mídia semelhantes. Mas um dia os detalhes dessa missão podem mudar à medida que a tecnologia muda ou outras oportunidades surgem. Não sei como será o futuro, mas sei que minha Missão Significativa evoluirá para ajudar continuamente as pessoas a melhorar a qualidade de sua vida e a superar as coisas que as detêm.

Katy Milkman, cientista comportamental premiada e professora da Wharton School da Universidade da Pensilvânia, descreve a essência da grandeza como sendo claro em seu propósito ou missão para que este ou esta sirva como sua estrela-guia. Ela me disse que quando alguém tem sua estrela-guia bem definida e construiu sua vida para discerni-la e "inclinar-se para ela" em todos os aspectos, ela sente que está na presença de uma grandeza. É por isso que, quando você tem uma missão clara e definida, pode começar a estruturar tudo ao seu redor e viver uma vida mais intencional, independentemente do mecanismo que escolher.[6]

Para que qualquer missão permaneça significativa, ela deve evoluir ao longo do tempo à medida que você mesmo cresce e muda.

Em outras palavras, o mecanismo pode mudar. Mas não importa como este evolua, sua paixão e suas forças sempre o impulsionarão a causar um impacto significativo no mundo a partir de seu ponto forte.

É importante considerar qual mecanismo ressoa com você no momento da vida em que você se encontra. Por exemplo, você pode amar servir às pessoas, mas isso não significa necessariamente que deva se tornar um motorista da Uber. Ou talvez seja o que realmente o energiza, o que é fantástico, desde que você saiba disso! Existem literalmente um milhão de mecanismos diferentes que você pode escolher para ajudar muitas pessoas diferentes. A chave é ser intencional ao dar passos progressivos em direção à sua Missão Significativa e preparar-se para um mecanismo de serviço que funcione para você.

Sejamos honestos sobre uma coisa: o dinheiro pode obscurecer sua perspectiva aqui. Como disse Zig Ziglar: "o dinheiro não é a coisa mais importante na vida, mas está razoavelmente perto do oxigênio na escala da necessidade."[7] Eu já tive momentos na vida sem dinheiro nenhum, com algum dinheiro e, em seguida, com muito dinheiro; e todas as coisas sendo iguais, eu prefiro tê-lo a não tê-lo. Mas isso não significa que não haja desafios e pressões a serem superados quando se tem dinheiro.

Sua paixão e suas forças sempre o impulsionarão a causar um impacto significativo no mundo.

O dinheiro compra muitas coisas e traz outras escolhas, opções e liberdades, mas não compra a realização. Tente se separar do dinheiro ao avaliar sua Missão Significativa. Pergunte a si mesmo: *se o dinheiro não fosse um problema, o que eu faria? O que me daria animação todos os dias?* Tenha cuidado para que as escolhas que impulsionam sua missão não sejam alimentadas apenas por querer mais dinheiro, porque isso não durará.

O ponto principal é que sua Missão Significativa não é algo que você pode escolher uma vez e pronto. Faz parte de uma avaliação constante em sua jornada pela vida. Comecei com um podcast apenas em áudio. Agora, graças à minha incrível equipe, temos um dos canais mais populares do YouTube com vídeos e mídias sociais em constante expansão. E estamos expandindo para diferentes idiomas e explorando todos os tipos de outros mecanismos para cumprir a missão.

Agarre-se à sua missão com firmeza, mas mantenha o mecanismo maleável. Não deixe que o *como* impeça-o de focar e buscar o seu *porquê*.

ENCONTRE SEU PONTO FORTE

O que você está fazendo na vida agora configura o melhor uso de seu tempo e talentos? Conhecer o seu ponto forte ajuda a responder a essa pergunta. Para descobrir seu ponto forte, considere três fatores:

Paixão

Sua Missão Significativa começa onde está o seu coração. The Rock adorava futebol americano e usou seu tamanho para ser uma pessoa fisicamente ativa, e depois passou a apreciar o lado do showbusiness da luta livre. Eu adorava fazer perguntas, entrevistar e aprender com isso.

Faça a si mesmo perguntas como estas e ouça o que seu coração tem a dizer:

- O que o inspira?
- O que o faz querer pular da cama?
- Se dinheiro não fosse problema, o que você adoraria fazer?
- O que você faria o dia todo, todos os dias, mesmo que não fosse pago para isso?
- Quais causas e experiências o empolgam?

Poder

A paixão por si só não é suficiente. Você pode realmente amar fazer algo, mas não ter as habilidades necessárias para se destacar nisso. Quando é o caso, você provavelmente descobriu um hobby que pode ter um lugar importante em sua vida, mas não é o seu ponto forte. Eu, por exemplo, adoro dançar salsa, e é mais do que uma paixão — é uma forma de me expressar na vida. Eu costumava viajar pelo mundo procurando os melhores clubes de dança de salsa na cidade de Nova York, Miami, Los Angeles, São Francisco, Vancouver, Cidade do México, Buenos Aires, Londres, Paris,

Bangkok, Sydney, entre outras. Em todos os casamentos que vou, peço para que toquem salsa, e sempre que toca em um restaurante, levanto e começo a dançar. Sou meio esquisito em relação a isso, *mas eu adoro*! Eu poderia fazer algo para ganhar dinheiro com isso e incorporar a dança à minha missão, mas não sinto um chamado forte o suficiente para fazer disso o trabalho da minha vida (pelo menos não nesta etapa). Portanto, e por enquanto, mantenho isso como uma paixão.

Suas forças únicas são componentes da sua natureza que lhe dão vantagem em algumas situações. Ninguém é naturalmente habilidoso em tudo. É por isso que todos nós precisamos uns dos outros. Seus pontos fortes lhe dão poder nas situações que os exigem. Você pode então desenvolver os conjuntos de habilidades necessários para aproveitar esse poder ao máximo. Por exemplo, eu adoro fazer perguntas às pessoas e aprender com elas; é parte das minhas forças naturais. Mas também estudei a fundo o processo da entrevista para desenvolver um conjunto de habilidades que apoie meus pontos fortes. Juntos, essas forças e conjuntos de habilidades me posicionam para fazer contribuições impulsionadas pelo poder de acordo com meu ponto forte.

Problema

Muitas pessoas passam a vida fugindo dos problemas. Mas perseguir uma Missão Significativa a partir de seu ponto forte significa buscar ativamente um problema para resolver. Em vez de fugir do desafio e deixar que ele o defina, você corre corajosamente em sua direção — e redefine o mundo enquanto faz isso.

Resumindo, você pode se tornar o herói da sua própria história. Donald Miller, autor de *Herói em missão*, descreveu isso para mim da seguinte forma: toda boa história requer um problema e um herói disposto a resolvê-lo. Caso contrário, não há história. Você encontra sua Missão Significativa quando encontra um problema que precisa ser resolvido.[8]

Por exemplo, Kelly Simpson, membro da comunidade Greatness Academy, era uma corretora de imóveis veterana que viu um problema sério: uma epidemia de ataques violentos a corretores. Muito pouco estava sendo feito para equipar ativamente esses corretores para serem proativos e se defenderem, então ela formou o National Safety Council of Real Estate [Conselho Nacional de Segurança de Imóveis], começou a escrever um guia prático para a segurança deles (*Not Today Predator*) e desenvolveu treinamentos e materiais para mantê-los seguros. Ela viu um problema que se alinhava com suas paixões e forças e o tornou parte de sua própria Missão Significativa.

Seja qual for o problema, encontrar uma solução deve ressoar com você. Quando eu estava em um evento com Gurudev, uma jovem perguntou a ele o que poderia ser feito para acabar com o aquecimento global. Sua resposta foi direto ao cerne da questão: "você é claramente apaixonada por criar mudanças, então confio que tomará medidas para que isso aconteça. A paixão leva à ação. Se você não for apaixonada por isso, simplesmente não será capaz de sustentar sua atividade."

Esse foco na solução de um problema é consistente com o que alimenta nosso senso de realização e felicidade. A Dra. Laurie Santos, professora de Yale e apresentadora do podcast *The Happiness Lab* [O Laboratório da Felicidade], me disse: "existe uma noção errônea de que a felicidade tem tudo a ver com autocuidado. O que a ciência sugere, no entanto, é que as pessoas felizes na verdade são orientadas para os outros. Elas estão se conectando socialmente e se preocupando em como podem ajudar outras pessoas e colaborar para o seu bem-estar. É isso que parece levar a uma vida feliz."[9]

Da mesma forma, Gurudev descreve três níveis de inteligência:[10]

1. Pessoas pouco inteligentes procuram prazeres instantâneos para si mesmas.
2. Pessoas com nível médio de inteligência passam a fazer as coisas por um senso de dever e se concentram em seguir as regras.
3. O mais alto nível de inteligência pertence àqueles que desejam espalhar alegria servindo aos outros.

Além de si mesmas, e não apenas por um senso de dever, as pessoas altamente inteligentes, como definidas aqui, preocupam-se em ajudar seus cônjuges, famílias e comunidades a solucionar problemas. A beleza dessa inteligência ou consciência é que não é algo inato. É algo que pode ser escolhido, perseguido e cultivado por todos.

O ex-diretor da CIA, John Brennan, certa vez me disse que definia a grandeza como "realizar algo que é benéfico para além de você mesmo e poder fazer uma contribuição para a humanidade."[11] Ele também acrescentou que isso não requer grande visibilidade pública, mas sim uma disposição para estar à altura da ocasião e atender a uma necessidade. Para ser significativo, disse, precisa ser algo que afete mais do que você mesmo.

Para deixar claro, nem sempre conseguimos de imediato ter total discernimento sobre qual é o nosso ponto forte. Às vezes, obtemos maior discernimento quando nos envolvemos no processo de colocar nossas paixões e pontos fortes em ação. Você pode precisar de cinco ou dez anos para realmente descobrir, e ainda assim precisar de um plano de ação para desenvolver as habilidades necessárias.

Robert Greene, o autor best-seller do *New York Times* de livros como *As 48 Leis do Poder, A Arte da Sedução, 33 Estratégias de Guerra* e *A 50ª Lei*, me disse que nem sempre conhecia seu próprio ponto forte. Ele tentou ser redator de jornal e era bom nisso, mas sempre se deparava com atritos. Ele tentou escrever roteiros para televisão e depois para filmes. Estes também eram bons, mas ainda não pareciam caracterizar o seu ponto forte. Depois de uma década pulando de uma coisa para outra, ele decidiu perseguir sua própria paixão por um tópico específico com suas habilidades crescentes, e publicou um livro que poucos acreditavam que seria popular: *As 48 Leis do Poder.* No momento em que escrevo isso, o livro tem mais de 35 mil críticas somente na Amazon, e seu impacto no mundo ainda está crescendo.[12]

A questão é que está tudo bem se levar tempo para encontrar seu ponto forte e Missão Significativa. Isso é normal. Apenas siga em frente e nunca se acomode até conseguir.

ESTIMULANDO A GRANDEZA

Exercício 1: O Itinerário do Dia Perfeito

O Itinerário do Dia Perfeito (IDP) pode ser um dos exercícios mais poderosos que você venha a fazer para si mesmo, então certifique-se de ter bastante tempo dedicado a conclui-lo. Eu já treinei muitos empreendedores sem foco por meio desse exercício, e a maioria me disse que mudou sua vida. Nunca fico surpreso ao ouvir isso porque acredito que este exercício me preparou para criar a bela vida que estou vivendo hoje.

PASSO 1 — CRIAR O SEU DIA PERFEITO

Neste exercício, seu trabalho é mapear como seria o seu dia perfeito ao longo do caminho para alcançar sua visão. Começaremos no nível macro, fazendo a nós mesmos uma série de perguntas.

- Como você quer que todos os dias se pareçam?
- Como você quer se sentir todos os dias? O que você está criando diariamente?
- Com quem você está?
- A quais lugares você está se expondo? Que paixões você está realizando?

Pegue uma folha de papel em branco ou abra um novo documento em seu computador e preencha a primeira metade da página com as respostas, em termos gerais, para essas perguntas. Abaixo estão os resultados da primeira vez que fiz este exercício, anos atrás:

MEU DIA PERFEITO

> No meu dia perfeito, acordo ao lado da mulher dos meus sonhos. Como estou me preparando para competir nas Olimpíadas de 2016 com a equipe de handebol dos EUA, vou para uma sessão de treino intensa com meu treinador para aumentar minha força física e capacidade atlética. Depois disso, trabalho no meu programa de TV em uma grande rede e apoio minha equipe da empresa com meus projetos que inspiram empreendedores a seguir suas paixões e ganhar a vida com o que amam.

Claro, nem todos os dias serão exatamente iguais. Cada um parecerá um pouco diferente, dependendo do que aconteceu no dia anterior. Ainda bem que essa variedade existe; caso contrário, a vida ficaria entediante e monótona.

PASSO 2 — ESCREVER O ITINERÁRIO

Em seguida, escreva um itinerário detalhado para o *próximo* dia perfeito na metade inferior da página. Este deve incluir suas obrigações e desejos, e o tempo para cada um. Em cada temporada esportiva bem-sucedida, eu incluía itinerários diários detalhados que, acredito, nos preparavam para vencer. O cronograma listava cada passo que precisávamos dar para alcançar nosso objetivo final. As equipes esportivas profissionais também fazem isso para ajudá-las a alcançar coletivamente sua visão. Esse é o objetivo deste exercício: ajudá-lo a alcançar sua visão.

Aqui está uma versão do meu itinerário diário quando escrevi meu primeiro livro:

O DIA PERFEITO DE AMANHÃ

7h30: *Acordar, meditar e apreciar a vista da minha varanda.*

8h: *Café da manhã saudável com suco verde ou smoothie.*

9h: *CrossFit/kickboxing ou sessão privada de treinamento de habilidades.*

10h45: *Verificar os projetos do dia com minha equipe.*

11h: *Concluir as três principais tarefas que estavam na minha lista antes de dormir.*

12h: *Almoço saudável em casa ou reunido com alguém que me inspira.*

13h30: *Voltar aos três primeiros itens da minha lista de tarefas, gravar entrevistas, fazer vídeos ou trabalhar com a equipe.*

15h: *Fisioterapia para aumentar a flexibilidade (duas vezes por semana).*

17h: *Jogar basquete, fazer trilha com amigos, nadar no oceano.*

19h30: *Jantar saudável, em casa ou com amigos.*

21h: *Ler, assistir um filme, ir a eventos com influenciadores da cidade.*

23h: *Fazer uma lista com as coisas pelas quais sou mais grato no dia de hoje e uma lista das coisas que consegui concluir hoje. Escrever as três principais coisas que quero criar amanhã.*

23h30: *Meditar, dormir, sonhar, recuperar o corpo.*

PASSO 3 — DEFINIR UM MICRO-OBJETIVO

Escolha uma ou duas coisas em sua agenda que você fará amanhã. Para começar a trabalhar em direção ao seu dia perfeito, você não precisa reformular sua rotina existente. Em vez disso, você precisa encontrar pequenas vitórias alcançáveis que o ajudarão a melhorar sua vida e se sentir esperançoso.

Escolha aqueles um ou dois micro-objetivos e ponha-os em seu calendário, ou coloque um alarme para eles. Comprometa-se a cumpri-los. Amanhã, você estará um passo mais perto do seu dia perfeito. Se você permitir, o IDP pode ser um exercício poderoso que preparará seu ano (e muitos anos por vir) para incluir os melhores dias de seus negócios e vida. Ele também ajudará a validar sua visão e vice-versa. Se sua visão não se encaixa no seu dia perfeito em nenhum nível, seja macro ou micro, considere mudá-la ou ser mais aberto, honesto e criativo em relação ao que será necessário diariamente para trabalhar em direção à realização de sua Missão Significativa.

Exercício 2: Escreva seu Obituário

Recentemente, recebi Donald Miller em meu programa. Ele havia acabado de escrever *Herói em missão* e nos desafiou a escrever nosso próprio discurso fúnebre. Ele acredita que compreender nossas narrativas e objetivos nos ajuda a continuar crescendo. Eu concordo. Neste exercício, escreveremos nosso próprio discurso fúnebre e traçaremos nosso caminho de crescimento. Como diz Donald Miller, um "herói sabe o que quer."[13] Então, vamos descobrir o que queremos.

PASSO 1 — CRIE SUA NARRATIVA

Pegue uma folha de papel e prepare-se para ser honesto consigo mesmo. Lembre-se, você é o único que lerá isso, e pode ser tão ambicioso e esperançoso quanto quiser. Gostaria que reservasse pelo menos trinta minutos para pensar nas próximas perguntas e escrever suas respostas.

1. Por quanto tempo você quer viver?
2. Que Missão Significativa você cumpriu antes de morrer?

3. Quando indagadas, o que as pessoas afirmam ser seu legado ou sua conquista mais marcante?
4. O que seus entes queridos dirão em seu funeral?

PASSO 2 — JUNTE TUDO

Agora é hora de juntar nossos objetivos para criar um discurso fúnebre. Se você não se considera um escritor nato, isso pode parecer um pouco assustador, mas continue tentando. Siga a ordem das perguntas anteriores para estruturá-lo.

Aqui está uma amostra para servir de inspiração:

> Lisa Anderson, de 90 anos, era conhecida pela maneira como apoiava e defendia a educação artística em comunidades locais da região metropolitana de Atlanta. Ela se encontrava com líderes comunitários locais, igrejas, desenvolvedores comunitários e escolas para ajudá-los a descobrir como financiar e lançar programas de arte para crianças, adolescentes e jovens adultos. "A arte", disse ela, "tem o poder de mudar uma vida. Ao ensinar aos jovens habilidades para expressar suas dores, vulnerabilidades, confusões e belezas, as comunidades podem mudar para melhor."
>
> Lisa acreditava que a arte, quer a observássemos quer a criássemos, tinha o poder de mudar políticas, discussões sociais e culturas. Ela passou a vida garantindo que as pessoas pudessem abraçar o poder da arte, independentemente de seu status socioeconômico.
>
> Por causa dela, muitos jovens mudaram para melhor. Não era apenas a arte que ela amava; mas também as pessoas. Ela estava profundamente dedicada a ajudar qualquer um que conhecesse a florescer e prosperar.
>
> Segundo suas filhas, a obra artística de Lisa, embora significativa, não foi sua maior realização. "A maneira como ela amava as pessoas, mostrava hospitalidade e as tratava como se fossem amigos antigos e queridos, são suas qualidades que mais sentiremos falta."
>
> Sua família e amigos ainda vivos estão criando a Coalização de Arte Lisa Anderson. Tal Coalizão ajudará a expandir o alcance de bolsas de estudo de arte e educação em comunidades carentes

em todo os Estados Unidos. Em vez de flores, a família solicita doações à Coalizão.

PASSO 3 — DIGA SIM

Agora que você dedicou um tempo para traçar seu próprio caminho de crescimento, é hora de começar a dizer entusiasticamente sim a tudo que o levará até lá. Compreender para onde queremos ir na vida nos ajuda a dizer sim para as coisas que nos mantêm no caminho da grandeza e dizer não para aquelas que não o fazem. Vamos começar removendo suas barreiras já conhecidas.

Provavelmente, você já conhece alguns dos maiores desafios ou barreiras no caminho do seu legado. Medo? Ansiedade? Um trabalho que você odeia? Falta de treino? Consulte o legado que você estabeleceu para si mesmo. O que está impedindo você de alcançar esses objetivos específicos? Agora é a hora de tomar medidas concretas para derrubar essas barreiras.

Quanto tempo resta entre agora e o tempo que você deseja viver? Se você disse 90 anos, quantos anos lhe restam? Cinquenta? Sessenta? Vinte? Que marcos você precisa alcançar dentro desse período para cumprir o legado que propôs a si mesmo?

Nesta semana, quero que você faça **uma coisa** que diminua o espaço entre você e o seu maior desafio. Se pensa em se tornar um personal trainer, por exemplo, mas não sabe quais certificações deseja, reserve trinta minutos para pesquisar esta semana. Se quer ensinar as pessoas a alimentarem suas famílias por menos de U$100 mensais, encontre e reivindique um URL para seu futuro site. Como eu disse antes, cada passo conta, até mesmo os menores. O importante é começar a dizer *sim*.

Exercício 3: Encontre seu Ponto Forte

Se você passou algum tempo me seguindo nas redes sociais, ouvindo meu programa ou assistindo a qualquer um dos meus vídeos, sabe que acredito que você tem o que é preciso para ser grandioso. Sim, *você mesmo*. Talvez não tenhamos nos conhecido, mas eu *sei* que você tem algo que faz melhor do que qualquer outra pessoa. *Você* tem um ponto forte na vida. *Você* tem um talento ou habilidade em que sua grandeza brilha mais forte. Abaixo, vou orientá-lo através de um processo de descoberta para ajudá-lo a identificar esse ponto forte.

PASSO 1 — ENCONTRE SUA PAIXÃO

Seu ponto forte começa com a compreensão de sua paixão. A maioria das pessoas naturalmente sabe pelo que é apaixonada quando é mais jovem, mas é muito fácil perder isso de vista à medida que envelhecemos. Nossas responsabilidades e obrigações podem diminuir a intensidade de nossas paixões naturais, mas elas ainda estão lá. Reserve alguns minutos para refletir sobre sua infância, adolescência ou até mesmo sua juventude para redescobrir o que você amava.

- O que você gostava de fazer com seu tempo livre?
- Que sonhos você tinha sobre o que gostaria de fazer na vida?

Reserve um momento para anotar essas coisas, mesmo que não pareçam viáveis no momento. Talvez você fosse obcecado em criar receitas de biscoitos quando era mais jovem, e montava cestas de biscoitos para sua família. Escreva isso!

Em seguida, liste sete coisas que você ama fazer. Pode ser qualquer coisa — desde que você *realmente ame* fazê-las!

- O que anima, inspira e energiza você?
- Quando você se vê perdendo a noção do tempo, porque está extremamente absorto em uma atividade e mal pode esperar para retomá-la?
- O que você adoraria fazer, mesmo que não fosse pago para isso?
- Avance para sua terceira idade. O que você gostaria de ter feito mais?

Agora reserve um momento para comparar suas listas.

- Que temas comuns você vê em suas respostas?
- Que palavras se repetem? Que atividades são mencionadas com frequência?
- Que fios são tecidos consistentemente ao longo de sua história?

Faça um resumo dos padrões que enxergar circulando palavras comuns ou escrevendo algumas frases sintéticas abaixo das listas.

PASSO 2 — ENCONTRE SEU PODER

O próximo passo é descobrir seus pontos fortes e habilidades. Como eu disse antes, *todo mundo* é bom de verdade em alguma coisa. Vamos descobrir o que é isso com alguma exploração intencional.

Só porque você é apaixonado por fazer algo não significa que tenha o conjunto de habilidades para fazê-lo (e está tudo bem). Suas habilidades podem ser naturais ou aprendidas. Eis a diferença entre elas:

- **Forças naturais** caracterizam aquilo em que você é *naturalmente bom* com base em sua personalidade.
- **Habilidades aprendidas** caracterizam aquilo em que você *aprendeu a ser bom* por meio de experiências de vida.

Não tenho dúvidas de que você já conhece alguns de seus pontos fortes e habilidades e que possui talentos ocultos que talvez não reconheça como chaves para a grandeza, porque parecem muito naturais para você. Quero que você tire um momento para pensar no que você é bom, considerando tanto suas habilidades naturais quanto aprendidas. Anote *tudo*.

PASSO 3 — TORNE-SE UM HERÓI

Agora que analisamos suas paixões, forças naturais e habilidades aprendidas, é hora de analisar o problema que você deseja ajudar outras pessoas a solucionar. Você quer ensinar as pessoas a cultivar vegetais para alimentar suas famílias com mais facilidade? Quer ensiná-las a sair das dívidas para alcançar a vida abundante que desejam? Quer ensinar mindfulness para que as crianças possam superar melhor os efeitos do trauma?

Talvez uma maneira mais fácil de olhar para isso seja filosoficamente. O que está *errado* em sua realidade, comunidade ou zona de influência? Estou disposto a apostar que suas paixões, forças, habilidades aprendidas e missão se cruzam em muitos pontos ou em um ponto central. Você consegue encontrar essa conexão?

Reserve um momento para escrever algumas declarações sobre sua missão de solucionar problemas. Utilize algumas das habilidades de redação de discurso fúnebre que aprendemos no exercício anterior.

Pode ficar mais ou menos desta forma:

> Sou apaixonado por culinária e jardinagem. Por alguma razão, sempre soube criar misturas deliciosas na cozinha, com ou sem receita. Nos últimos anos, ensinei a mim mesmo como aprimorar minhas receitas através de vídeos do YouTube, aulas de culinária e duas férias culinárias na Toscana. Agora quero levar essas habilidades até mães solo, estudantes universitários e famílias de baixa renda. Acredito que todos mereçam uma comida deliciosa em suas mesas e o know-how para criá-la a partir de ingredientes acessíveis e de seus próprios jardins.

REDEFINA SEU MUNDO

O seu ponto forte nada mais é que a conexão entre sua paixão e seu poder. Quando perseguimos nosso propósito e Missão Significativa a partir dele, nos tornamos orientados para a missão em nossa resolução de problemas. Corremos corajosamente em direção aos problemas, redefinindo assim o nosso mundo. Quando buscamos a grandeza, não somos apenas nós que mudamos. O mundo também muda.

PASSO 2

As Barreiras para a Grandeza

Capítulo 4

MEDO Nº 1: FRACASSO

Sara Blakely era uma consumidora frustrada com um problema — ela queria roupas íntimas que não mostrassem linhas, valorizassem a figura feminina e não fossem pesadas ou desconfortáveis. "Na verdade, começou com o meu próprio bumbum, porque eu não conseguia descobrir o que vestir sob minhas calças brancas."[1]

Então, com uma tesoura afiada, ela cortou as pernas de um par de meias-calças como protótipo — e assim nasceu a ideia revolucionária do SPANX. Na época em que teve essa ideia, Blakely tinha 20 e tantos anos e era uma ex-funcionária da Disney que havia se tornado uma vendedora de máquinas de fax de porta em porta, carreira que havia seguido por *sete anos*. Ela não tinha experiência em negócios, não tinha muito capital para investir e nem conexões com fabricantes de meias-calças.

Alguns empresários até disseram a ela para se preparar, porque "o mundo dos negócios é um campo de batalha".

Mas ela não queria ir à guerra. Ela queria ajudar as mulheres.

Era uma receita perfeita para o fracasso, mas Blakely tinha uma arma secreta que ninguém conhecia. Quando era criança e estava sentada à mesa de jantar à noite, seu pai fazia a ela e a seu irmão uma pergunta aparentemente estranha: "em que você falhou hoje?" Em seguida, ele os encorajava a escrever os "presentes ocultos" — as lições aprendidas com seus fracassos.

Esta não é exatamente uma conversa típica de mesa de jantar na maioria dos livros sobre parentalidade, mas ajudou-a a adquirir o hábito de desestigmatizar o fracasso e a desenvolver seus músculos de aceitação de riscos. Na verdade, ela diz que, se *não* tivesse falhas para compartilhar, seu pai ficaria desapontado. Assim, ela aprendeu a definir o fracasso de outra maneira e a encará-lo como parte importante da vida. "O fracasso para mim tornou-se *não tentar* versus alcançar o resultado. Depois de redefinir isso para si mesmo e perceber que o fracasso é apenas não tentar, a vida se abre para você de muitas maneiras."[2]

Por dois anos, Blakely ouviu "não" de dezenas de fabricantes de meias-calças que não lhe davam uma chance. Ela foi impedida por advogados de patentes, e então redigiu seu próprio contrato de patente usando um livro que encontrou na Barnes & Noble, recorrendo apenas a um advogado para as coisas que não podia fazer. As lojas de departamento, então, se recusaram a vender o produto, argumentando que era ousado demais. Ela escolheu o nome SPANX porque mudar o "ks" em "spanks" para "x" facilitava seu registro e comercialização.

Qual é a sua definição de grandeza?

Mas ainda assim, ela persistiu. Ela *sabia* que tinha um bom produto, então ignorou a tagarelice, confiou em sua intuição e seguiu em frente. Afinal, para ela, o fracasso não era *não lançar* o SPANX. O fracasso era *não tentar* fazê-lo.

Avancemos mais de vinte anos e, em outubro de 2021, esta empresa pioneira de modeladores foi avaliada em US$1,2 bilhão.[3] Agora, o mercado está repleto de concorrentes.

O medo do fracasso não a atrapalhou, porque o medo de *não tentar* era mais forte. Em uma postagem no Instagram, ela resumiu sua filosofia:

> Duas coisas são necessárias para perseguir seus sonhos: esforço e disposição para se expor! As duas coisas que as pessoas mais temem são o fracasso e passar vergonha. Estou constantemente trabalhando nesses dois medos para poder viver a vida que eu quero, livre do fardo de me importar com o que os outros pensam de mim.

> O que descobri é que isso acaba se tornando divertido, e até engraçado. O pior que pode acontecer? Você acabar com uma ótima história. Então, o que você está esperando?[4]

No fim da nossa conversa no meu programa, fiz a Sara a mesma pergunta que faço a todos os meus convidados: "qual é a sua definição de grandeza?"

"Minha definição de grandeza seria ir em frente, não importa o que aconteça e a despeito do medo, e aproveitar ao máximo a vida que você recebeu, porque ela não é um ensaio geral."[5]

O QUE É ENGRAÇADO NO FRACASSO

O fracasso é uma coisa engraçada.

Não no sentido de que todo fracasso deva ser seguido por uma gargalhada. Talvez isso seja verdade em alguns casos, mas na maioria das vezes o fracasso é doloroso, embaraçoso e não muito divertido. Certamente não o procuramos.

> **O fracasso é uma parte essencial da trama da vida.**

O fracasso é engraçado, porque para algo que cada um de nós faz tão bem e com tanta frequência, na maioria das vezes não queremos pensar em nossos fracassos, lembrar deles, ou até mesmo, em alguns casos, *admitir* que falhamos.

E, no entanto, sem os fracassos, não podemos seguir em frente.

Sem os fracassos, nunca arriscaríamos nada novo. Nunca descobriríamos um caminho melhor. Nunca seríamos melhores, mais fortes ou mais resistentes.

O fracasso não é algo a ser evitado, negligenciado ou desperdiçado: é uma parte essencial da trama da vida.

O autor norte-americano Robert Greene descobriu que, dependendo de como optarmos por evitar o fracasso, as inseguranças podem operar de duas maneiras. Primeiro, podemos optar por deixar nossas inseguranças levarem a melhor e evitar a dor do fracasso por nunca tentar nada. Sob essa perspectiva, você pode se esforçar ao máximo e encontrar outros que ainda são melhores do que você, mas se não tentar, sempre pode ser o melhor entre os preguiçosos.[6]

Em segundo lugar, podemos optar por deixar que nossas inseguranças nos motivem e evitar o fracasso trabalhando arduamente. Como mostra a história de Sara, o medo do fracasso, quando canalizado adequadamente, pode realmente nos levar a desenvolver persistência, construir desenvoltura e impulsionar a inovação.

O DIAGRAMA DA DÚVIDA

Em seu livro Ansiedade do Bem, a Dra. Wendy Suzuki identifica uma série de ansiedades comuns, incluindo o medo de falar em público, insegurança financeira, ansiedade social e ansiedade de uma forma geral.[7] Essas ansiedades podem levar a obsessões compulsivas, até que seus pensamentos sejam baseados apenas em seus medos. Acrescente a isso fatores como pandemias e todas as incertezas da vida, e qualquer um de nós pode se revelar suscetível ao medo.

A autodúvida é uma assassina de sonhos.

Eu mesmo já lutei contra autodúvidas extenuantes, a profunda crença de que de alguma forma eu não era o suficiente. Eu não era bom o suficiente. Não era inteligente o suficiente. Era jovem demais. Não tinha conexões suficientes. Meus talentos não eram suficientes. Até mesmo outras pessoas me disseram que eu não seria capaz de realizar minha Missão Significativa. E meus medos contribuíram para tudo isso.

A autodúvida é uma assassina de sonhos. Quando você duvida de si mesmo, é muito difícil ter a confiança para perseguir o que deseja e tomar medidas para buscar sua Missão Significativa. A sensação de que você simplesmente “não é suficiente” geralmente pode ser rastreada até um dos três medos centrais. Pensar em termos do que eu chamo de Diagrama da Dúvida pode ajudar:

1. ***Medo de falhar***
2. ***Medo do sucesso***
3. ***Medo do julgamento***

O Diagrama da Dúvida

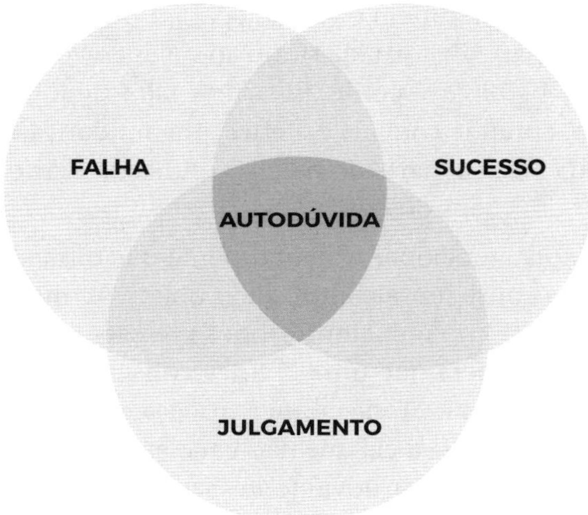

Em seu livro *Mulheres evoluem*, Sarah Jakes Roberts afirma que estamos em relacionamentos com nossos medos.[8] Como um parceiro autoritário, eles nos influenciam constantemente e muitas vezes ditam nossas ações. Eles vão para onde nós vamos. Eles fingem nos manter seguros, quando na realidade apenas nos consomem e nos manipulam. É por isso que Sarah afirma que precisamos romper com nossos medos.

E o primeiro medo do qual você precisa se livrar é o medo do fracasso.

NOSSO LUGAR COMUM

Dan Millman, autor e palestrante norte-americano na área de desenvolvimento pessoal, costuma dizer: "levante a mão se você já teve medo de fracassar". Ele me disse que pelo menos 80% das pessoas na sala sempre levantam a mão. Eu pude constatar a mesma coisa quando fiz o mesmo pedido. Claramente, o medo do fracasso é comum a todos nós. Mas esse medo impede muitas pessoas de perseguir sua Missão Significativa. Como Millman me disse, nossa autodúvida inibe uma vida com propósito. Dan aprendeu que a melhor maneira de sair do seu próprio caminho é focar seu propósito, sua própria Missão Significativa, e não o que pode dar errado durante o percurso.[9]

Descobri que isso também é verdade para mim. Como atleta, aprendi que o fracasso faz parte da jornada rumo ao sucesso. Você falha em aprender como pegar a bola. Você perde um arremesso e depois se corrige. Você comete um erro, aprende com ele e efetua uma mudança. O fracasso para mim era parte da prática, parte do meu aprendizado diário para melhorar e me aproximar dos meus objetivos.

Como eu sabia emocional e mentalmente que o fracasso era um passo necessário para conseguir alcançar meus objetivos, nunca tive medo de falhar como atleta. Como mencionei, todos nós sabemos disso desde tenra idade. Ninguém espera que uma criança consiga aprender a andar na primeira tentativa. É óbvio. Toda criança tropeça e cai mil vezes enquanto aprende. Mas ninguém diz a ela que não vai conseguir andar. Nós a encorajamos a se levantar e tentar novamente, sabendo que a única coisa que pode impedi-la de conseguir é não tentar. Mas, à medida que envelhecemos, fazemos o medo do fracasso parecer anormal, embora experienciar o fracasso e o medo faça parte do que significa ser humano.

"Você sempre tem medo", afirma o Dr. Jordan Peterson, professor canadense de psicologia, "exceto quando aprende a não ter". O medo é nosso lugar comum enquanto humanos. Portanto, se você tem medo de fracassar, isso significa que você é normal. Mas fugir de seus medos não é a resposta. Nem deixar que eles definam você. De acordo com Peterson, "quando somos expostos àquilo que nos faz sentir medo, sentimos menos medo de tudo."[10]

Acredite ou não, um dos meus maiores medos costumava ser falar em público. Depois que me juntei ao Toastmasters e comecei a falar todas as semanas para um público pequeno, passei a me sentir mais confortável e, logo depois, a receber um bom dinheiro para falar a plateias de até 20 mil pessoas. Mas eu não estava sempre confortável em relação a isso. Nem um pouco.

Toda vez que eu tinha uma palestra para fazer, ficava com medo de como pareceria no palco. Tinha medo de dizer algo errado e ficar constrangido enquanto as pessoas riam de mim. Eu achava que começaria a gaguejar e tropeçar nas palavras, isso se não caísse na escada a caminho do palco.

Algumas horas antes de um dos meus grandes eventos, contei a um dos meus treinadores, Chris Lee, sobre meus medos. Ele me desafiou a mudar o roteiro que estava na minha cabeça, apontando que meus medos diziam respeito a mim mesmo. Como *eu* poderia parecer. Como *eu* poderia me sentir. Como *eu* poderia cometer um erro. E se eu redirecionasse tudo isso para servir a outras pessoas? Por que eu estava falando? Era para mim ou para o meu público? Essa virada de chave para o serviço aos outros começou a colocar as coisas em movimento. Ele continuou me fazendo perguntas dentro do que eu chamo de exercício "E então?":

> E se eu me esquecer do que vou dizer em seguida?
>
> *Ok, e então?*
>
> Bem, eu ficaria envergonhado.
>
> *Ok, e então?*
>
> Eu poderia correr para fora do palco.
>
> *Ok, e então?*
>
> Todo mundo riria de mim?
>
> *Ok, e então?*
>
> Eu provavelmente não sairia de casa por uma semana.
>
> *Ok, e então?*
>
> Eu provavelmente me recuperaria e continuaria seguindo em frente.

Percebi o que Chris queria dizer. Mesmo na pior das hipóteses, mais cedo ou mais tarde eu ficaria bem e, como mencionou a fundadora da SPANX, Sara Blakely, eu teria uma história engraçada para contar depois. Então, por que não pular toda a ansiedade no meio e começar com "vai ficar tudo bem" desde o início?

Depois dessa descoberta, tudo mudou para mim. Percebi o poder do que Sukhinder Singh Cassidy, presidente da StubHub, chama de "a escolha após a escolha."[11] E eu sabia que, se meu foco estivesse em servir a outras pessoas, todos os meus medos referentes ao que poderia vir a acontecer comigo se tornariam irrelevantes.

O QUE O FRACASSO PODE ENSINÁ-LO?

No geral, existem dois tipos de medo. O primeiro tipo é um medo saudável, referente a algo perigoso. Há coisas que devemos temer, coisas que, de fato, nos prejudicarão. É quando nosso instinto de luta ou fuga se torna útil para nos proteger do perigo. Já o segundo tipo consiste em medos prejudiciais, que nos impedem — emocional, espiritual, mental e fisicamente — de tomar decisões que tornarão nosso futuro melhor. Esses medos nos mantêm vivendo no passado. São medos psicológicos, e não impulsionados por perigos concretos.

Se meu foco estivesse em servir a outras pessoas, todos os meus medos referentes ao que poderia vir a acontecer comigo se tornariam irrelevantes.

Nosso medo de fracassar geralmente se enquadra nessa segunda categoria. Mesmo que às vezes pareça assim, o mundo provavelmente não acabará se você falhar na maioria das coisas na vida. (Algumas exceções notáveis podem incluir paraquedismo, fusão atômica, pouso em Marte — mas ai já estou divagando.)

Lembre-se, há algo pior do que o fracasso: o arrependimento de ***não ter tentado***.

Por outro lado, o fracasso pode nos ajudar a aprender e crescer. Você pode falhar e até receber críticas, mas se aproveitar esse fracasso como uma oportunidade para aprender sobre o que não funcionou, criará algo melhor, e talvez até grandioso, da próxima vez. Por exemplo, depois de seu livro extremamente popular, *As 48 Leis do Poder*, Robert Greene começou a escrever outro livro que ele sabia que seria um grande sucesso. Ele trabalhou no manuscrito por um ano. Mas quando enviou o manuscrito para a editora, ela desistiu do projeto.

Robert ficou atordoado. O feedback que recebeu foi que seu público queria ouvir mais de seus pensamentos, mas ele havia colaborado com o rapper 50 Cent e fez o livro mais sobre ele do que sobre suas próprias perspectivas. Em vez de desistir, Robert escolheu aprender com este enorme fracasso. Ele levou os feedbacks a sério, reescreveu o livro em oito meses e encontrou outra editora. *A 50ª Lei*, de 50 Cent e Robert Greene, tornou-se outro grande sucesso.

Como o próprio Robert me disse, ele aprendeu a ver o fracasso como uma chance de se reorientar ou se aprimorar. E ele sabe sobre as perturbações da vida. Quando sofreu um derrame em 2018, quase metade de seu corpo parou de funcionar como antes. No entanto, ele considera isso uma "bênção", pois o ensinou que qualquer dia pode ser o último. "A derrota e o fracasso são as melhores coisas que podem acontecer com você", diz Robert. "O fracasso define seus limites e o faz perceber o que fez de errado. Ele revela o que você poderia fazer diferente."[12] Com esse mindset, ele seguiu em frente, trabalhando em mais um livro transformador.

Há algo pior do que o fracasso: o arrependimento de não ter tentado.

Os sucessos raramente geram muita reflexão. É com o fracasso que crescemos. A teoria de Sarah Jakes Roberts é que as pessoas desistem depois de fracassar porque estão procurando aumentar seu próprio valor. Mas, como diz Sarah, "o sucesso está no processo, não no resultado."[13] Quando você não depende de um resultado específico para definir seu valor, fica livre para se aprimorar através da falha, aprendendo e seguindo em frente.

Dan Millman é outro exemplo fantástico de alguém que abraça o mindset do fracasso como aprendizado. Aos 60 anos, decidiu que queria aprender a andar de monociclo. Ele pegou um emprestado de um amigo que lhe deu um sábio conselho: pratique em uma quadra de tênis. Dan então colocou um capacete e subiu no monociclo, agarrando-se à cerca de arame com as mãos extremamente tensas. Em sua primeira tentativa, o monociclo disparou embaixo dele, deixando-o pendurado na cerca. Repetidas vezes, ele falhou. Levou uma semana de humildade e práticas diárias para chegar ao ponto de conseguir pedalar seis vezes antes de cair.

Depois de duas semanas, ele conseguia chegar até doze pedaladas. Na terceira semana, ele estava completando circuitos em oito.

A partir dessa experiência, ele aprendeu duas coisas. Em primeiro lugar, seja mudando hábitos ou aprendendo a andar de monociclo, tudo é difícil no começo. Em segundo, havia dias intermitentes em que tudo desmoronava: ele estava indo muito bem em um dia e no seguinte piorava drasticamente. Essa tendência o confundia e o desencorajava — até que ele percebeu um padrão. Ele descobriu que seus "dias de avanço" vinham logo após seus "dias ruins". Era nesses supostos dias ruins que o aprendizado acontecia.

A luta para se erguer novamente depois de uma explosão de fracassos pode nos dar perspectiva e nos tornar mais fortes e sábios. Dan me disse que acredita que esse mesmo padrão se aplica a outras habilidades: "Às vezes, sentimos que estamos piorando, vegetando ou até retrocedendo, mas podemos estar simplesmente recuando para pegar impulso."[14] Mesmo quando não conseguimos enxergar o progresso, a aprendizagem pode ocorrer se continuarmos em frente.

É com o fracasso que crescemos.

ÀS VEZES, VOCÊ FALHARÁ

Em 2009, Ryan Serhant era um corretor imobiliário iniciante na cidade de Nova York. Um de seus primeiros clientes foi uma mulher que procurava um apartamento no West Village. Ele estava animado com a possibilidade, porque a comissão o manteria por um tempo. No entanto, Ryan não estava em seu território, e ainda por cima não tinha GPS. Na manhã em que levou sua cliente para ver os apartamentos, ele se perdeu não apenas uma, mas duas vezes, desapontando-a. Ele era, segundo as palavras dela no fim do dia, "o pior corretor que ela já vira, e não deveria nem sequer ter permissão para atuar no mercado imobiliário." Ai.

Embora a experiência o tenha abalado, Ryan aprendeu uma lição importante com esse fracasso. Não importa há quanto tempo você esteja em qualquer negócio; novos desafios ainda podem pegá-lo desprevenido. Mas isso não significa que você deve desistir. Ryan avaliou honestamente seu desempenho e admitiu que poderia ter se preparado melhor. Ele deveria ter pesquisado a área com antecedência. Deveria também ter acordado cedo e decorado aquelas ruas.

Naquele momento, ele fez uma escolha. Embora não fosse de Nova York, não tivesse as conexões e não parecesse adequado, ele estava determinado a ser o melhor corretor de imóveis de todos os tempos. Pouco depois de sua resolução, um cliente internacional abordou Ryan, que, tendo deixado de lado suas dúvidas e aprendido com seu fracasso, desempenhou o papel de um verdadeiro corretor bem-sucedido. Ele vendeu ao cliente um apartamento de US$2,1 milhões, ganhando mais de US$24 mil em comissão.

Mais importante ainda, a experiência confirmou para Ryan Serhant que ele poderia realizar seus sonhos no setor imobiliário se estivesse disposto a aprender com seus fracassos.

Permita-me esclarecer um ponto: romper com o medo do fracasso, como diz Sarah Jakes Roberts, não é nada fácil. E romper com o medo não significa que você não o experimentará novamente no futuro. Como ela afirma: "a fé exige coragem".[15] Pode ser difícil dar esse salto da completa dúvida para uma fé corajosa. É compreensível que nos sintamos indecisos ao escolher entre dois extremos tão diferentes. E pode ser tentador procrastinar esse salto, mas se quisermos nos tornar mestres em algo, temos que fazer como Sarah diz:

> Precisamos chegar à percepção de que nem tudo o que fizermos dará certo. Não tem jeito, você fracassará. E quando seu objetivo é a maestria, você deve reconhecer o fracasso como parte do processo. Mas justamente por buscar essa maestria, você escrutinará o fracasso, extraindo sabedoria dele para aplicá-la na próxima tentativa. Tudo isso por ter na maestria um horizonte.[16]

Acredito que quando nos permitimos ficar em um relacionamento com esse medo do fracasso, ou qualquer medo, o que realmente tememos é descobrir que não somos suficientes. Sarah descreve isso como o medo "de que isso se torne a evidência de que minhas inseguranças precisam me impedir de ser quem eu deveria ser."[17]

O problema de pensar dessa maneira é que isso se torna uma profecia autorrealizável. Nosso medo de ficar aquém nos faz permanecer estagnados e garante que nunca cumpramos nossa Missão Significativa.

NOSSA EQUAÇÃO DE ACEITAÇÃO DE RISCOS

O fracasso é tão certo que a única maneira de evitá-lo é nunca tentar nada. As pessoas que vemos como as melhores — os grandes atletas, os empresários mais bem-sucedidos ou as pessoas que causam mais impacto no mundo — estão sempre falhando.

Priyanka Chopra Jonas, atriz, modelo e cantora indiana e vencedora do concurso Miss Mundo 2000, é alguém que percebeu que é inútil tentar evitar o fracasso. "Quando você quer criar um legado", disse-me ela, "é o que você faz *após* o fracasso que importa."[18] Segundo ela, quando você tenta algo novo pela primeira vez, os fracassos são inevitáveis, mas se você nunca tentar algo novo, nunca evoluirá, e isso é um risco muito maior. Quando você se acostuma a experimentar coisas novas, você se diversifica, aumentando suas chances de sucesso. Se você ficar apenas com o que sabe, colocará seu destino em apenas algumas habilidades e oportunidades. Gosto muito de um argumento que ela coloca: se toda pessoa bem-sucedida falhou em sua rota para o sucesso, por que com você deveria ser diferente?

Às vezes, a única maneira de encontrar o sucesso é admitir seu atual estado de fracasso. O ator Ethan Suplee tem uma história inspiradora que o levou a perder mais de 100 kg! Mas antes de poder iniciar essa jornada, ele primeiro teve que chegar à conclusão de que precisava mudar. Depois de iniciar um relacionamento amoroso com uma mulher que gostava de atividades físicas, Ethan percebeu que teria que ficar saudável se quisesse sustentá-lo. Seu primeiro passo para um estilo de vida saudável foi expressar suas intenções à namorada. De acordo com Ethan, aquela conversa foi assustadora porque parecia que ele estava assumindo que a sua vida era um fracasso.[19]

Ao expressar suas intenções para a namorada e sentir o risco do constrangimento caso não cumprisse com elas, Ethan aproveitou seu medo do fracasso para motivá-lo a melhorar sua saúde e passar por uma transformação física extraordinária. Em vez de deixar esse medo paralisá-lo, ele olhou para frente e percebeu que o preço do sedentarismo (a perda de um relacionamento amoroso) era maior do que o preço de se manter firme.

Para superar a paralisia causada pelo medo, Sukhinder Singh Cassidy recomenda uma técnica semelhante, chamada equação de aceitação de riscos. Ela recomenda que você visualize as decisões que tem medo de tomar em sua mente. Ao elaborar esses cenários, diz Sukhinder, você descobre que há muito poucas decisões das quais não pode se recuperar caso falhe. Ela diz que precisamos abandonar o mito da única opção e parar de acreditar que nossas escolhas são ou isso ou aquilo.

Correr um grande risco não significa necessariamente que os dois únicos resultados possíveis sejam uma grande recompensa ou uma grande perda. Esse tipo de pensamento coloca pressão demais na primeira escolha. Existem muitas jornadas possíveis e, a cada escolha, descobrimos oportunidades para nos orientar em direção ao sucesso. Como ela me disse, as pessoas bem-sucedidas que conhece são "avaliadas segundo pequenos e grandes atos de possibilidade". Elas são "mestres no processo de assumir riscos e escolher constantemente."[20]

A DOR APONTA O CAMINHO

Ray Dalio é outra pessoa que abraçou o fracasso e aprendeu que a dor, não o prazer, é o que nos torna sábios. Ray é fundador, copresidente e codiretor de investimentos da Bridgewater Associates, a quinta empresa com capital aberto mais importante dos EUA segundo a revista *Fortune*. Ele é a 69ª pessoa mais rica do mundo no momento da escrita deste livro e vale mais de US$20 bilhões. Ele foi chamado de "Steve Jobs do investimento" pela revista *Wired* e nomeado uma das cem pessoas mais influentes pela revista *Time*. Em outras palavras, se alguém deve saber algo sobre sucesso, esse alguém seria Ray. E, no entanto, ele me disse que aprendeu mais com seus fracassos do que com seus sucessos.

Uma das maiores perdas de Ray ocorreu no início de sua carreira como investidor. Em 1981, ele havia previsto que os EUA passariam por uma crise econômica resultante dos empréstimos que os bancos norte-americanos haviam feito a países que ele considerava incapazes de pagar. No fim das contas, o México entrou em default em 1982, provando que a previsão de Ray era verdadeira e atraindo muita atenção para ele.

Então, ele previu outra depressão no horizonte. Em vez de uma crise de endividamento, no entanto, o mercado de ações se recuperou. O ponto que Ray previu como o início de uma espiral descendente para o mercado acabou sendo apenas uma queda antes da alta. Devido ao seu erro de cálculo, Ray perdeu não apenas seu dinheiro, mas também o de seus clientes. Ele teve que pedir emprestado US$4 mil ao seu pai apenas para pagar as contas.

Surpreendentemente, Ray chama esse fracasso de a melhor coisa que já lhe aconteceu. Ele diz que isso o ensinou a equilibrar ousadia com cautela. Ao refletir sobre seu fracasso, ele evoluiu. Passou a procurar pessoas inteligentes e com opiniões diferentes das suas e, como resultado, aprendeu a testar suas teorias com mais profundidade antes de arriscar tudo em uma previsão.

Desde que realizou tais mudanças, ele obteve grande sucesso, o que só foi possível por ter aprendido que não tinha como saber tudo e que precisava contar com uma equipe de pensadores diversificada. De acordo com Ray, a realidade não se importa se você a aceita diante do fracasso. O mundo continuará girando independentemente de suas ações. Tudo o que podemos fazer é tentar compreender a realidade e aprender como abordá-la quando o fracasso vier.[21]

RESERVAS DE EMERGÊNCIA

Portanto, se o fracasso é inevitável, por que deveríamos temê-lo? E se, em vez disso, nos dermos permissão para falhar na jornada em direção à grandeza? Marissa Sharif, professora da Wharton School da Universidade da Pensilvânia, inspirou-se quando pôde observar que muitas pessoas, inclusive ela mesma, falharam em atingir metas em suas vidas por causa do que ela chamou de momentos "que diabos".

Esses momentos ocorrem quando alguém tem um pequeno retrocesso em um rumo saudável, o que pode tentar a pessoa a abandonar completamente seu objetivo maior. Por exemplo, alguém pode definir como objetivo próprio consumir um total de 1.500 calorias por dia. Essa pessoa pode atingi-lo na segunda, terça e quarta-feira, mas na quinta-feira de manhã acabar comendo donuts no escritório. O pequeno fracasso desses donuts se transforma, então, em pizza e batatas fritas no jantar pelo resto da semana, porque "que diabos, eu já falhei mesmo".[22]

Para tentar solucionar esse problema, Marissa estabeleceu o objetivo de malhar todos os dias da semana, mas permitindo-se duas reservas de emergência, ou seja, dias em que as coisas da vida podem ficar no caminho e acabar impossibilitando os exercícios. Essa estrutura permite que ela relaxe nesses momentos de tensão. Em vez de desistir de seu objetivo maior e não malhar pelo resto da semana, ela pode recorrer às suas reservas e saber que ainda está agindo com integridade em relação ao seu objetivo.

O simples fato de saber que existem reservas de emergência tende a motivar as pessoas e mantê-las no caminho para alcançar seu objetivo maior. Katy Milkman me disse que vê esse tipo de técnica de recuperação de falhas como uma forma de autoperdão. Segundo ela, para evitar falhas permanentes, precisamos arranjar um plano B — e um plano B para esse plano B.[23]

O medo do fracasso não precisa atrapalhar sua jornada para a grandeza. Mas talvez este não seja o caso; talvez seja justamente o contrário.

ESTIMULANDO A GRANDEZA

No fim desta seção, fornecerei a você um abrangente Kit de Ferramentas de Conversão do Medo para ajudá-lo a agir em prol da superação das barreiras para a grandeza. Mas por enquanto, faça a si mesmo algumas perguntas simples:

- Até que ponto você se esforça para superar o medo do fracasso?
- Como esse medo o impediu de perseguir sua Missão Significativa com todo o seu coração?

Liste a seguir quaisquer medos de fracasso que você tenha, enquanto eles estão frescos em sua mente.

Você pode usar os exercícios do Kit de Ferramentas de Conversão do Medo no fim desta seção para identificá-los melhor e encontrar ajuda para superá-los.

Capítulo 5

MEDO Nº 2: SUCESSO

Mesmo quando ainda era uma garotinha, Jamie Kern Lima amava a indústria da beleza.

Ela folheava revistas e admirava as modelos que, com suas peles lisas e formas esbeltas, representavam o ideal norte-americano. Jamie entendeu a mensagem. Ela também teria que parecer assim se quisesse que o mundo a amasse.

Não tardou muito para que o amor de Jamie por histórias a trouxesse diante dos olhos do público e das câmeras. Ela achou que tinha chegado lá quando conseguiu um emprego como âncora de notícias. Então, quando pensou que finalmente havia alcançado aquela imagem ideal, sua pele desenvolveu inchaços vermelhos incomuns, semelhantes a erupções cutâneas.

O horror de sua nova realidade a atingiu em cheio durante uma reportagem ao vivo, quando o produtor comentou que havia algum tipo de substância em seu rosto. "Limpe o rosto", repetiu a voz no fone de ouvido. "Limpe isso." Mas não importa o quanto ela esfregasse, não conseguia limpá-lo.

Para seu espanto, Jamie descobriu que havia desenvolvido uma doença de pele chamada rosácea. Ela pesquisou desde os cosméticos mais baratos aos mais caros disponíveis, mas nada mascarava as manchas vermelhas e ásperas em seu rosto. Ela se perguntou quanto tempo levaria até que seus telespectadores desistissem dela — e ela perdesse o emprego.

Ao refletir sobre aquele período difícil, Jamie compartilhou comigo sua perspectiva atual. Embora não soubesse disso na época, seu contratempo foi uma preparação. Enquanto lutava com cada marca de cosméticos que a decepcionava, seu mindset começou a mudar. Ela se perguntou: *por que não há produtos para mim? Por que nenhuma dessas modelos se parece comigo?*

O que veio a seguir foi um dos movimentos mais corajosos que uma pessoa poderia fazer.

Jamie deixou seu emprego dos sonhos em busca de uma nova visão. Ela desenvolveu um plano de negócios para atender à necessidade de cosméticos compatíveis com a rosácea. Enquanto trabalhava em seu plano, ela criou uma nova empresa chamada IT Cosmetics e um produto feito especialmente para quem sofre de rosácea. Apesar de sua eficácia comprovada, todos os varejistas de beleza que ela admirava — Sephora, Ulta, QVC — rejeitaram seu produto.

A certa altura, ela tinha menos de mil dólares em suas contas bancárias pessoais e da empresa juntas. Mas ela não se intimidou.

No que parecia ser uma apresentação particularmente boa para uma empresa de private equity, Jamie mostrou seu plano de negócios, produto, orçamento e visão completa. No fim, enquanto estava diante do painel, ela sentiu que finalmente receberia o apoio financeiro de que precisava para comercializar adequadamente seu produto.

"Queremos parabenizá-la pelo seu produto", começou o investidor principal. Ela viu seu sonho se manifestar enquanto ouvia: "achamos que é incrível". Então, veio o inesperado: "desejamos o melhor a você, mas não investiremos na IT Cosmetics."

Ela mal podia acreditar. Se não conseguiria o financiamento, pelo menos gostaria de receber algum feedback. Ela manteve a compostura, respirou fundo e fez a única pergunta que não saía de sua cabeça: "você pode me dizer por quê?"

Ele a examinou a apenas um metro de distância de onde ela estava. "Você realmente quer que eu seja honesto?" Com apreensão, Jamie assentiu. "Eu simplesmente não acho que as mulheres vão comprar maquiagem de alguém que se parece com você, com esse seu corpo e peso."

Jamie saiu dali atordoada e chocada. Enquanto chorava em seu carro, ela se lembrou da motivação por trás de seus esforços e percebeu que aquele homem — que via sua aparência como um obstáculo — era exatamente a razão pela qual seu negócio precisava dar certo. *Ele é tão impactado pela definição de beleza quanto qualquer outra pessoa.*

Finalmente, todas as suas experiências passadas e incontáveis horas se comparando a padrões irreais, seus medos em relação à sua condição de pele e sua falta de confiança culminaram em uma necessidade incontornável. Sua Missão Significativa ficou clara. Ela precisava criar uma marca de beleza "para as pessoas". Seus anúncios mostrariam pessoas de todas as idades, tipos de pele e gêneros. Ela decidiu mudar a cultura da beleza "para todas as meninas que estão prestes a começar a duvidar de si mesmas e para todos os adultos que ainda duvidam".[1]

Mais motivada do que nunca, Jamie mergulhou de corpo e alma na IT Cosmetics. E ela foi incrivelmente bem-sucedida. Mas com o sucesso vieram ainda mais desafios, do tipo que muitas pessoas temem tanto que nem tentam vencer. Ela passou quase dez anos trabalhando cem horas semanais, raramente vendo seus amigos ou familiares.[2] Quando finalmente alcançou o sucesso, este se tornou nocivo e insustentável. Jamie trabalhou em um ritmo irreal porque, não importa quanto sucesso ela tivesse, cada vitória poderia ser sua última, e ela tinha que agir enquanto a oportunidade ainda estava ali, ao alcance da mão.

Foi a essa altura que a gigante de cosméticos L'Oreal reconheceu a marca revolucionária que Jamie havia construído. Eles ofereceram a ela US$1,2 bilhão pela IT Cosmetics! De repente, ela se deparou com uma escolha: aceitar a oferta da L'Oreal ou abrir o capital da empresa. Ao aceitar a oferta, ela ganharia mais dinheiro do que poderia imaginar durante todos aqueles anos lutando para tirar sua ideia do papel. E ao abrir o capital e manter o controle sobre a empresa, ela provavelmente continuaria trabalhando até a exaustão.

No entanto, assim como quando deixou seu emprego como âncora, Jamie sentiu que precisava deixar sua zona de conforto para buscar algo novo. Então, optou por parar de perseguir o sucesso e o constante medo de perdê-lo e, assim, vendeu a IT Cosmetics, renunciando ao cargo de CEO.

Desde então, ela trabalha vinte horas por semana, buscando outras oportunidades de grandeza. Em 2021, por exemplo, ela publicou *Believe IT: How to Go from Underestimated to Unstoppable* [sem publicação no Brasil], agora um best-seller do *New York Times*.

DO RETROCESSO À PREPARAÇÃO

Parece lógico que as pessoas temam o fracasso, já que ninguém deseja falhar. O fracasso parece ser a antítese da grandeza. Mas há um segundo medo no Diagrama da Dúvida, que é menos intuitivo.

O medo do sucesso.

Este medo pode parecer ilógico a princípio. Afinal, não é o sucesso que todos nós queremos?

Quando a linha de chegada é o sucesso, pode ser fácil seguir a corrida até o fim. Mas o que acontece depois que você cruza a linha? Como você liderará uma organização em crescimento? E se você tiver que lidar com a imprensa ou com os holofotes? E se as pessoas tirarem vantagem de você, fazendo com que perca dinheiro e pareça estúpido? É aí que a dúvida pode surgir e impedi-lo de tentar ser bem-sucedido. *Como manter o ritmo? Serei capaz de suportar a pressão ou os holofotes? E se eu conseguir e ainda assim não me sentir realizado? E se eu não for bom o suficiente para alcançar o sucesso novamente?*

Sejamos honestos: há alguma validade nessas perguntas, mas você não pode deixar que elas o sufoquem. Se isso acontecer, o mundo nunca verá a grandeza e o valor único que só *você* tem a oferecer.

Pedi a algumas pessoas que recentemente tiveram uma escalada em seu sucesso — crescimento massivo de seguidores online, mais fama, dinheiro e oportunidades do que antes — para se classificarem de 1 a 10 na escala de amor próprio, 10 significando que elas se amam, se aceitam totalmente e estão satisfeitas e em paz, e 1 que se odeiam e não aceitam nada sobre si mesmas. Todas elas me deram um número. Então, pedi para que voltassem ao dia que precedia o início de seu sucesso e fama e me dessem um número.

As respostas me surpreenderam.

Embora sob o ponto de vista externo o sucesso delas pareça maravilhoso, todas se classificaram mais alto na escala *antes* de serem bem-sucedidas! Não é de admirar que tantas pessoas sintam medo. E é por isso que o segundo medo com o qual você deve romper é o medo do sucesso.

SAIBA A HORA DE PARAR

Quando Jamie viu seu negócio decolar, sua síndrome do impostor disse que ela não conseguiria lidar com isso, que era apenas uma questão de tempo até que seu sucesso saísse de seu controle. Ela me disse que a única coisa que a mantinha naqueles momentos de dúvida era sua crença duradoura na missão, que sua Missão Significativa era maior do que ela.

Alcançar o sucesso, porém, não significa acabar com a dúvida. É normal sentir-se tentado a ter medo de que não conseguirá acompanhar as exigências do seu novo sucesso, mas é um medo que pode fazer com que você se autossabote, esgotando a si próprio para provar que é o suficiente. Essa síndrome do impostor, muito comum, pode convencê-lo de que seu sucesso é um acaso, tornando-o imediatista. Você pode sentir, como Jamie, que precisa aproveitar ao máximo seu sucesso enquanto ele dura.

Alcançar o sucesso não significa acabar com a dúvida.

Mas esse mindset de escassez não tem nada a ver com um Mindset de Grandeza. Você precisa planejar o sucesso em longo prazo na busca de sua Missão Significativa, e parte desse plano precisa incluir o seu próprio ritmo. Às vezes, o sucesso pode significar fechar um capítulo confortável e começar outro que seja desconfortável. Em outras palavras, você pode precisar mudar de rumo.

Dr. Phil, profissional de saúde mental e popular apresentador de TV, compartilhou algumas de suas ideias comigo: "a pior coisa que você pode fazer é perseguir o sonho errado, ou se o seu sonho mudar e você não mudar com ele."[3] Dr. Phil sabe um pouco sobre mudanças de rumo. Antes de ser uma estrela da televisão, ele administrou dois consultórios de psicologia bem-sucedidos. No entanto, ele disse a si mesmo desde o início que, se chegasse ao ponto em que o impacto que estava causando na vida das pessoas não o satisfizesse mais, ele teria que parar. E foi exatamente o que aconteceu quando ele retornou à clínica após as

Grandeza inclui estar disposto a mudar sua definição de sucesso enquanto persegue sua Missão Significativa.

comemorações natalinas. Ele viu sua agenda lotada para o próximo ano inteiro e pensou: "não quero mais fazer isso". No que chamou de seu "momento de reflexão", ele estava correndo o risco de permanecer em um lugar de sucesso confortável que já não lhe era satisfatório. Ao invés disso, no entanto, ele encaminhou todos os seus pacientes para outros profissionais e fechou seu consultório.

E por quê? Porque sua visão de sucesso havia mudado.

Phil transformou a mudança de rumo em hábito no seu caminho para a grandeza. Ele também fundou uma empresa de ciências de julgamento chamada CSI. A empresa ajudava com estratégias de julgamento, seleção de júri, simulações de julgamentos, e júris e julgamentos paralelos (nos quais a série *Bull*, da CBS, é baseada). Mais uma vez, Phil foi bem-sucedido. Ele até representou Oprah Winfrey no caso da vaca louca em Amarillo.

No entanto, após cerca de 15 anos de sucesso, ele se sentiu preso novamente:

> Eu tinha feito tudo que podia. Representei todas as principais companhias aéreas do mundo e todos os nove grandes estúdios de cinema daqui. Eu representava metade da lista da Fortune 100. Estive envolvido em litígios relacionados ao tabaco, implantes mamários e tudo o que você possa imaginar. Eu fiz praticamente tudo que era possível nessa profissão.[4]

Foi aí que ele percebeu que era hora de fazer algo diferente, e criou o agora famoso programa de TV *Dr. Phil*. Mas ele só foi capaz de criar esse programa porque não deixou que o medo do que o sucesso pudesse trazer o limitasse. Em vez disso, ele assumiu o controle do próprio destino.

A compreensão de que o sucesso em si não é o objetivo final é um sinal de grandeza. E a grandeza inclui estar disposto a mudar sua definição de sucesso enquanto persegue sua Missão Significativa.

UM PASSO DE CADA VEZ

Aqui está a questão da grandeza: não é sobre estar preparado desde o início, mas sobre ser *suficiente*, mesmo enquanto você ainda está crescendo, se desenvolvendo e mudando. E é aí que entra a tensão: você já é *suficiente* onde está neste momento, *e* está sempre se tornando *mais*. Se você não está disposto a se tornar mais, então, em última análise, também não está disposto a crescer e evoluir em sua própria grandeza.

Grandeza não é sobre estar preparado desde o início, mas sobre ser suficiente.

A grandeza é um processo que deve ser perseguido um passo de cada vez.

Tim Grover, empresário, personal trainer e CEO da ATTACK Athletics, é conhecido em todo o mundo por seu trabalho com atletas de elite em todos os esportes, incluindo na NBA, NFL, MLB, e até mesmo atletas olímpicos. Ele foi o treinador de Michael Jordan quando este venceu vários campeonatos mundiais da NBA, e também de Kobe Bryant. Uma vez, Tim me disse que todo mundo está sempre procurando um número específico de passos que levam ao sucesso, mas a verdade é que há um número infinito de passos porque há um número infinito de definições de sucesso:

> Não importa há quanto tempo você esteja fazendo isso, esses passos estão em constante mudança. Esses passos nunca terminam. E você simplesmente não pode pulá-los. Às vezes, você tem que rastejar. E quando finalmente chega ao topo, tudo muda e você está de volta ao início.
>
> Espere... *o quê?!* O topo é só mais um início?
>
> Você pode chegar ao topo e pensar que conseguiu o que queria. Você olha para trás e se sente bem com o que conquistou. Mas então, quando olha para a frente, para o que vem a seguir, percebe que está de volta ao primeiro passo. O que você pensou ser o topo é apenas um novo começo. E é aí que a maioria das pessoas simplesmente desiste.[5]

A jornada nunca acaba. Quando discernimos essa verdade, podemos evitar ceder ao medo do sucesso. Quando as dúvidas surgirem novamente e a grandeza parecer se distanciar, podemos lembrar que a meta não é passar por checkpoints de sucesso específicos, mas sim buscar a grandeza.

A meta não é passar por checkpoints de sucesso específicos, mas sim buscar a grandeza.

Eu entendo o que Tim quis dizer. Passei tantos anos (toda a minha vida, na verdade) me preparando para apresentar o podcast *A Escola da Grandeza*. No entanto, depois de dez anos, na época do lançamento deste livro, sinto que estou apenas começando! Muitas pessoas pensam que a busca constante pela grandeza parece exaustiva, e então desistem antes mesmo de começar. Eu, na realidade, acho reconfortante, porque significa que não preciso ter todas as habilidades para começar. Com a certeza de que não preciso ter tudo planejado, cada passo que dou se torna uma espécie de sucesso em si mesmo. Não preciso ter respostas para o que vem depois de alcançar o sucesso; só preciso superar meus medos agora e seguir avançando, um passo de cada vez.

Somente quando você busca o crescimento, supera o medo e se torna autêntico é que pode começar a se posicionar para ter sucesso na jornada.

Eis a verdade: você pode e vai se tornar quem e o que precisa ser na jornada para a grandeza. Na verdade, essa é a única maneira de fazê-lo.

É por isso que Amy Cuddy rejeita a ideia de "fingir até conseguir". Ela tem sua própria versão do ditado: "finja até se tornar". "Fingir até conseguir" significa que você nunca é autêntico, nunca é realmente bom o suficiente. "Finja até se tornar", por outro lado, significa antecipar tanto o crescimento quanto a versão de si mesmo que você está praticando. Amy chama isso de "enganar a si mesmo para acreditar em si mesmo"[6]. Eu chamo de uma ferramenta interessante para cultivar o Mindset de Grandeza. Devemos estar dispostos a enfrentar as coisas que tememos nos dedicando totalmente a elas, até que esses medos desapareçam e saiamos do outro lado com um novo conjunto de habilidades e crenças internas.

Essa prática de ressignificação retorna para derrotar a síndrome do impostor. Mesmo que você não seja tudo o que precisa para ser bem-sucedido neste momento, você é o suficiente para dar o primeiro passo.

Somente quando você busca o crescimento, supera o medo e se torna autêntico é que pode começar a se posicionar para ter sucesso na jornada.

PENSE DIFERENTE

Aqueles longos períodos de navegação tranquila são na verdade os mais perigosos, já que o excesso de sucesso pode fazer com que baixe a guarda; e é aí que o fracasso pode atingir com mais força. Para evitar isso, você precisa *pensar de forma diferente.*

De 1997 a 2002, a Apple lançou uma campanha publicitária chamada "Think Different" [Pense Diferente]. Nela, a empresa compartilhou fotografias em preto e branco de visionários criativos que iam de Albert Einstein a Bob Dylan, de Amelia Earhart a Jane Goodall, de Martin Luther King Jr. a Muhammad Ali, de Jim Henson com Caco, o Sapo a John Lennon e Yoko Ono, de Frank Lloyd Wright a Pablo Picasso. Todas essas pessoas escolheram "pensar diferente."[7]

Para superar o medo do sucesso, você pode precisar fazer a mesma coisa.

Voltemos à história de Jamie. À medida que seu sucesso aumentava progressivamente, tornava-se também uma ameaça à sua qualidade de vida, por causa da questão da autodúvida. Quanto mais bem-sucedida ela era, mais temia perder tudo e passava a rejeitar os esforços constantes necessários para manter o ritmo. Foi quando ela precisou pensar de forma diferente. Depois que conseguiu passar a acreditar em seu próprio sucesso, vendo que não se tratava de algo temporário, ela percebeu que não poderia continuar trabalhando cem horas por semana. Então, começou a aprender a ter fé no processo, confiando que algumas coisas poderiam esperar para o dia seguinte. Como ela mesma me disse: "eu não precisava trabalhar cem horas por semana para construir uma empresa bilionária."[8]

De acordo com Tim Grover, devemos *abraçar a mudança* que o sucesso pode trazer como uma forma de sair da rotina e enxergar as vitórias nessa oportunidade. Conforme conversávamos, Tim sugeriu avançar na jornada e experimentar coisas que poderiam nos causar medo, mas sempre convertendo-as em oportunidades. "Considere-as como vitórias", sugeriu, e não como derrotas ou pontos negativos.[9]

Saiba que você é suficiente e que está se tornando cada vez mais.

É uma mudança de mindset simples, mas crucial. Você não pode deixar que o medo de realmente conseguir o que deseja o iniba. Não perca sua perspectiva. Sim, às vezes uma vitória pode parecer uma derrota. Podemos até chegar a odiar a própria situação que antes desejávamos. Quando você estiver com medo do sucesso ou talvez ressentido com o sucesso que alcançou recentemente, lembre-se de que a mudança é desconfortável, porém inevitável. Você não pode escolher se a mudança acontece, mas pode escolher como mudar.

Lembre-se, seus ídolos também têm inseguranças. Quem quer que sejam, posso assegurar que tiveram que enfrentar os mesmos medos e desafios. Quando você se sentir tentado a acreditar que não é bom o suficiente ou não está suficientemente preparado para assumir a responsabilidade pela grandeza, apenas dê o próximo passo e saiba que você é suficiente *e* que está se tornando cada vez mais.

ESTIMULANDO A GRANDEZA

Como mencionei, fornecerei a você um abrangente Kit de Ferramentas de Conversão do Medo no fim desta seção para ajudá-lo a agir para superar as barreiras da grandeza. Por enquanto, faça a si mesmo algumas perguntas simples:

- Até que ponto você se esforça para superar o medo do sucesso?
- Como esse medo o impediu de perseguir de todo o coração sua Missão Significativa?

Liste a seguir quaisquer medos de sucesso que você tenha, enquanto eles ainda estão frescos em sua mente:

Capítulo 6

MEDO Nº 3: JULGAMENTO

Posso ser honesto com você? Existe um medo com o qual tenho lutado mais do que qualquer outro. Não é o medo do fracasso, apesar de, assim como todos, eu ter tido meus problemas com isso. E não é o medo do sucesso, embora tenha enfrentado desafios de crescimento ao longo da jornada. Não estou minimizando esses medos de forma alguma, mas não foram eles que me impediram de criar e ir atrás do que eu queria na minha vida. O medo com o qual mais lutei, especialmente nos primeiros anos, foi o medo do julgamento alheio.

Sabe, realmente gosto de fazer as pessoas felizes. Quero agradá-las, e não gerar mais tensão em suas vidas. Isso pode ser positivo de várias maneiras, mas quando escapa do controle, também pode levar a medos muito prejudiciais, tanto para mim quanto para os outros.

Durante muitos anos, em meus relacionamentos mais íntimos, meu medo de ser julgado e desapontar a outra pessoa me levou a abandonar a mim mesmo, indo contra os meus valores fundamentais e cruzando limites que não queria cruzar, apenas para agradá-las. Pelo menos, era o que eu me dizia enquanto fazia o que fosse necessário para que desse certo.

Vamos direto ao ponto: a ideia do amor pode obscurecer nosso julgamento, quando estamos apenas quimicamente conectados a alguém. Entretanto, quando não estamos alinhados com alguém emocional, espiritual e mentalmente, tentar fazer isso dar certo não é o melhor caminho a seguir. Meu erro foi tentar "consertar" ao invés de perceber que simplesmente não estava em sintonia com a outra pessoa. Isso não pretende ser um julgamento dessa pessoa, mas sim uma avaliação sincera de como deixei esse medo me manter em certos relacionamentos muito além do que devia.

Enquanto trabalhava com meu terapeuta para tentar compreender minhas dinâmicas relacionais e, mais importante, identificar minhas próprias falhas, percebi que me sentia pressionado a ficar em silêncio ou a comprometer meus limites. Temia que o relacionamento não desse certo e eu fosse julgado por isso. Não queria que as pessoas pensassem que eu era um idiota ou me vissem como o cara que quebra corações, então permanecia nos relacionamentos, mesmo sabendo lá no fundo que algo estava errado. Além disso, não queria que as pessoas com quem me importo ficassem com raiva ou desapontadas comigo, então cedia constantemente nos relacionamentos.

Você precisa estabelecer limites que se alinhem com seus valores e visão.

Meu terapeuta diz que eu estava sempre tentando comprar a paz. Eu comprava flores, ou um presente especial, ou fazia alguma coisa para tentar comprar a paz no relacionamento. Mas você não pode comprar a paz.

Você precisa *ser* a paz. E para fazer isso, precisa estabelecer limites que se alinhem com seus valores e visão. Isso é verdadeiro em qualquer relacionamento, seja ele comercial, familiar, de amizade ou amoroso.

No fundo, meu medo de julgamentos me impedia de fazer as coisas certas e de ser 100% autêntico. Como resultado, eu sentia que estava perdendo a integridade comigo mesmo. Aqui estava eu, inautêntico em meus relacionamentos mais íntimos, quando minha missão era encorajar pessoas ao redor do mundo a serem autênticas em sua busca pela grandeza.

A falta de integridade começou a diminuir minha autoconfiança, o que me fez sentir como se estivesse vivendo a vida no nível 6, em vez de 10. A autodúvida começou a se infiltrar pelas beiradas do meu ser, o que só piorou a situação, porque eu sabia que estava permitindo que isso acontecesse.

Tudo isso é para dizer que eu entendo. É realmente muito difícil quando você está passando por um estresse, uma separação ou demissão, porque parece um grande problema. É confuso. Doloroso. Quando você está passando por isso, é difícil pensar além do momento. Você acha que as pessoas o estão julgando, e elas podem muito bem estar.

Veja bem, nesses momentos cruciais, o ego diz que você não é suficiente porque alguém o machucou. Você nunca conseguirá nada. Você não é digno. Você tem medo de fracassar. Você tem medo de ser bem-sucedido. Você tem medo da opinião dos outros. Mas é justamente o ego que pode interromper o fluxo da abundância.

O que aprendi a fazer nesses momentos é continuar dizendo a mim mesmo: *em breve, terei perspectiva*. Daqui a um ano, terei aprendido uma lição com essa experiência. Serei mais forte e mais humilde. E em seis meses, um ou dois anos, estarei envolvido em algo diferente. As pessoas seguirão em frente comigo ou sairão da minha vida.

É justamente o ego que pode interromper o fluxo da abundância.

Meu amigo Robin Sharma diz que um dia ruim para o ego é um ótimo dia para a alma, pois o ego precisa morrer em diferentes momentos de nossas vidas para que possamos eliminar o que está nos impedindo. Certas partes do ego podem ser potentes e positivas, mas às vezes precisamos expurgar a parte que nos retém e nos limita para quebrar as correntes invisíveis forjadas pelo julgamento dos outros.[1]

NOSSAS CORRENTES INVISÍVEIS

Tantas pessoas são impedidas pelo medo do julgamento de outras, de suas opiniões, do possível constrangimento, do que pensarão ou dirão sobre elas. Por que isso acontece? Por que tantas pessoas esperam décadas para começar uma empreitada criativa com a qual sonham há tanto tempo porque se sentem inseguras em relação à opinião alheia?

Quando indaguei Dan Millman a respeito disso, ele observou que muitas pessoas sentem que sua identidade está em jogo com as opiniões dos outros, ou até mesmo seu verdadeiro valor. Ambos concordamos que deixar nossa identidade ser definida pelas opiniões dos outros foi um erro. Mas ele destacou que, se nos concentrarmos mais em como podemos servir aos outros, em vez de o que eles pensam de nós (*tudo diz respeito a mim:*

como eu pareço? Eles gostam de mim? Como isso soou?), podemos superar a ansiedade ligada às suas opiniões.

Com efeito, Dan chama isso de Deus da Opinião, e acho que ele está certo. Podemos muito bem criar um pequeno ídolo chamado Opinião Alheia, colocá-lo em um altar e adorá-lo todos os dias, até porque é assim que muitas pessoas vivem sua vida — e tudo porque precisam da aprovação dos outros para definir sua identidade.[2]

Dan Gilbert, professor de psicologia em Harvard, faz a distinção entre *aspirantes* e *apontadores*. Os primeiros são aqueles que estão na arena, no campo, fazendo o possível para seguir em frente, mesmo que falhem com frequência. Eles continuam, se levantam, aprendem e tentam de novo.[3]

Enquanto isso, os apontadores sentam nas arquibancadas e ridicularizam os que estão em campo. A despeito de não realizarem nada, tentam fazer o possível para parecerem bons. Eles procuram ostentar os assentos mais confortáveis, de onde tiram sarro de todas as pessoas que estão tentando de verdade. Eles não estão botando a cara a tapa como aqueles em campo, porque não estão fazendo nada de significativo.

Como disse uma vez o Presidente Teddy Roosevelt:

> Não é o crítico que importa, nem aquele que mostra como o homem forte tropeça, ou o que o realizador das proezas poderia ter feito melhor. Todo o crédito pertence ao homem que está de fato na arena; cuja face está arruinada pela poeira, pelo suor e pelo sangue; aquele que luta com valentia; aquele que erra e tenta de novo e de novo; aquele que conhece o grande entusiasmo, a grande devoção e se consome em uma causa justa; aquele que ao menos conhece, ao fim, o triunfo de sua realização, e aquele que na pior das hipóteses, se falhar, ao menos falhará agindo excepcionalmente, de modo que seu lugar não seja nunca junto àquelas almas frias e tímidas que não conhecem nem vitória nem derrota.[4]

A realidade é que, de vez em quando, nós podemos ser uma combinação de crítico e aspirante. Mas o criticismo não é mortal, ainda que possa parecê-lo. Não estou minimizando seu possível impacto emocional, mas ser criticado na internet ou ter alguém rindo de você não precisa determinar o rumo que sua vida tomará. Essas pessoas só têm poder sobre nós quando permitimos que isso aconteça.

Então, não permita que isso aconteça; retome o seu poder!

Por muitos anos, meu medo de julgamentos me levou a querer ter sucesso para provar que os críticos estavam errados. Mas esse não é um tipo de combustível sustentável, porque a realização de meus objetivos vinha de um lugar de insegurança; não era por amor ou por querer inspirar e elevar os outros. Em vez de me sentir orgulhoso depois de cinco ou dez anos tentando realizar algo e finalmente conseguindo, eu ainda estaria deprimido trinta minutos depois.

Nós fugimos de nossos medos, e é por isso que muitas vezes nos distraímos ou inventamos desculpas criativas sem agir. Por exemplo, uma pessoa que eu estava treinando me disse que continuava fazendo cursos e assistindo aulas para aprender mais, mas nunca agia de fato porque não se sentia pronta para perseguir seus objetivos. Mas não importa quantos cursos e diplomas ou certificados recebesse, ela nunca estaria pronta. Afinal, ela estava se distraindo com a ideia de que precisava de algo mais... Mas a realidade é que tinha medo de fracassar e ser julgada por isso.

Em minha conversa com a Dra. Ellen Vora, autora de *The Anatomy of Anxiety* [sem publicação no Brasil], discutimos como é a sensação de nos preocuparmos em agradar os outros e não sermos fiéis a nós mesmos. Ela chamou isso de "falso sim", e usou o seguinte exemplo: imagine encontrar alguém que você não vê há quinze anos em uma loja. Vocês batem papo por um minuto e a pessoa sugere que se encontrem na próxima semana para um café. Por dentro, você imediatamente repassa todas as coisas que precisa fazer na próxima semana e pensa: *não tenho tempo para esse encontro*. Não é nada contra essa pessoa; apenas não se trata de uma prioridade naquele momento.

Mas, em vez de recusar educadamente, você se preocupa com o medo do julgamento e se percebe respondendo: "claro, vamos lá!" Enquanto seu cérebro está gritando "Não! Diga não!" Segundo a Dra. Vora, isso caracteriza um falso sim.

Quando chega a semana seguinte, ou você desiste e não vai, ou vai por culpa e fica pensando em todas as outras coisas que *poderia* estar fazendo. Você acaba se ressentindo discretamente com a pessoa porque deu um falso sim em vez de um não autêntico.

Como a Dr. Vora disse sucintamente: "trata-se de uma pequena traição de si mesmo."[5] Esse foi o meu padrão por anos. Mas quebrar esse padrão me libertou para desfrutar de relacionamentos melhores e viver com mais confiança, sabendo que estou buscando uma vida de significado e serviço que sejam fieis aos meus valores.

A VERDADE SOBRE AS CRÍTICAS

Eis a verdade: as pessoas o julgarão, não importa o que você faça. Se você sentar no sofá e não fizer nada, as pessoas o criticarão. Se você correr atrás dos seus sonhos, as pessoas o julgarão. De qualquer maneira, você será julgado; então é melhor ir atrás dos seus sonhos e fazer aquilo que mais ama.

Quando você se olha no espelho, deve, no mínimo, se orgulhar de ter dado tudo de si, não importa o que os críticos tenham a dizer. Seja verdadeiro(a) consigo mesmo(a).

Rich Diviney, Comandante SEAL aposentado da Marinha dos EUA, me fez a seguinte pergunta: *como você realmente sabe o que as pessoas estão pensando?* Geralmente, você não sabe. Apenas *acha* que sabe. Mas a realidade é que não tem a menor ideia. Rich sugere que tendemos a ficar obcecados com as coisas negativas que as pessoas *podem* estar pensando por causa da maneira como o cérebro funciona:

> Nós apresentamos conscientemente uma pergunta ao nosso cérebro anterior, que imediatamente começa a apresentar respostas. Eu costumo fazer esse experimento nas aulas que ministro, no qual digo a uma pessoa: "respire fundo. Vou lhe dar trinta segundos para responder à seguinte pergunta: o que fazer para dobrar minha renda nos próximos 30 dias? Anote qualquer coisa que lhe ocorrer." Neste momento, costumam surgir pequenas listas.
>
> Em seguida, eu digo: "não me importa quais sejam as respostas. Eu só me importo com o quão ridículas elas são. Quantas respostas você encontrou?" Normalmente recebo três, quatro, cinco e às vezes até sete ou oito respostas. Por quê? Ora, porque essas pessoas apresentaram uma pergunta ao cérebro anterior.
>
> Qualquer que seja a pergunta, nosso cérebro começará a responder. No entanto, muitas vezes fazemos isso de maneira equivocada. Perguntamos: *por que sou tão ruim nisso? Por que essas coisas sempre acontecem comigo? Por que essas pessoas estão contra*

> *mim?* Quando fazemos isso, nosso cérebro começa a gerar respostas, e algumas são tão ridículas quanto aquelas referentes a dobrar sua renda![6]

Em outras palavras, nossas respostas padrão geralmente vêm de um lugar de fraqueza e medo. Nosso cérebro se volta facilmente para o modo de sobrevivência, uma resposta de luta ou fuga que sempre pressupõe o pior. As respostas que nosso cérebro cria em relação aos outros podem ser ridículas, mas podem parecer bastante reais no momento.

De qualquer maneira, você será julgado; então é melhor ir atrás dos seus sonhos e fazer aquilo que mais ama.

Muitos dos nossos medos em relação às percepções alheias são imaginários. Mas alguns são reais. As pessoas julgam umas às outras, muitas vezes de maneira nociva. E tudo bem.

Perguntei a Joel Osteen, televangelista, pastor da maior congregação dos EUA e autor residente de Houston, Texas, como ele supera a tendência de se sentir inseguro em relação ao que os outros pensam. Quando ele começou, todos o apoiaram. Mas à medida que seu ministério crescia, cresciam também os críticos. Em suas palavras:

> Você não pode alcançar seu destino sem que nenhuma pessoa esteja contra você. Algumas delas não o entenderão. E nem querem. Às vezes gastamos tempo e energia tentando convencer alguém a gostar de nós, sendo que essa pessoa nunca gostará. E tudo bem. Mantenha o foco no seu percurso. Algo que tenho feito bem, e encorajado outras pessoas a fazer, é deixar a negatividade de lado e seguir em frente com o *seu* percurso.
>
> Eu acredito que nós temos uma quantidade limitada de energia emocional por dia. Ela não é infinita. Tendo isso em mente, quanto estou gastando com negatividades, com rancores, com o que aquele cara disse, com o cara que me cortou no trânsito ou com um colega de trabalho que resolveu discutir sobre política? Essa é uma energia que eu não guardarei para meus sonhos e objetivos.

> A vida é curta demais para desperdiçar nossa energia emocional em coisas que não importam.[7]

Não se engane: você terá críticos. Todos que buscam a grandeza têm. O que importa é o que você faz depois de perceber isso. É nesses momentos que você precisa decidir entre recuar ou se reerguer, entrar em campo e dar tudo de si.

CONHECIMENTOS PRÁTICOS

Todo mundo tem uma opinião, mas nem todas valem a pena serem abordadas. Gosto do que Priyanka Chopra Jonas me disse sobre cultivar a felicidade para si mesmo: "esta jornada é sua e somente sua." Isso significa que cabe a você decidir como ela se desenrola. Se você depender das opiniões de outras pessoas ou de sua validação, será uma jornada longa e cheia de obstáculos. Ela prosseguiu: "se esperamos que outra pessoa contribua para nossa trajetória, ela será distorcida."[8]

Ela então acrescentou que, se você está *buscando validação* dos outros em vez de tê-la dentro de si ou de criar sua própria validação por meio das coisas que mais importam para você, então sempre estará sujeito ao julgamento alheio. Ela, por sua vez, opta por se concentrar no amor, afeto e apoio de sua família e amigos, e ignorar os trolls. "Ter orgulho de quem somos", observou ela, "e daquilo que podemos contribuir é a maior alegria de todas."[9]

O que importa é o que você faz depois de perceber isso.

Para mim, isso foi revelador! Rich Diviney sugere outra maneira de superar o medo e mudar nossa trajetória: "a qualidade de nossa vida é diretamente proporcional à qualidade de nossas perguntas. Fazemos perguntas a nós mesmos o tempo todo; se forem negativas, nossa vida será mais sofrida."[10] Por outro lado, se fizermos perguntas melhores a nós mesmos, nossa vida poderá melhorar. E a primeira coisa que ele se pergunta é: *qual é a melhor pergunta neste caso?*

Pode parecer contraintuitivo ou até sarcástico, mas fazer uma pergunta melhor interrompe o fluxo de pensamentos negativos e cria uma nova trajetória. E seja comparando-se aos outros (*por que eles são melhores do que eu?*), reclamando das circunstâncias (*por que essa coisa ruim continua acontecendo comigo?*) ou se indagando sobre o futuro (*quando isso vai mudar?*), a resposta sempre é fazer uma pergunta melhor.

Para combater a negatividade e parar de se preocupar com o que as pessoas pensam dela, a Dra. Wendy Suzuki, professora de neurociência e psicologia no Centro de Ciências Neurais da Universidade de Nova York, tem um processo que ela chama de "condicionamento da alegria". Com base em seus 25 anos estudando como a memória funciona e aplicando todo o seu conhecimento para lidar com a ansiedade, o processo é um antídoto direto para o condicionamento do medo, que, segundo ela, todos nós experimentamos por definição. O condicionamento da alegria não requer nenhum treinamento, apenas uma disposição para revisitar sua vida. Como ela descreveu, "o condicionamento da alegria envolve vasculhar seus próprios bancos de memória em busca de eventos afetivos alegres, engraçados, ou de qualquer um que seja especial em sua vida — e conscientemente trazê-los à tona e revivê-los."[11]

Essencialmente, trata-se de buscar as emoções positivas que fizeram parte de sua vida e inundar sua mente com elas.

A Dra. Suzuki diz que o segredo para fazer isso é pensar em uma memória com um componente de cheiro, um cheiro que fique em sua mente. Ela me deu o exemplo de uma vez em que participou de uma aula de ioga. Foi uma experiência revigorante, mas a melhor parte veio quando o instrutor passou loção de lavanda nas mãos, agitou-as na frente de seu rosto e fez uma breve e relaxante massagem em seu pescoço. Isso ficou tão marcado em sua memória que Wendy agora carrega um pequeno frasco de essência de lavanda e o usa sempre que quer se animar um pouco.

É uma maneira simples de se condicionar à alegria e superar a negatividade.[12]

Você pode fazer isso. Pense em uma memória alegre (pontos de bônus se houver bons cheiros envolvidos!) e use isso para combater os pensamentos negativos.

Não deixe que a negatividade dos outros o atrapalhe.

Seja abafando as opiniões negativas dos outros com as opiniões positivas daqueles em quem você confia, fazendo perguntas melhores que o tirem do ciclo negativo de pensamentos, ou condicionando-se à alegria para deixar de viver com medo, você pode e deve tomar a decisão de superar o medo do julgamento.

Você só tem uma chance na sua busca pela grandeza. Não deixe que a negatividade dos outros o atrapalhe.

ESTIMULANDO A GRANDEZA

Antes de se realizar as atividades do Kit de Ferramentas de Conversão do Medo no fim desta seção, faça a si mesmo algumas perguntas simples:

- Até que ponto você se esforça para superar o medo do julgamento dos outros?
- Como esse medo o impediu de perseguir de todo o coração sua Missão Significativa?

Liste a seguir quaisquer medos de julgamento que você tenha, enquanto eles ainda estão frescos em sua mente:

Capítulo 7

ASSASSINA DE SONHOS: AUTODÚVIDA

Quando eu era criança, meu pai nunca comemorava o meu aniversário. Sem festas, sem presentes, sem bolo. Até que um dia perguntei a ele: "Pai, por que você não comemora o meu aniversário? Você não me ama?"

"Eu te amo profundamente", respondeu ele. "Eu celebro sua existência todos os dias, mas em meu trabalho e experiência de vida, vejo muitas pessoas limitando-se pela idade que têm porque possuem um mindset limitado em relação ao tempo." Claro, adoraria ter recebido alguns presentes e bolo de vez em quando, mas sua mensagem foi uma influência poderosa e moldou minha vida desde cedo.

"Nunca quero que você se sinta velho demais para começar algo", disse-me ele. "Nunca quero que você se sinta jovem ou inexperiente demais para perseguir seus sonhos. E nunca quero que você se sinta incapaz de desenvolver os recursos, a inteligência, a sabedoria, as habilidades e a experiência para atrair abundância em sua vida." Resumindo, meu pai estava me dizendo: Lewis, *nunca quero que você sinta que não é o suficiente*.

Você sabe o que mata mais sonhos do que qualquer outra coisa no planeta inteiro? A autodúvida. Muitas pessoas falham antes mesmo de começar simplesmente por não acreditarem que podem conseguir. Todos os medos de fracasso, sucesso e julgamento contribuem para esse poderoso veneno. Eu vi essa assassina de sonhos em ação lá atrás, quando estava na oitava série.

Naquela época, eu admirava um jogador de basquete sênior que era o atleta mais talentoso que eu já tinha visto. Era impressionante o quão explosivo ele era. Extremamente atlético, ele conseguia saltar mais de 1 metro e fazer enterradas de 360 graus. O cara tinha uma habilidade atlética incrível. E lá estava eu, um garoto magrinho de 13 anos que mal conseguia pular e tocar o aro da cesta. Tinha todos os motivos para duvidar de minha própria capacidade e para pensar que ele se tornaria um atleta profissional.

Mas, apesar de seu talento, ele não acreditava em si mesmo. Volta e meia, ele fraquejava sob pressão. Vê-lo ficar aquém de seu potencial me ensinou que um talento incrível não importa se você não sabe acreditar em si mesmo. Mais importante, se você tem o mindset de um vencedor e está disposto a trabalhar duro para superar as adversidades, não precisa ser o atleta mais talentoso para vencer.

Muitas pessoas falham antes mesmo de começar simplesmente por não acreditarem que podem conseguir.

Quando compartilhei essa história com o treinador de atletas profissionais Tim Grover, ele concordou. Na verdade, ele disse que preferiria trabalhar com atletas menos talentosos se estes trabalhassem duro para performar seu melhor desempenho. Esses atletas sempre deram o melhor de si. Foram os vencedores. Aqueles que se tornaram grandiosos.[1]

NÃO É O BASTANTE?

Talvez neste ponto da jornada rumo à grandeza, você tenha alguma noção de qual pode ser sua Missão Significativa. Você identificou os medos que o impedem. Você quer avançar e adentrar a grandeza, mas está se sentindo jovem demais, ou talvez muito velho. Talvez você sinta que tem muitas responsabilidades neste período da vida, ou pense que é tarde demais para perseguir sua missão. Ou talvez você simplesmente não se sinta qualificado ainda. A verdade é que, quando você duvida da sua capacidade, você intimida a si mesmo, impossibilitando a ação.

Você *é* suficiente. Entretanto, e infelizmente, a positividade não vem naturalmente para a maioria de nós, incluindo aí a maneira como nos enxergamos. E frequentemente o ambiente de uma pessoa pode contribuir para um mindset autodepreciativo. Joel Osteen é uma das pessoas mais abundantemente positivas que já conheci. Ele atribui sua positividade e confiança aos pais, que o cercaram de incentivo e otimismo, afirmando suas habilidades e valores com frequência.

Depois de ministrar por muitos anos, Joel descobriu que muitas pessoas têm uma "gravação natural" em suas mentes dizendo que elas não são boas o suficiente. A negatividade mina sua autoconfiança, impedindo-as de alcançar a grandeza. Levando isso em consideração, Joel compartilhou comigo uma sabedoria que recebeu de seu pai: "Você nunca subirá mais alto do que a maneira como enxerga a si próprio".

Um talento incrível não importa se você não sabe acreditar em si mesmo.

A única maneira de silenciar essa gravação negativa, diz Joel, é prestar atenção aos seus pensamentos sobre si mesmo e alinhá-los com a visão que você deseja para o seu futuro. Quer se livrar das dívidas? Perder 20 kg? Ter um negócio próspero? Seja qual for o sucesso que você busca, deve ser capaz de se vislumbrar realizando esse sonho, ou nunca tomará as atitudes necessárias para realizá-lo.[2]

Agora, você pode estar pensando que não duvida de sua capacidade e que, portanto, não luta com a autodúvida. No entanto, existe uma segunda forma da dúvida, que é a dúvida sobre o seu próprio valor. Muitas pessoas estão em conflito secretamente acreditando que não *merecem* a grandeza, ou até mesmo a bondade.

É por isso que fiquei tão grato quando meu amigo Dan Millman me apresentou à prática do "sim, obrigado". É simples, mas eficaz. Quando as oportunidades de sucesso surgirem em seu caminho, opte por acreditar ser merecedor delas e simplesmente diga "sim, obrigado" ao mundo. Através dessa prática, você reconhece seu próprio valor e merecimento como ser humano.

Quando as oportunidades de sucesso surgirem em seu caminho, opte por acreditar ser merecedor delas.

Você não é mais nem menos merecedor do que ninguém. Muitas vezes nos autossabotamos porque não acreditamos que merecemos o sucesso. *Eu não sou o suficiente. Eu não sou digno.* E por não nos considerarmos dignos, concluímos que qualquer sucesso inicial deve ser temporário. Como resultado, subconscientemente, tornamos as coisas mais difíceis para nós mesmos simplesmente porque não acreditamos que merecemos as recompensas. Seu medo do fracasso se torna uma profecia autorrealizável apenas porque você não se considera digno. Seu medo do sucesso limita suas possibilidades porque você não se considera digno. Seu medo do julgamento alheio faz com que você se comprometa porque você não se considera digno.

Pratique ser gentil consigo mesmo, ou como Dan diz, pergunte-se diariamente: "como posso suportar isso hoje?" Todos os dias. Aumente sua tolerância à gentileza e à bondade até que possa dizer: "sou digno da grandeza".[3]

UM TRABALHO EM ANDAMENTO

Ser gentil consigo é uma das chaves mais importantes para superar a autodúvida, a grande assassina de sonhos. Embora possamos demonstrar uma enorme gratidão aos outros, a maioria de nós tem dificuldades para demonstrar gratidão a nós mesmos. Eu posso, por exemplo, demonstrar gratidão por ser coerente com o que eu disse que faria. Talvez tenha chegado na hora nos eventos, cumprido meu desafio de trinta dias ou minha meta de hidratação diária, ou até mesmo dormido o suficiente para conseguir dar o meu melhor no dia seguinte. Em todos esses casos, não importa o quão pequenos sejam, posso ser grato a mim mesmo por ter sido o suficiente. Não estou falando sobre inflar nossos egos como um narcisista egomaníaco, mas simplesmente reconhecer nossos sucessos e sermos gratos por nossa própria contribuição para que tenham ocorrido.

Sou digno da grandeza.

Vi um exemplo disso quando assisti a um vídeo do Snoop Dogg depois que ele foi premiado com uma estrela na Calçada da Fama de Hollywood. Ele fez uma longa lista de todas as coisas pelas quais era grato e agradeceu a muitas pessoas. E por fim, disse:

> Gostaria de agradecer a mim mesmo. Quero agradecer a mim mesmo por acreditar em mim. Por todo esse trabalho duro. Por não ter tirado dias de folga. Por nunca desistir. Por ser sempre

> generoso e tentar dar mais do que recebo. Por tentar fazer mais coisas certas do que erradas. E quero agradecer a mim mesmo por simplesmente ser eu mesmo o tempo todo.[4]

É verdade. Não agradecemos a nós mesmos o suficiente. Não somos gratos a nós mesmos quando fazemos o que deve ser feito. Quando enfrentamos algo desafiador. Quando temos aquela conversa difícil. Quando ligamos para nos reconciliar com alguém com quem tivemos um desentendimento. Quando fazemos o trabalho de cura emocional necessário para superar o trauma em nossas vidas. Quando enfrentamos os medos e inseguranças e os superamos.

Descobri uma prática poderosa para afirmar que somos, de fato, suficientes. Mostre apreço a si mesmo duas vezes ao dia, uma pela manhã e outra à noite. Ao fazer isso todos os dias, você libera uma cascata de abundância que fluirá sobre você e atrairá outras oportunidades positivas.

Voltando a Dan Millman, ele acredita que a maneira de construir confiança em seu valor é apreciar sua história individual e sua jornada de crescimento. O livro de Dan, *Luzes no dia a dia*, descreve "doze portais para o crescimento pessoal". O primeiro desses portais é perceber seu valor inato como ser humano. Dan tem uma bela perspectiva sobre o valor humano. Ele acredita que cada pessoa tem uma história completamente única e em constante evolução. Como tal, precisamos valorizar essas histórias, especialmente as partes dolorosas, porque são esses obstáculos que nos dão força.

Cada um de nós tem um passado único e um caminho único a seguir. É por isso que Dan adverte que nos comparar com os outros é um "profundo desrespeito ao nosso próprio processo". A realidade é que seu processo pode não estar no mesmo ritmo que o de outra pessoa. Como treinador de ginástica, Dan observou crianças aprenderem a dar cambalhotas em ritmos variados. Ironicamente, aquelas que levavam mais tempo muitas vezes aprendiam a técnica melhor do que aquelas que o faziam mais rapidamente. Ele resume dizendo que não há um caminho certo, apenas o caminho certo para você neste exato momento. Quando você descobre o valor de sua jornada, passada e futura, não precisa mais se comparar com os outros e pode reconhecer seu próprio valor.[5]

Joel Osteen também acredita que a maneira de superar a autodúvida é se concentrar em si mesmo, identificando e celebrando sua individualidade. Em uma conversa que tivemos sobre a síndrome do impostor, ele compartilhou como conseguiu superar sua autodúvida quando assumiu a liderança da Lakewood Church após a morte de seu pai. Naquela época, seu pai liderava a igreja há 40 anos e tinha conquistado um séquito devoto. Ao entrar em uma igreja tão bem estabelecida, Joel sentiu-se obrigado a se comportar como seu pai, tentando mudar a si mesmo para preencher o vazio que ele havia deixado. *Cada pessoa que veio aqui veio por causa do meu pai*, ele pensava. *Elas não vieram para me ouvir.*

Apesar de seu relacionamento próximo, Joel não era seu pai. Seu estilo de pregação era tranquilo, nada parecido com os sermões sonoros e apaixonados de seu pai. No entanto, nos primeiros três ou quatro meses, Joel fez o possível para pregar as mensagens de seu pai a partir das anotações que ele deixou para trás. Embora Joel achasse que estava fazendo o melhor para a igreja, ele na verdade estava se passando pelo pai. Então, no quinto mês, ele se deparou com uma passagem da escritura que dizia que Davi cumpriu seu propósito para sua geração (Atos 13:36). Nesse versículo, Joel ouviu estas palavras: *Joel, seu pai cumpriu seu propósito para a geração dele. Agora vá cumprir seu propósito para esta.* Joel reconheceu que o dom que Deus lhe deu era diferente do de seu pai, mas não menos poderoso.

Quando finalmente se permitiu ser ele mesmo, a igreja começou a crescer exponencialmente. As pessoas responderam positivamente ao seu estilo de ministrar. Ao compartilhar essa história comigo, Joel ofereceu estas poderosas palavras de sabedoria: "você tem o poder de ser você mesmo, e ninguém pode superá-lo nisso". É assim que combatemos a síndrome do impostor. Se você não está tentando ser ninguém além de si mesmo, é impossível ser um impostor. Por outro lado, quando nos esforçamos para ser como outra pessoa, podemos até fazer um bom trabalho, mas, de acordo com Joel, enquanto estivermos tentando imitar outra pessoa, estaremos "diminuindo nosso poder". Como ele diz: "se você não percebe que é uma obra-prima, que tem algo a oferecer que ninguém mais tem, você está se limitando."[6]

Ser você mesmo o liberta para realmente celebrar os outros.

A propósito, outro resultado de ser você mesmo é que isso o liberta para realmente celebrar os outros. Ver alguém ser bem-sucedido não diminui seus talentos porque, embora essa pessoa possa ser melhor do que você em uma coisa, você é ótimo em outras coisas, e de outras maneiras.

Se você tem vivido a vida com baixa autoestima e pouco valor próprio, a ideia de celebrar a si mesmo pode até parecer arrogante. Esperar pela grandeza pode até parecer um direito. Humildade e sacrifício muitas vezes são vistos como virtudes — e certamente podem ser, mas para alcançar seu potencial e ajudar os outros em sua plena capacidade, você deve primeiro avaliar seu valor e investir em si mesmo. Você tem que se acertar primeiro: precisa cuidar da sua saúde, do seu mindset, das suas energias. Lembre-se, o mindset de grandeza é um mindset de crescimento, não um mindset fixo, e parte do mindset de crescimento significa priorizar sua própria jornada, que ainda está em andamento.

QUE TIPO DE TREINADOR VOCÊ SERÁ?

Quais são as ações práticas que você pode tomar para deixar de ser um autossabotador para ser um autocriador? Deixe-me começar, sem qualquer surpresa, com uma analogia esportiva. Como jogador de futebol americano, tive treinadores desagradáveis que me criticavam e me envergonhavam. Poderia estar dando tudo de mim, mas ainda assim eles me perseguiriam e me degradariam. Também tive treinadores que apresentaram um amor severo, mas de forma positiva e carinhosa. Eles podiam me chamar a atenção e me transformar em bode expiatório, mas, no fim do dia, eles me mostravam que se importavam e queriam me ver crescer.

Nós podemos ser o melhor treinador ou o pior crítico para nós mesmos.

Há uma grande diferença entre esses dois tipos de treinadores. Da mesma forma, podemos ser o melhor treinador ou o pior crítico para nós mesmos. O treinador interior baseado no amor lhe dirá: eu sou o suficiente. *Eu me amo do jeito que sou e, ao mesmo tempo, estou trabalhando para melhorar.* Já o crítico interior, baseado no medo, lhe dirá: *eu não sou o suficiente.* A voz do crítico interior também pede melhorias, mas de um lugar negativo, enquanto o treinador interior baseado no amor sempre vem de um lugar de cuidado.

Para curar sua autodúvida, você deve mudar seu mindset para o de um treinador amoroso e parar de se comparar com os outros. Em vez disso, compare-se com a sua versão do passado. Quando você comparar seu eu atual com quem você era no mês ou no ano anterior, verá tudo o que conquistou. Então você pode reconhecer essas melhorias e definir novas metas. A chave não é melhorar porque você não é suficiente. Você melhora porque vive em um mindset de crescimento.

A segunda maneira prática de melhorar sua confiança é cercar-se de uma comunidade de aprendizado que o apoie. Perguntei ao palestrante motivacional e autor Simon Sinek como as pessoas podem instilar confiança em si mesmas se tiverem autodúvida. Ele então me contou uma história sobre uma amiga que estava passando por um momento difícil em sua vida e duvidando de si mesma. Depois de tentar, sem êxito, fortalecê-la por meio do encorajamento, ele mudou de tática: pediu para ela ajudá-lo a aprender uma habilidade que não dominava, mas na qual ele sabia que ela era talentosa. Quando era ela quem dava conselhos em vez de recebê-los, sua confiança de repente disparava.

Portanto, se você tem medo de não ser suficiente em uma área, encontre maneiras de servir a sua comunidade com as habilidades em que possui confiança. Em seguida, dê a mesma oportunidade aos outros membros de sua comunidade e deixe-os ensinar as habilidades que você gostaria de fortalecer. Dessa forma, você abordará as áreas nas quais não tem confiança e também aumentará a apreciação por sua própria expertise.

Por fim, às vezes a solução para a autodúvida é simplesmente fazer o trabalho. Seth Godin, autor e ex-executivo de empresas PontoCom, condensa a essência do que às vezes deve ser feito para superar a autodúvida. Ele me disse que simplesmente temos que remover o debate:

> Escrevi 7.500 postagens de blog seguidas. Amanhã de manhã, que será uma sexta-feira, haverá mais uma postagem. Mas ela não estará lá por ser a melhor de todas, nem porque decidi postá-la amanhã. Ela estará lá porque é sexta-feira. Nunca reconsiderei essa decisão em 20 anos.
>
> Portanto, não preciso ter uma reunião comigo mesmo sobre ser ou não a hora de escrever uma postagem no blog. *Haverá*

> uma postagem no blog. Você corta a lenha e carrega a água se livrando do debate.
>
> Pense em quantas coisas você faz que antes eram consideradas impossíveis. Dirigir pela cidade costumava ser uma questão de vida ou morte, mas nós nos acostumamos com isso. Criamos um padrão para isso. O que eu tentei fazer foi transformar uma postagem no blog para um milhão de pessoas em algo que não me deixasse nervoso, já que faço isso todos os dias. Eu me treinei para que isso não fosse tão arriscado.[7]

Talvez você possa adotar a mesma abordagem de Seth para uma área da vida em que acabou perdendo a luta contra a autodúvida, permitindo que esta destruísse seus sonhos. Tome a decisão de fazer o que deve ser feito. Dê a si mesmo um sistema que o capacite a superar os medos e ser seu melhor treinador, sempre praticando repetidamente.

Tome a decisão de fazer o que deve ser feito.

Para ser grandioso, você não pode permitir que suas inseguranças e medos o impeçam, ainda que todos nós tenhamos falhas reais. As falhas não são motivo para não tentar; são apenas algo que você precisa superar. E o primeiro passo para superá-las é aceitar a si mesmo como um trabalho em andamento. Lembre-se, você é *suficiente* e está se tornando cada vez *mais*. Na verdade, você está se tornando verdadeiramente *grandioso*.

ESTIMULANDO A GRANDEZA

O próximo passo é se engajar nas atividades do Kit de Ferramentas de Conversão do Medo. Mas antes de fazer isso, faça a si mesmo algumas perguntas simples:

- Até que ponto você enfrenta a assassina de sonhos chamada autodúvida?

- Até que ponto você se esforça para acreditar que merece gentileza?
- Como essa autodúvida o impediu de perseguir sua Missão Significativa com todo o coração?
- Você está pronto para fazer algo a respeito?

Capítulo 8

SEU KIT DE FERRAMENTAS DE CONVERSÃO DO MEDO

Este Kit de Ferramentas de Conversão do Medo contém alguns dos meus melhores exercícios para converter seus medos em combustível para sua jornada em direção à grandeza. Você pode seguir cada um deles consecutivamente ou escolher aqueles que parecem ser os mais adequados para você agora.

Pronto para superar essas barreiras para a grandeza? Vamos começar!

Exercício 1: O Conversor do Medo

É hora de identificar seus medos e confrontá-los de frente — e depois mudar a perspectiva de cada um deles para adotar uma atitude de abundância em vez de uma perspectiva temerosa.

PASSO 1 — CRIAR UMA LISTA DE MEDOS

Vamos limpar nossa mente, despejando todos os medos que a rondam em um pedaço de papel. Eu chamo isso de Lista de Medos; trata-se de um dos exercícios mais informativos e produtivos que você pode fazer para si mesmo. Este exercício não apenas revelará seus sentimentos, mas também transformará pensamentos assustadores e intimidadores em simples palavras escritas em um pedaço de papel. Sempre que conseguimos tirar as coisas do fundo de nossa mente e transplantá-las para algo concreto (como um pedaço de papel), podemos avançar conscientemente.

Não há regras para listar seus medos. Basta colocá-los no papel. Você tem medo de falhar? Tem medo de parecer ridículo? Que as pessoas o julguem? Perder dinheiro, talvez? Decepcionar sua família? Ou talvez você esteja apenas com medo de dar o primeiro passo em direção à sua Missão Significativa. Ao listar seus medos, certifique-se de anotar todos que vierem à mente.

O que significaria para mim mesmo abraçar verdadeiramente a grandeza?

Alguns dos meus medos no início incluíam falar em público, me expor e conhecer estranhos, aprender a dançar salsa, aprender a falar espanhol e cantar em público. Todos ligados ao medo de ser julgado. O que as pessoas pensariam de mim? Será que elas ririam da minha cara? Será que me aceitariam se eu não parecesse perfeito?

Se você está tendo dificuldade para começar, pergunte a si mesmo: *o que significaria para mim mesmo abraçar verdadeiramente a grandeza?* Ou: *como seria viver na abundância em vez de na escassez?*

PASSO 2 — FORMULAR OS MEDOS

Você já pode ter ouvido o termo *crença limitante* antes. É um termo familiar que psicólogos e coaches usam para ajudar seus clientes a identificar crenças restritivas sobre si mesmos, as quais são fundamentalmente falsas. Essas crenças nos mantêm pequenos em vez de permitir que vivamos de forma mais plena e confiante.

Dê uma olhada na sua lista de medos e identifique os três a cinco principais que você considera os maiores limitadores recorrentes quando se trata de viver suas paixões. Por exemplo, digamos que você tenha anotado "medo de falar em público". Vamos nos aprofundar mais usando declarações do tipo "se… então" para definir verdadeiramente o que é que o assusta.

> *Eu tenho medo, por exemplo, de que se falar em público, vou gaguejar e suar. Vou me esquecer do que vim dizer e parecer tolo e despreparado. Mas se eu não aprender a falar em público, não conseguirei fazer uma*

apresentação para investidores. E se não conseguir encontrar investidores, então nunca lançarei meu negócio novo. Ficarei preso neste emprego que eu odeio para sempre.

Nesse exemplo, não é o ato de falar em público que é assustador; é o medo de parecer tolo e despreparado. Essas coisas podem ser superadas com muito trabalho, suor e uma boa dose de preparação. A chave é usar a técnica das declarações "se... então" para descer os degraus da abstração e descobrir o que está causando seu medo.

Quando nossos medos estão apenas girando em nosso cérebro, não conseguimos obter boas informações a seu respeito. Mas quando "formulamos o medo", descobrimos seus motivadores e encontramos maneiras de combater as *verdadeiras* fontes de nossas crenças restritivas.

PASSO 3 — MIGRAR PARA A ABUNDÂNCIA

Agora, usando os três a cinco medos principais que você formulou, é hora de mudar a perspectiva, saindo de suas crenças restritivas e adotando um pensamento de abundância. Os velhos padrões de pensamento morrerão, e novos padrões de pensamento se enraizarão.

Em vez de dizer "tenho medo de falar em público", diga "sei que tenho uma mensagem que ajudará muitas pessoas. Sei que, dentro de mim, tenho tudo que preciso para ser um bom orador. Com preparação e prática suficientes, posso falar em público com confiança."

Faça isso com seus medos. Preste atenção em seu corpo durante o exercício. Você sente um pouco de alívio toda vez que faz uma declaração de abundância? Você sente um formigamento na base da sua espinha? Isso é bom. Você precisará de ambas as coisas em sua busca por uma nova missão.

Assim como treinamos nossos músculos na academia, precisamos treinar nossa mente para parar de pensar demais e nos sentir confortáveis com a ação. Formular nossos medos e escolher a abundância em vez da escassez é uma maneira de interromper o fluxo de pensamentos excessivo e abraçar a ação.

O Mindset de Grandeza é, em última análise, sobre abraçar o potencial de sua vida e avançar em sua Missão Significativa.

Temos que passar do "eu não posso" para o "eu vou", do "não sei como" para o "eu fiz mesmo assim". O Mindset de Grandeza é, em última análise, sobre abraçar o potencial de sua vida e avançar em sua Missão Significativa. Começamos a ganhar impulso quando enfrentamos nossos medos de frente, e assim podemos convertê-los em combustível para a grandeza.

Exercício 2: A Fórmula Mágica de Minimização

Meu palpite é que você teve uma preocupação ou um medo surgindo quando tentou buscar algo novo ou se preparou para fazer uma mudança significativa. Você pode sentir que não há nada a fazer a não ser enfrentar a onda de emoções que vem com uma grande mudança ou um novo empreendimento, *mas é aí que você está enganado.* Dale Carnegie, provavelmente um dos gurus de autoajuda mais influentes de todos os tempos, tinha uma estratégia que chamava de "Fórmula Mágica para Resolver Situações de Preocupação."[1] Trata-se de um processo calmo e desapegado para vencer a preocupação e encontrar a paz.

Com algum planejamento avançado, podemos aprender a *controlar* a onda de emoções e seguir em frente de forma tranquila e fundamentada. Neste próximo exercício, aprenderemos a lidar com nossas preocupações para apoiar nossa missão.

PASSO 1 — ANALISAR O PROBLEMA

A fórmula mágica de Carnegie começa olhando para o nosso problema com um pouco mais de distanciamento do que pode parecer confortável. O primeiro passo é analisar, *corajosa* e *honestamente*, o nosso problema. Comece anotando o que o preocupa, mesmo que seja muito pessoal ou privado. Seja o que for, anote.

Continue anotando tudo o que está obscurecendo sua mente no momento. A chave aqui não é apenas limpar sua mente de cada preocupação, mas escrever o pior resultado possível. À medida que você anota cada preocupação, pergunte e responda: "qual é a pior coisa que poderia acontecer?"

> *Me preocupa que, ao perseguir minha verdadeira paixão, eu venha a perder meu emprego, já que não me apoiarão a fazer isso fora do horário de trabalho.*

PASSO 2 — ACEITAR O PIOR RESULTADO POSSÍVEL

Depois de anotarmos cada preocupação e seu respectivo pior resultado possível, o próximo passo é *aceitar* que o pior pode acontecer. Devemos aceitar o pior cenário possível para que possamos *relaxar.* Quando nossa mente está distraída pelo medo, não podemos nos concentrar. Não podemos tomar decisões com confiança. Não podemos compreender a verdadeira natureza da batalha que temos pela frente. Mas a boa notícia é que *assim que pararmos de resistir aos cenários que nos apavoram*, começaremos a relaxar. Nossas habilidades de resolução de problemas serão ativadas e seremos capazes de avançar mais rapidamente em nossas Missões Significativas.

No exemplo acima, o pior cenário é a perda do emprego. Vejamos como alguém poderia aceitar isso.

> *Estou preocupado em perder meu emprego. Se isso acontecer, sei que há outras posições disponíveis em empresas diferentes. Posso usar minha conta do LinkedIn para me conectar com outras pessoas da minha área. Se isso não funcionar, posso entrar em contato com ex-alunos da minha faculdade para ver se consigo me conectar com oportunidades de trabalho de que possa gostar. Aconteça o que acontecer, posso começar a buscar um novo emprego... talvez até algo que eu queira mais.*

Dedique alguns momentos para analisar cada problema do primeiro passo deste exercício e anote como o aceitará. Acredito que você ficará surpreso com a facilidade e rapidez com que sentirá um alívio físico ao fazê-lo.

PASSO 3 — MINIMIZAR O PROBLEMA

Na parte final deste exercício, precisamos de tempo para descobrir como podemos melhorar nosso pior resultado. Isso pode parecer desnecessário, pois já aceitamos o pior que pode acontecer, mas é aqui que parte da verdadeira mágica acontece. É neste passo que vamos "minimizar o problema", como diz Carnegie.[2] Vamos nos concentrar no futuro, eliminar todos os "e se", além de toda culpa e vergonha. Para esta próxima etapa, precisamos apenas nos perguntar: *como posso minimizar essas consequências?*

Continuemos com o exemplo da perda de emprego.

> *Se eu perder meu emprego, não poderei pagar minhas contas. No entanto, eu me sentiria muito menos estressado se tivesse reservado o equivalente a seis meses de pagamentos da casa e do carro em um fundo de emergência. Começarei a guardar dinheiro todos os meses até ter todos os fundos necessários para me cobrir por seis meses, caso venha a perder meu emprego. Então, me reunirei com um consultor financeiro para descobrir como garantir que esse fundo de emergência cresça com maiores rendimentos.*

Leve o tempo que for necessário para analisar cada problema e cenário de pior caso que você aceitou, e então anote como poderia melhorar cada situação e minimizar as consequências.

CONSIDERAÇÕES FINAIS

Este exercício é uma maneira não apenas de anotar fatos, tais como preocupações reais e consequências de risco concretas; é também uma maneira de sermos objetivos e desapegados em relação aos nossos medos. Herbert E. Hawkes, ex-reitor do Columbia College, disse certa vez a Carnegie: "se um homem dedicar seu tempo a obter fatos de maneira imparcial e objetiva, suas preocupações geralmente evaporarão à luz deste conhecimento."[3] Com um pouco de planejamento, os medos se dissiparão, dando lugar à ação e a uma verdadeira sensação de paz.

Exercício 3: A Solução do Autocoaching

Quantas vezes você foi vítima de uma voz crítica ou desesperançosa em sua cabeça? Como mencionei no Capítulo 1, seus pensamentos moldam sua realidade, especialmente a tagarelice dentro de sua mente. Existe uma maneira de treinar a si mesmo para lidar com seu crítico interno e sair do atoleiro da negatividade. Neste exercício, mudaremos a forma como falamos conosco mesmos, usando pronomes de terceira pessoa e nossos próprios nomes para nos referirmos a nós mesmos. Estudos do Dr. Ethan Kross, psicólogo experimental, neurocientista e autor de *A voz na sua cabeça*, mostraram que falar consigo na terceira pessoa não apenas dissipa o estresse, mas também pode mudar nosso mindset de "eu não consigo" para "eu consigo". Quando falamos com nós mesmos da mesma forma que falaríamos com pessoas que amamos, podemos aprender a controlar e lidar com pensamentos negativos em vez de deixá-los dominar a situação.[4]

Seus pensamentos moldam sua realidade.

PASSO 1 — RECONHECER O LOOP

Provavelmente, você tem um roteiro que se repete em sua cabeça durante momentos de estresse pessoal. *Eu não vou conseguir. Não tenho o que é preciso. Todo mundo vai rir de mim. Eu sou estúpido. Sou um fracasso!* Provavelmente, esses são resquícios de eventos emocionais significativos que vivenciamos na adolescência ou até mesmo herdamos de nossos pais.

Aposto que há pelo menos um pensamento constantemente em loop na sua cabeça. Pode até não ser algo que você já tenha dito em voz alta. É hora de reconhecer esses pensamentos. Carl Jung uma vez disse: "até você se tornar consciente, o inconsciente dirigirá sua vida e você o chamará de destino."[5] Reserve alguns minutos para tornar esses loops de pensamentos negativos mais conscientes, anotando-os. Se você tiver mais de um pensamento que interfira com frequência em sua confiança, separe um momento para anotá-los.

PASSO 2 — FAÇA AS CONTAS

Os pensamentos negativos quase sempre são hiperbólicos. Se um dos loops que passa pela sua cabeça é *as pessoas estão sempre me olhando e rindo de mim*, reserve um momento para reconhecer essa voz e, em seguida, analisá-la a fundo.

Neste exemplo, começaríamos com a palavra *sempre*. *Sempre* significa a todo momento, todos os dias. Você acredita, a nível consciente e racional, que a cada momento de cada dia, a coisa que o assusta ou estressa está “sempre” acontecendo? Provavelmente não. É importante reconhecer isso, porque assim que percebermos que a voz provavelmente está mentindo, teremos muito mais controle sobre o que acontece em seguida. Passaremos do atoleiro da tagarelice interior para um lugar onde podemos avançar livre e rapidamente.

Para cada loop que você anotou no último exercício, reserve um momento para identificar suas hipérboles ou declarações dramáticas. É provável que seus loops estejam em reprodução automática e entrem em ação durante situações estressantes. Quantas vezes seu crítico interno provou estar correto? Meu palpite é que esse número seja surpreendentemente baixo. Sua taxa de sucesso provavelmente é muito maior do que sua taxa de fracasso.

A seguir, faça a si mesmo estas perguntas críticas:

- Quando foi a última vez que você experimentou esse estresse específico?
- Você sobreviveu a isso?
- Você aprendeu algo com isso?
- Poderia ter sido pior?
- Que coisas positivas surgiram desse estresse?

Então — e eu sei que isso pode fazer você se sentir constrangido, mas quero que o faça mesmo assim —, fique em frente ao espelho e associe cada loop negativo a uma nova declaração de confiança. Use seu próprio nome e profira essas declarações em voz alta.

Veja como isso poderia funcionar.

> **Declaração do Passo 1:** *Toda vez que faço uma apresentação no trabalho, me atrapalho e acabo parecendo um tolo. Eu tropeço nas palavras, suo, minha boca fica seca, e sei que todos estão me julgando por não ser bom em falar em público.*
>
> **Declaração de Confiança:** *Lewis, a última apresentação que você fez no trabalho foi mais fácil do que todas as anteriores. Seu chefe mencionou que gostou dela. Seus colegas inclusive riram da piada que você fez no fim. Claro, você ficou um pouco suado, mas essa é a linguagem corporal para "estou nervoso agora". Ninguém mencionou isso, mas disseram que foi uma excelente apresentação. Na próxima vez, tudo bem você ficar um pouco suado; use roupas mais leves ou em camadas para que os outros não vejam as marcas. Vamos supor que sua boca fique seca; pois bem, certifique-se de ter uma garrafa de água ao alcance da mão. Ninguém nunca riu de você lá em cima, a menos que você tenha contado uma piada. Suas chances de sucesso são maiores do que de fracasso, desde que você se prepare bem. Lewis, você está equipado com tudo o que precisa para arrasar na próxima ocasião em que precisar falar em público no trabalho.*

Falar para nós mesmos da maneira que falaríamos com alguém que amamos é uma maneira eficaz de nos distanciar do estresse, do medo ou da dor. À primeira vista, pode parecer apenas um monte de afirmações "suaves". Mas eu prometo que, se você usar essa estratégia enquanto também abraça seu medo até que ele desapareça, a magia acontecerá. Continue anotando e fazendo novas declarações de confiança para cada loop de pensamentos automáticos recém-conscientes até que você tenha reconhecido todos eles.

PASSO 3 — TREINE A SI MESMO NO MOMENTO

Para trazer este exercício para uma aplicação instantânea, quero que você encontre uma foto sua quando jovem. Se não conseguir encontrar uma, procure uma foto sua de que goste. Se for mais simples, imprima-a e mantenha-a em algum lugar de fácil acesso — sua bolsa, carteira ou celular.

Da próxima vez em que seu crítico interno ocupar o centro do palco com um loop de pensamentos negativos, vá para um local privado e converse com sua foto como se estivesse conversando com um amigo.

> *Lewis, acabei de ouvir você pensar que não tem o que é preciso para abrir seu próprio negócio, e quero que saiba que essa opinião está errada. Primeiro, você trabalhou duro para estar pronto para isso. Segundo, você merece as coisas boas que virão ao abrir seu próprio negócio. Terceiro, há uma grande alegria do outro lado desse medo. Então, vamos fazer isso juntos. Aconteça o que acontecer, sobreviveremos. Eu sei que você consegue.*

Falar com sua própria foto pode fazer você se sentir estranho, mas é algo que o ajudará a reconhecer os pensamentos negativos, amenizar sua influência e conseguir lembrar a si mesmo que pode realizar coisas incríveis. O objetivo aqui não é silenciar os pensamentos negativos, mas tirar o seu poder. Expressar confiança em voz alta é uma ferramenta poderosa que pode nos ajudar a sair da negatividade. E você pode fazer isso *sempre* que a negatividade ameaçar impedi-lo de agir.

PASSO 4 — ABRACE SEU CRÍTICO INTERNO

É vital nos envolver com nosso crítico interno ao longo de nosso caminho para a grandeza. O estresse ocorrerá durante certos eventos ou situações que estão fora do nosso controle. Ao invés de revivê-lo repetidamente, no entanto, relembrando memórias em reprodução automática ou ouvindo a tagarelice dentro de nossa cabeça, precisamos retomar o controle e neutralizar a toxicidade.

Você está vivendo uma vida segura? Uma vida confortável? Ela é confortável demais, ou você está fazendo coisas diariamente para ajudá-lo a superar suas inseguranças, medos, dúvidas e as coisas que o impedem de ter uma alegria maior em sua vida? Lembre-se: todas as grandes coisas acontecem quando superamos a insegurança. Abrace suas inseguranças e dedique-se a tornar conscientes seus processos inconscientes, porque estou lhe dizendo: há magia e beleza do outro lado. Você é amado, você é digno e você importa. É hora de ir e fazer algo grandioso.

Lembre a si mesmo que você pode realizar coisas incríveis.

Exercício 4: O Enfrentamento do Medo

O medo não é um bicho-papão. É da natureza humana evitar ações e emoções que nos assustam. Não conheço ninguém que fique animado em se expor intencionalmente à dor. O problema é que, quando evitamos nossos medos, não podemos ser verdadeiramente felizes, porque sabemos que algo está nos impedindo de sermos a melhor versão de nós mesmos.

Embora possamos tentar ignorá-lo, o medo *vai* nos atingir. Vamos começar aprendendo a sentar com ele.

PASSO 1 — VISUALIZE A VITÓRIA

No Exercício 1, você listou todos os seus medos e reconheceu o papel deles em limitar sua abundância. Volte a essa lista e identifique aqueles que foram os mais incapacitantes ao longo do tempo. Por três a cinco minutos de cada vez, permita-se sentar com esses medos incapacitantes.

A chave neste exercício é permitir-se pensar nas situações que trazem à tona seus medos mais significativos e opressivos. Dê a si mesmo espaço para sentir as respostas do seu corpo, reconheça seus pensamentos interiores exagerados e lide com qualquer sensação de sobrecarga que venha a ocorrer.

Cada grande conquista surge quando você supera a insegurança.

Enquanto faz isso, respire profundamente e imagine as ondas do oceano. Pense em seus medos como essas ondas. O medo vem de forma agressiva no início, mas depois diminui. Quando reconhecemos nossos medos e sentamos com eles, os medos vão lentamente desvanecendo.

Eis o que quero dizer com "sentar com o medo":

1. Marque um alarme para daqui a cinco minutos.
2. Imagine-se fazendo algo que o assusta.
3. Visualize cada parte do cenário.
4. Respire devagar e profundamente.
5. Observe mentalmente quaisquer mudanças em seu corpo.

> Digamos que a ansiedade social esteja impedindo você de ir à academia, algo que adorava fazer. Imagine-se vestindo sua roupa de treino. Visualize-se indo até a academia. Imagine-se entrando nela. Veja-se cumprimentando as pessoas. Observe a si mesmo colocando suas coisas em um armário, encontrando a lista de reprodução certa e colocando os fones de ouvido. Agora, imagine-se pegando seu diário de treino e indo para a área de pesos ou cardio. Imagine a sensação após o treino. Você está suado, porém realizado. Imagine o sorriso em seu rosto enquanto dirige de volta para casa.

Quando você se visualiza superando um medo, provavelmente sentirá uma resposta em seu corpo, como suor, falta de ar etc. Sua tarefa é chegar ao outro lado desse medo em sua própria mente. Faça o possível para manter uma respiração lenta e metódica — inspire contando até quatro, segure a respiração por mais quatro, e então expire contando até oito.

Quando o alarme de cinco minutos tocar, reserve um momento para apreciar a coragem que você demonstrou ao sentar com seu medo.

PASSO 2 — RECOMPENSE-SE

Em seguida, mergulhe em uma atividade que você ama por trinta minutos. Você gosta de pintar? Dançar? Tem um amigo com quem adora conversar no FaceTime? Uma refeição favorita? Ir ao porão e socar um saco de boxe? Não importa o que seja. Dê a si mesmo um momento para desfrutar de algo incrível pelos próximos trinta minutos. Fazer coisas que amamos aumenta a nossa confiança e nos ajuda a nos sentir mais capazes.

PASSO 3 — DÊ UM PEQUENO PASSO ADIANTE

Depois de se desafiar com seu medo e se recompensar, é hora de dar um pequeno passo adiante. Neste ponto, você estará bem preparado para isso. Seguindo com o exemplo da academia:

> Considere ligar para algumas academias próximas a você e perguntar: quais são os horários de pico? Existem aulas que podem ser feitas em sessões de treinamento individuais? Vocês tem horários com menos estímulo sensorial?

Não precisamos estar instantaneamente prontos para dar grandes saltos à frente. Basta um pequeno passo. Pequenos passos se acumulam com o tempo, e cada ação que tomamos é significativa, não importa o quão pequena possa parecer no momento. Reserve um tempo para descobrir alguns pequenos passos que você pode dar e, em seguida, dê pelo menos um deles para seguir em frente.

Quando evitamos nossos medos, não podemos ser verdadeiramente felizes, porque sabemos que algo está nos impedindo de sermos a melhor versão de nós mesmos.

Depois de concluir essa etapa pequena, porém monumental, reserve outro momento para apreciar sua coragem. Sinta-se à vontade para se inspirar no exercício anterior da Solução de Autocoaching e falar consigo mesmo na terceira pessoa: "bom trabalho, Lewis. Isso exigiu coragem, e estou orgulhoso de você."

Superar nossos medos requer tanto pensamento quanto ação. Não podemos nos dedicar completamente aos nossos sonhos e encontrar a coragem para apostar em nós mesmos se não fizermos as duas coisas. Acredito que este seja um exercício que o ajudará a seguir esse caminho.

Exercício 5: Seu Localizador de Alter Ego

Adotar um alter ego é uma prática utilizada por músicos, palestrantes profissionais, pessoas criativas, atletas e empresários. Alter egos podem ser muito poderosos, pois nos separam de nosso eu central. Talvez você já tenha ouvido histórias do alter ego da Beyoncé, Sasha Fierce, que a ajudou a superar o medo e as inibições no palco. Adotar um alter ego quando estava em campo antes de um grande jogo ou competindo em campeonatos nacionais de decatlo me ajudava a me distanciar de quaisquer falhas e a me preparar melhor para o sucesso. Neste exercício, usaremos os mesmos conceitos que usei na construção do meu alter ego.

PASSO 1 — ENCONTRE INSPIRAÇÃO

Como atleta, eu estava ansioso para encontrar um herói, alguém que pudesse me inspirar e me convencer de que eu poderia fazer o que queria fazer. Quando se tratava de futebol, eu encontrava jogadores inspiradores e assistia aos vídeos de seus destaques. Então, descobria quem eram *seus* heróis e assistia a vídeos deles.

Nesta etapa, quero que você faça exatamente isso. É provável que você já tenha pessoas influentes em sua vida que estejam no campo em que você está ou deseja estar. Se você é ambicioso ou competitivo, já deve ter observado quem está por aí. Mas vamos formalizar isso. Encontre pessoas fazendo o que você quer fazer. Observe-as. Analise-as. Descubra quem as inspira. Encontre *seus* mentores.

Depois, estude-os. Siga-os nas redes sociais, ouça seus podcasts e leia seus livros. Se não forem figuras públicas, entre em contato com eles e peça uma entrevista. Esta é a sua chance de fazer uma pesquisa e descobrir o que os motiva e decidir quais qualidades você deseja incorporar. Tente identificar algumas pessoas-chave nesta etapa.

Depois de algumas semanas estudando seus heróis, anote quais de suas características e qualidades você mesmo deseja aprender. Eles parecem destemidos? Nunca desistem? Conseguem rir de si mesmos? Transformam o fracasso em um trampolim para a grandeza? Use o que conseguir descobrir para ajudar a identificar exatamente o que deseja para o seu próprio caminho rumo à grandeza.

HERÓIS INSPIRADORES	CARACTERÍSTICAS A ADOTAR
1.	
2.	
3.	
4.	
5.	

PASSO 2 — VISUALIZE

Quando treinava para o decatlo, eu sabia que o salto com vara seria minha provação mais difícil. Eu tinha medo de ficar preso de cabeça para baixo, cair no chão e abrir a cabeça. Então, todas as noites, depois de assistir a vídeos de saltadores com vara no auge de seu desempenho, logo antes de dormir, eu me visualizava passando por cima da barra. Eu fazia isso repetidamente. Não surpreendentemente, isso ajudava a melhorar a prática no dia seguinte. Quando chegava a hora de passar por cima da barra, eu me lembrava de ter conseguido fazer isso em minhas visualizações. Eu manifestava meu alter ego como se fosse um dos grandes atletas que assistia nos filmes de destaque e acreditava que poderia fazê-lo. Fiz isso todas as noites durante seis meses, até sentir que poderia voar.

E é exatamente isso que eu quero que você faça. Todas as noites, quero que você visualize o que deseja fazer. Você pode praticar a aceitação de sua grandeza através de palavras, o que sabemos ser muito poderoso a partir dos exercícios anteriores.

> *Estou tão feliz por ter conseguido participar de uma noite de microfone aberto no clube. Foi muito emocionante estar lá em cima e me sair bem.*

A ruminação e a conversa consigo o ajudam de várias maneiras, tanto nas grandes quanto nas pequenas. Da mesma forma que podemos nos sentir mal por coisas que nunca aconteceram durante essas práticas, também podemos nos sentir poderosos e confiantes.

Reserve um momento para anotar algumas coisas concretas que deseja visualizar.

PASSO 3 — ENCONTRE UM TOTEM

Depois de estudar os grandes nomes e visualizar a si mesmo se tornando grandioso, você estará encaminhado para superar os medos que ameaçam tirá-lo dos trilhos. A próxima coisa que eu encorajo você a fazer é encontrar um totem para ajudar a dar vida ao seu alter ego. Winston Churchill costumava usar chapéus diferentes para evocar diferentes personalidades. Martin Luther King Jr., que tinha uma visão perfeita, usava óculos porque achava que inspirava mais respeito quando parecia "distinto".[6]

Sua coragem dará lugar ao crescimento, que por sua vez abrirá caminho para a maestria.

O que você pode usar para se sentir mais confiante? Um par de óculos, ou talvez um chapéu? Talvez seja um tom de batom, ou até algo tão simples quanto um par de meias. Eu imagino que você já tenha algo assim em casa, que tenha usado para se sentir mais confiante. Faça disso algo oficial. E agora, você está no caminho certo para se tornar a sua própria versão de Sasha Fierce.

PASSO 4 — SEJA UM SUPER-HERÓI

Buscar a grandeza é realmente um objetivo audacioso. Quando James Lawrence decidiu fazer cinquenta Ironman Triathlons em cinquenta estados em cinquenta dias, ele começou como um simples mortal. Mas no trigésimo dia, ele criou o Cowboy de Ferro, seu alter ego de super-herói. Sempre que ele colocava seus óculos, deixava de ser James Lawrence e passava a ser o Cowboy de Ferro. No trigésimo dia, o Cowboy de Ferro era a versão autoconfiante de James, que estava pronta para correr pelos vinte dias seguintes. Sem o Cowboy de Ferro, James poderia ter sucumbido aos seus próprios medos ou ansiedades. Quando você não consegue superar seu medo através do pensamento, siga em frente como seu alter ego.

Você não apenas se envolverá com sua ludicidade, mas também se dará coragem. Essa coragem dará lugar ao crescimento, que por sua vez abrirá caminho para a maestria.

Exercício 6: O Condicionador da Alegria

Compreender nossos medos pode fortalecer nossa resiliência, melhorar nossa criatividade e até mesmo aprimorar nossa inteligência emocional. Tive uma conversa com a Dra. Wendy Suzuki, na qual ela compartilhou sua teoria do condicionamento da alegria. Acredito se tratar de uma maneira empolgante de começar a superar algumas das ansiedades naturais que alguns de nós enfrentamos, seja em nossa vida cotidiana ou na busca por nossa Missão Significativa.

Neste exercício, aprenderemos a reformular os gatilhos de ansiedade e neutralizá-los. Muitos desses conceitos são adaptados do livro da Dra. Suzuki, *Ansiedade do bem*.[7]

PASSO 1 — ENTENDA SEUS GATILHOS

Quando você entende exatamente o que o deixa ansioso, pode canalizar a energia de forma mais positiva. Esse entendimento pode transformar nossos sentimentos de falta em sentimentos de abundância.

Para começar, anote de três a cinco dos seus gatilhos de ansiedade que já reconhece. Você fica nervoso quando seu chefe convoca uma reunião inesperada? Você se sente acuado quando os planos são alterados de última hora? Seja o que for, anote.

Em seguida, escreva um pensamento ou memória recente que tenha desencadeado sentimentos de ansiedade. Seja descritivo. Não escreva apenas *o jantar da última quarta-feira*. Escreva um ou dois parágrafos sobre esses pensamentos e memórias.

Agora escreva como você se *sente* neste momento, enquanto revive essas memórias. Você se sente desorientado? Triste? Irritado? Seja o que for, anote. Dedique algum tempo para se conectar com essas emoções. Lembre-se delas e sinta-as por inteiro. Esse tipo de enfrentamento nos lembra que podemos *sobreviver* aos sentimentos de desconforto, medo ou ansiedade. Aqui, estamos condicionando nossos músculos de resiliência.

PASSO 2 — LEMBRE-SE DE SUA ALEGRIA

Em seguida, escreva cinco lembranças alegres, engraçadas, emocionantes ou animadas e, assim como antes, seja descritivo. Anote o máximo de detalhes que conseguir lembrar: o que você estava vestindo, com quem estava e como seu corpo se sentia.

Em seguida, ao lado de cada uma dessas memórias, anote quaisquer cheiros associados a elas. As memórias olfativas são poderosas e podem nos ajudar a trazer de volta os sentimentos positivos associados a essas lembranças. Se uma delas foi o triunfo que você sentiu após uma caminhada de 20 km até um mirante panorâmico, quais cheiros estão associados a isso? Protetor solar? Natureza? Fogueiras? A borracha do seu bastão de caminhada? Se você tem, por exemplo, uma lembrança maravilhosa de ir ao Disney World quando jovem, você se recorda de algum cheiro em particular? A padaria da Main Street? Amendoins torrados? Tudo aquilo que você puder lembrar, anote ao lado da sua memória alegre.

Por fim, escreva como você se sentiu durante cada um desses momentos. É provável que comece a se sentir mais positivo ao fazer este exercício; você pode até se pegar sorrindo enquanto escreve. Deixe essas emoções positivas o abraçarem. Se você se sentiu triunfante ou satisfeito, bobo ou completamente relaxado, permita-se sentir tudo isso novamente.

PASSO 3 — NEUTRALIZE OS GATILHOS

Agora que você se permitiu mergulhar profundamente tanto na alegria quanto na ansiedade, é hora de criar um plano de ação para neutralizar seus gatilhos de ansiedade. Primeiro, volte para a lista de memórias que você registrou no primeiro exercício de Conversão do Medo. Para cada memória, reserve um momento para ver como pode condicionar a si mesmo a sentir positividade em meio à ansiedade.

Por exemplo:

> *Da próxima vez que um encontro inesperado me deixar sobrecarregado e com raiva, não resistirei a me sentir assim; reconhecerei os sentimentos e me permitirei senti-los. Em seguida, cortarei um limão e inalarei sua fragrância. Vou me lembrar de como me senti feliz, relaxado e*

tranquilo quando eu e meu cônjuge comemos a torta de limão mais deliciosa do mundo após uma longa caminhada durante nossa lua de mel.

Embora esse plano de ação possa não dissipar completamente seus sentimentos de ansiedade, é provável que o ajude a relaxar o suficiente para seguir em frente se sentindo melhor do que antes. Em vez de focar o negativo (escassez), você focará o positivo (abundância).

Depois de escrever um plano de ação para cada um dos seus cinco gatilhos, reserve um tempo para encontrar maneiras de acessar facilmente os aromas associados às suas memórias positivas. Existe algum óleo, vela ou spray de ambiente que você possa manter à mão? Encontre esses itens e escolha um lugar para guardá-los, seja no carro, em casa ou no escritório (ou até mesmo nos três!).

A ansiedade é informativa. É um sentimento que nos alerta para a necessidade de encontrar soluções, um caminho diferente, ou até mesmo de estabelecer novos limites. Se não nos permitirmos senti-la, negaremos a nós mesmos a oportunidade de nos tornar mais fortalecidos e resilientes. E quando nos entregamos ao desconforto e o combinamos com a alegria, nos tornamos uma potência que pode seguir em frente, *mesmo em meio à sobrecarga ou à ansiedade*. O que poderia ser melhor para nossas Missões Significativas?

MERECEDORES DE MAIS

Sua grande conquista está a caminho.

Recentemente, fui lembrado desta citação de Ramakrishna: "um oceano de bem-aventurança pode cair dos céus, mas se você tiver apenas um pote em mãos, essa é toda a água que receberá."[8] Muitos de nós têm segurado potes em direção aos céus porque pensamos que isso é tudo o que merecemos. Temos deixado o medo definir os rumos porque pensamos que nossos medos e dúvidas merecem estar no centro das atenções. Mas não é verdade. Você merece.

Não deixe que seus medos o afastem de seu propósito. Haverá dias de luta e dias de glória, e eles serão intercalados uns com os outros. Tudo é difícil até deixar de ser. O importante é continuar a voltar ao seu propósito. Continue estabelecendo metas e agindo de acordo. Mesmo em seus dias ruins, algo está acontecendo.

Você merece mais do que uma pequena dose de bem-aventurança. Você é merecedor. *Você importa*. Você foi criado para algo maior do que o que atualmente aceita como status quo. Há uma razão para você estar aqui. Você é digno de amor, abundância e mais oportunidades.

Persista diante das dificuldades. Continue avançando. Sua grande conquista está a caminho.

Para obter recursos adicionais que o ajudarão a experimentar o Mindset de Grandeza, visite: TheGreatnessMindset.com/resources [conteúdo em inglês] ou o site da editora www.altabooks.com.br pra obter a versão traduzida. Procure pelo nome do livro ou ISBN.

PASSO 3

O Mindset de Grandeza

Capítulo 9

CURANDO SEU PASSADO

Durante uma viagem recente de Uber em Atlanta, puxei conversa com a motorista. Quando criança, seu pai havia abandonado ela e sua mãe, que sofria de dependência química e foi deixada aos seus cuidados. Já adulta, ela continuou essa prática de cuidar de pessoas necessitadas em seus relacionamentos amorosos. Ela se sentia atraída por homens com dependência química e tentava curá-los. Como resultado, ela passou por uma série de relacionamentos física e emocionalmente abusivos. À medida que ela compartilhava mais detalhes, ficava claro que a trajetória de sua vida se originava de seu trauma na infância. Ela aceitava relacionamentos tóxicos porque sua criança interior tentava se curar consertando os outros.

Sentado no Uber naquele dia, no entanto, eu não ouvi a derrota. Sim, as evidências físicas de seu passado permaneciam, mas a energia que ela irradiava era cheia de positividade e bondade. Então ela disse algo que me marcou: "isso não me machuca mais. Aprendi como curar e transformar a dor em sabedoria."

Uau! Então era isso. Essa mulher incrível estava no processo de se tornar algo novo, algo não determinado por seu trauma passado. Na verdade, ela estava curando seu passado para poder seguir em frente de maneira saudável. Ela me contou que agora estava casada com um homem maravilhoso. Os dois tinham uma família mista, a quem apoiavam juntos como uma equipe. Ela havia tomado uma ação intencional para pôr fim ao seu ciclo traumático.

Seja qual for o seu trauma — e todos nós já passamos por algum tipo —, se não for curado, ele direcionará o seu futuro. O trauma perpetuará o trauma. Para interromper o ciclo, você precisa permitir que seu eu *adulto* tome as decisões, em vez do seu eu mais jovem e ferido.

Minha própria jornada de cura revelou muito sobre minha criança interior e suas necessidades. No meio de alguns dos meus próprios conflitos de relacionamento, tive a sorte de entrevistar a Dra. Ramani Durvasula, uma das principais especialistas em narcisismo. Ela explicou que os narcisistas muitas vezes não são diagnosticados porque se recusam a fazer terapia. A terapia obriga a pessoa a enfrentar suas decisões e consequências. Mas os narcisistas preferem projetar seus problemas em outra pessoa e se fazerem de vítimas.[1]

Quando Ramani disse isso, alguma coisa clicou em mim. Em três relacionamentos diferentes, pedi a cada namorada para que fizesse terapia de casal comigo, e todas se recusaram. Fiquei muito confuso com isso. Achei que a maioria das mulheres adoraria um cara disposto a falar sobre seus sentimentos e trabalhar o relacionamento em terapia. No entanto, mesmo nos casos em que o relacionamento estava completamente desgastado e eu finalmente as convencia a procurar um especialista, elas não os ouviam.

Veja bem, não estou dizendo que fui perfeito em nenhum dos meus relacionamentos anteriores. Longe disso! Parte do problema era, evidentemente, eu mesmo. Eu não conseguia estabelecer limites apropriados em meus relacionamentos porque estava disposto a sacrificar partes de mim mesmo apenas para manter a paz e fazer os outros felizes. Outra pessoa que me ajudou a perceber essa tendência foi Nedra Glover Tawwab, autora de *Defina limites e encontre a paz*. Percebi que estava escolhendo parceiras que viviam em um estado de caos emocional. Elas tinham inseguranças ou críticas em relação a si mesmas, e eu adentrava seu mundo querendo consertá-las e convencê-las de seu valor.

Olhando para trás agora, eu deveria ter percebido que não podia forçar alguém a crescer quando essa pessoa não estava pronta. Deveria ter percebido que posso aceitar as pessoas como elas são, mas não necessariamente estar em um relacionamento com elas. Cada uma tinha seu próprio trauma envolvendo abandono no passado, e esses traumas se chocavam com o meu como uma espécie de veneno personalizado.

Veja, meu pai era afetuoso comigo, mas durante os primeiros treze anos da minha vida, eu temia o seu temperamento. Quando ele chegava em casa, a tensão aumentava notoriamente. Por outro lado, minha mãe era uma figura passiva. Ela fazia de tudo para manter a paz, até mesmo abrindo mão de partes de si mesma. Como adulto, acabei fazendo o papel que havia visto minha mãe desempenhar, abrindo mão dos limites para manter a paz. Permaneci em relacionamentos tóxicos por tempo demais, achando que poderia consertá-los. Naturalmente, eu praticava o que havia testemunhado quando criança.

Até que eu fizesse o trabalho de cura que minha criança interior precisava, acabei me sentindo envergonhado e injustiçado em todos os relacionamentos amorosos que tive. Tudo começava às mil maravilhas, mas então meus gatilhos iam sendo ativados. Eu percebia que o relacionamento não estava dando certo, mas tanto o medo de ficar sozinho quanto o autocompromisso em ser bem-sucedido me levavam a tentar de tudo para que desse certo, inclusive abandonar a mim mesmo. No entanto, a todo tempo eu sentia que não estava sendo verdadeiro comigo mesmo, e me ressentia por ter perdido minha voz.

Somente quando comecei a curar minha criança interior e o trauma do meu passado é que finalmente comecei a sentir que estava agindo autenticamente como meu verdadeiro eu. Aprendi a dizer à minha criança interior o que ela precisava ouvir. E assim que reconheci essa parte de mim mesmo, senti que era capaz de me tornar uma nova pessoa. Agora, quando me deparo com um gatilho, posso afirmar que esses comportamentos prejudiciais não mais me caracterizam. Não preciso mais reagir emocionalmente ou continuar com os padrões doentios do meu eu anterior. Não me interpretem mal. A jornada de cura é contínua. Preciso me lembrar constantemente de que sou uma pessoa nova e não preciso mais reagir aos medos que tinha quando criança.

> **Eu não estava sendo verdadeiro comigo mesmo e me ressentia por ter perdido minha voz.**

Eu também tinha outras feridas para curar em minha criança interior. Como descrevi em *The Mask of Masculinity* [sem publicação no Brasil], sofri abuso sexual quando criança. Fui ridicularizado por estar em aulas de necessidades especiais na escola. Meu irmão foi para a prisão quando eu tinha 8 anos. Basicamente, perdi meu pai após um acidente de carro que resultou em um trauma cerebral grave que o transformou para sempre. Todo esse trauma acumulado causou um medo constante dentro de mim de que eu não fosse o suficiente.

O Dr. Gabor Maté é um especialista em vícios que também se especializou em traumas infantis. Ele tem educado o público sobre como o trauma infantil pode levar a vícios autoindulgentes, os quais vão além do álcool ou das drogas. "Se você recebe a mensagem de que não é bom o suficiente, que não é digno o suficiente", diz o Dr. Gabor, "então pode passar o resto da vida tentando provar que é."[2] Tais crianças podem se tornar adultos viciados em agradar os outros — como eu mesmo —, sacrificando partes de si mesmos na tentativa de se sentir suficientes.

Minha solução foi me tornar o maior e mais forte atleta que pudesse ser, para que ninguém pudesse me fazer sentir pequeno novamente. E, de certa forma, funcionou! Conquistei resultados externos. Mas também fiquei ainda mais inseguro e envergonhado em relação ao meu passado. E foi só quando comecei a curar o passado que pude experimentar alguma paz interior.

A verdade é que a maioria das pessoas tem uma criança interior traumatizada com necessidades não atendidas. Muitas vezes, como no meu caso, os mecanismos de enfrentamento dessa criança não são saudáveis. A única maneira de superar esses hábitos prejudiciais é se reconectar com a criança interior e fornecer a ela o que era necessário desde o início. Talvez você precise lhe dizer o quanto é amada, o quanto é suficiente. Ou talvez garantir que ela estará protegida, que você estará ao seu lado. Em suma, você precisa se expressar positivamente para a sua criança interior, de tal forma que seja possível abraçar completamente o Mindset de Grandeza.

Foi só quando comecei a curar o passado que pude experimentar alguma paz interior.

TRAUMAS NÃO TRATADOS

Viver com um trauma não curado me deixou fisicamente doente. Muitas vezes eu me sentia sufocado, como se minha garganta estivesse fechando e um peso enorme pressionasse o meu peito. Estava exausto o tempo todo e sentia que estava numa vida nota 6 em uma escala de 10. Sentia que havia sacrificado minha integridade porque não estava sendo autêntico com meus valores ou visão, tudo apenas para tentar agradar uma pessoa, e sem qualquer sucesso. Ou pelo menos era o que eu pensava. Acontece que a única pessoa que eu realmente estava tentando satisfazer era a minha própria criança interior.

Traumas não curados podem nos impedir de diversas maneiras. Uma delas é por meio da consciência de vítima. A Dra. Shefali Tsabary, autora de *Despertar radical*, define a vitimização como um estado real em que algumas pessoas se encontram. Se as pessoas são vítimas de estupro ou abuso físico, elas são isso mesmo — vítimas. As pessoas devem se sentir justificadas em chamar seu sofrimento pelo nome verdadeiro e dizer sem remorso: "eu fui uma vítima". Mas a consciência de vítima acontece quando as pessoas se prendem a essa perpetração, passando a viver e a se definir por aquele evento, deixando involuntariamente o poder na mão dos perpetradores. "O verdadeiro empoderamento", diz a Dra. Tsabary, "é retomar todo o poder, incluindo o da culpa."[3]

Ninguém precisa viver um futuro definido pela culpa de outra pessoa.

Isso não significa que o perpetrador esteja livre da culpa ou que você necessariamente tenha que perdoar o que aconteceu. Os perpetradores são sempre culpados por suas injustiças, mas ninguém precisa viver um futuro definido pela culpa de outra pessoa. Em vez disso, as pessoas podem optar por viver um futuro digno de crédito. E o primeiro passo para isso é realizar um trabalho de cura.

Mesmo que você esteja livre da consciência de vítima, seu passado não curado pode impedi-lo de outras maneiras. Muitas vezes, desenvolvemos mecanismos de enfrentamento para nos ajudar a sobreviver ao trauma imediato. Essa capacidade natural de autopreservação é um dom biológico. No entanto, essas soluções temporárias podem se tornar um padrão prejudicial à saúde. O que funcionou como um mecanismo de defesa em uma emergência quando éramos mais jovens pode se tornar um hábito de enfrentamento doentio quando adultos.

A Dra. Nicole LaPera, autora de *Como curar sua vida*, compartilhou o exemplo de alguém que não se sentia aceito quando expressava tristeza. Essa pessoa pode aprender a evitar traumas semelhantes reprimindo suas emoções no futuro. O apelo desses mecanismos de enfrentamento está no alívio que proporcionam no momento. Com repetição suficiente, o enfrentamento não saudável pode se tornar algo instintivo.

Para a Dra. LaPera, os ciclos de estresse se tornaram seu mecanismo de enfrentamento familiar. Em certo momento, ela não tinha as ferramentas para combater o estresse em sua vida, e então encontrou consolo na excitação causada por ele.

O estresse lhe proporcionava uma descarga de adrenalina, uma dose de cortisol, e isso era o melhor que podia fazer naquele momento. Ela me disse que às vezes se pega buscando críticas negativas pela agitação que elas criam. Por quê? Porque é um estado familiar. Nosso subconsciente, diz Nicole, opera a partir do princípio da familiaridade. Ele nos convence de que o familiar é sempre melhor do que algo imprevisível, mesmo que — e isso é importante — uma nova abordagem possa ser a melhor opção.[4]

A chave para *ser* a paz é estabelecer limites nos relacionamentos alinhados à sua Missão Significativa com pessoas que compartilhem e apoiem essa missão.

Meu próprio estado familiar muitas vezes me manteve em relacionamentos tóxicos. Eu tinha medo de machucar a outra pessoa e não suportava a ideia de magoar alguém de quem eu gostava. Além disso, tinha medo do julgamento dos outros, pois ela poderia falar mal de mim depois.

Ao longo de um ano, fiz terapia para encontrar intencionalmente a paz. No início do ano, minha terapeuta me fez uma pergunta empoderadora: "qual é a sua intenção com a terapia?" Eu disse: "quero clareza, paz e liberdade". Em todas as sessões, ela me fazia a mesma pergunta: "o que você quer?" E eu dava a mesma resposta: "clareza, paz e liberdade". No fim do ano, ela perguntou: "você encontrou isso?" E aí eu percebi. Eu não *encontrei* essas coisas. Eu *me tornei* essas coisas. Eu SOU a paz. Eu SOU a clareza. Eu SOU livre. Digo isso porque antes de perseguir qualquer coisa no mundo, você deve ser sua própria paz e alegria.

A chave para *ser* a paz é estabelecer limites nos relacionamentos alinhados à sua Missão Significativa com pessoas que compartilhem e apoiem essa missão. Isso se aplica não apenas a parceiros românticos, mas também a relacionamentos profissionais, familiares, amizades e a qualquer pessoa próxima a você.

Quando retomar o poder, curar seu passado e começar a se alinhar com sua visão, você se sentirá ilimitado. Sua confiança crescerá porque você estará se manifestando em um ciclo positivo, e não mais negativo.

TREINADOR OU CRÍTICO

Voltemos à ideia que mencionei anteriormente, de que todos têm um treinador e um crítico internos. Eu experimentei em primeira mão a diferença entre um treinador exigente, porém encorajador, e um crítico puramente negativo. Um treinador amoroso o desafiará a se tornar o seu melhor sem humilhá-lo.

Compare-se com uma versão anterior de si mesmo, e não com os outros.

A vida funciona da mesma maneira, exceto que *você* é seu próprio treinador ou crítico mais eficaz. Você pode escolher intencionalmente ser o treinador inspirador que aceita a si mesmo como o trabalho em progresso que você é. Você pode se aceitar enquanto melhora a si mesmo. Compare-se com uma versão anterior de si mesmo, em não com os outros, e celebre o quão longe você chegou.

Por meio de sua pesquisa sobre o Alzheimer, o Dr. David Perlmutter, neurologista, estabeleceu-se como um especialista no cérebro. Segundo ele, o órgão tem duas partes: uma baseada no medo e outra compassiva. A parte baseada no medo é reativa. Ela nos incita a buscar gratificações imediatas e gera a reação de luta ou fuga. A parte compassiva é voltada para o futuro, responsável por trazer o adulto para a sala quando você se sente provocado. O adulto toma decisões conscientes e lúcidas como investimentos no futuro. De acordo com a pesquisa do Dr. Perlmutter, é impossível tomar decisões conscientes quando a parte do cérebro baseada no medo está ativada, porque você não consegue se acalmar o suficiente para tal. Não é para isso que serve essa parte do cérebro. Ela serve para tomar decisões rápidas de sobrevivência.

O que o Dr. Perlmutter chama de estado baseado no medo, eu chamo de estado negativo. Frequentemente, o estado negativo envolve emoções

Ser ilimitado é descobrir como viver em um estado de beleza do ser.

intensificadas, que por sua vez podem fazer com que você reaja de uma maneira que não está alinhada com o seu eu autêntico. O oposto disso, ou estado positivo, permite que você diga: "não gosto dessa situação, mas vou tomar a decisão consciente de não ser provocado por medos irracionais". Esse tipo de controle requer monitoramento de suas emoções.[5]

Quando fui para a Índia alguns anos atrás, estudei meditação na One World Academy. Por duas semanas, não fizemos nada além de meditar. A Academia usa outro conjunto de termos para esses estados mentais positivos e negativos: o estado de beleza e o estado de sofrimento. O primeiro envolve viver no amor, na alegria, na abundância e na apreciação. Já o segundo, na ansiedade, no estresse, no ciúme e na dúvida. O que aprendi lá é que ser ilimitado é descobrir como viver em um estado de beleza do ser. Isso significa cultivar relacionamentos duradouros, enfrentar desafios conscientemente, encontrar a realização e se tornar um líder mais compassivo.

Portanto, temos o estado de beleza e o estado de sofrimento, a mente positiva e a mente negativa, a mente baseada no medo e a mente compassiva e voltada para o futuro, o treinador e o crítico. E no centro de todos esses conceitos está a necessidade de aprender a amar a si mesmo e curar um pensamento, uma memória, uma experiência traumática.

E se pudéssemos sempre nos inclinar para o amor e o treinamento positivo, para o estado de beleza? Para que isso aconteça, você deve praticar a desassociação do passado para curá-lo. À medida que faz isso, sua jornada ainda será desafiadora, mas esses desafios não o impedirão. Em vez disso, eles lhe darão mais poder para avançar, porque você não viverá com medo do fracasso, do sucesso ou do julgamento.

O crítico baseado no medo lhe dirá: *eu não sou o suficiente.* O treinador baseado no amor, por sua vez, reforçará que você é o suficiente: *eu amo você por estar neste momento, e nós vamos melhorar e crescer juntos.* O crescimento e a cura serão um processo contínuo. Um herói diz: essa adversidade *não definirá o resto da minha vida.* É apenas um obstáculo, e não o fim da estrada. E esse obstáculo me tornará muito mais poderoso quando eu aprender a superá-lo.

Se você deseja criar um futuro melhor, isso não acontecerá por acaso, e sim por meio de ações intencionais baseadas em uma visão clara, e você simplesmente não terá uma visão clara enquanto viver em um estado mental caótico.

O Dr. Paul Conti, psiquiatra e autor de *Trauma: a epidemia invisível*, estuda transtornos mentais sob o ponto de vista do tratamento, especificamente a prevenção social do trauma. Ele nos aconselha a imaginar uma doença que apresenta apenas sintomas externos sutis, mas que pode dominar todo o seu corpo sem aviso prévio, que pode ser facilmente transmitida entre pais e filhos e que pode durar a vida toda se não for tratada.

Um futuro melhor acontecerá por meio de ações intencionais baseadas em uma visão clara.

De acordo com o Dr. Conti, é exatamente assim que a sociedade deve encarar o trauma, como uma epidemia descontrolada com um prognóstico potencialmente fatal.[6] O ponto principal é que o trauma é tratável. Podemos fazer mudanças como indivíduos e enquanto sociedade para amenizar seus efeitos e prevenir novos traumas se adotarmos uma percepção crítica: o trauma é tanto tratável quanto evitável.

ESTIMULANDO A GRANDEZA

Para ajudá-lo a identificar o trauma em sua própria história e começar a curar seu passado, aqui estão algumas atividades que podem ser úteis.

Exercício 1: Seus Mecanismos de Enfrentamento

Todo mundo tem maneiras de anestesiar dores, lidar com decepções ou processar traumas desencadeados, que podem variar desde um extremo (dependência de drogas) até outros mais "aceitáveis" (vício em trabalho). Seja qual for o caso, todos nós as temos. Neste exercício, examinaremos mais a fundo nossos mecanismos de enfrentamento e o que ganhamos (ou não ganhamos) com eles.

PASSO 1 — IDENTIFIQUE SEUS DISPOSITIVOS DE ENFRENTAMENTO

Hora de ficar ainda mais pessoal. Pegue seu diário ou acesse o aplicativo de anotações no seu celular e faça um inventário dos seus mecanismos de defesa. Você pode usar as seguintes perguntas para ajudá-lo a começar. Elas não pretendem incitar a autocrítica, mas sim ajudá-lo a identificar coisas potentes em sua vida que o ajudam a atenuar suas dores.

- Você bebe álcool?
- Você come compulsivamente?
- Você fuma?
- Você fuma maconha?
- Você assiste pornografia?
- Você é um workaholic?
- Você se preocupa demais em agradar as pessoas?
- Você assiste televisão compulsivamente à noite?

Perceba o tipo de pergunta que quero que você faça a si mesmo. Quando eu era mais jovem, estava disposto a negociar *qualquer coisa* — até mesmo meus próprios limites e desejos — para gerar paz e clareza. Isso porque eu não estava em paz comigo mesmo, estava extremamente preocupado em agradar as pessoas e faria de tudo para encontrar a paz. Quando sentimos dor ou trauma, geralmente encontramos conforto em nossos mecanismos de enfrentamento (como eu mesmo fiz). Faz parte de como acalmamos a nós mesmos.

Dedique um tempo para refletir e identificar os seus próprios mecanismos. Se estiver em um impasse e não conseguir identificá-los, peça a um amigo ou parceiro de confiança para compartilhar com você como eles percebem que você lida com situações difíceis.

PASSO 2 — O QUE EU GANHO COM ESSAS DEPENDÊNCIAS?

Em seguida, quero que você investigue o que ganha com esses mecanismos de enfrentamento. Você pode notar que eu os chamei de "dependências", porque é isso que eles podem se tornar. Quando experimentamos e aplicamos métodos testados e comprovados para atenuar nossas dores e evitar nossos sentimentos, damos à outra coisa o controle do nosso bem-estar.

Pare um momento para revisar sua lista de estratégias de enfrentamento. Como elas estão trazendo valor para você? Quando você trabalha demais, consegue bloquear os pensamentos intrusivos? Quando ingere bebidas alcoólicas, consegue sentir que pode rir mais facilmente? Quando fuma maconha, é a única maneira de encontrar tranquilidade o suficiente para dormir? Você é dependente de alguma dessas atividades?

Não existem respostas erradas aqui. Quero que você dê uma olhada honesta em suas estratégias de enfrentamento e identifique o que as torna atrativas. Se elas não estivessem lhe servindo de alguma forma, você não continuaria recorrendo a elas.

Anote tudo o que vier à mente.

PASSO 3 — MINHA VERSÃO MAIS ELEVADA É ATENDIDA POR ESSAS DEPENDÊNCIAS?

A essa altura, você descobriu o seu ponto ideal, trabalhou um pouco em torno do seu propósito e identificou seu caminho de crescimento. Para chegar aonde deseja, você precisará se tornar a versão mais elevada de si mesmo. Quero que reserve um momento para visualizar a versão mais elevada de si mesmo (em breve faremos mais alguns exercícios), imaginando-se em sua Missão Significativa, vivenciando seu legado.

> Esta versão de si mesmo entorpece a dor? Ou faz o que pode para enfrentá-la?

Mecanismos de enfrentamento nos servem bem até estarmos prontos para sair do entorpecimento e adentrar a arena de combate. Para nos tornarmos as versões mais elevadas de nós mesmos, precisamos dar passos conscientes no ringue da vida. Temos que amarrar nossas luvas metafóricas e lutar pela cura.

O que você precisa fazer para se preparar para uma luta? Se você tivesse que parar abruptamente com qualquer uma de suas dependências, o que precisaria para ajudá-lo a fazer isso? Um terapeuta? Um parceiro de responsabilidade? Um médico? Um treinador? Dedique algum tempo para pensar sobre o equipamento emocional, espiritual e físico de que você precisa para se afastar de suas dependências e entrar no âmbito da cura.

Quando estiver pronto, anote-os.

VOCÊ É INCRÍVEL

Este exercício pode ter sido um desafio para você. Levei anos para identificar minhas próprias dependências e ganhar a coragem necessária para deixá-las para trás e abraçar a cura. Quero lembrá-lo de que você é bom o suficiente. Digno o suficiente. Você é suficiente. Você tem o que é preciso para viver uma vida com propósito e significado. Tudo o que você precisa para ter sucesso já está dentro de você. Parte do caminho da grandeza é encontrar as ferramentas necessárias para trazer seu eu integrado à tona.

Exercício 2: Check-in da Mente e do Corpo

Até alguns anos atrás, meu sistema nervoso era o mestre dos meus pensamentos, relacionamentos e corpo. Eu estava constantemente reagindo com meu corpo e padrões de pensamento a situações ou conversas que achava estressantes. Ficava suado, entrava em pânico ou elevava a voz em situações que não pareciam exigir esse tipo de resposta. Parecia que eu estava sempre entrando e saindo do modo de luta ou fuga, mas não tinha certeza do porquê.

Foi só quando fui capaz de criar consciência em torno dessas reações e rastreá-las de volta à sua origem que pude iniciar o processo de cura. Quando se trata de memórias dolorosas ou traumáticas, estar consciente da nossa reação corporal e *por que* ela está acontecendo é o primeiro passo para um eu mais completo. Neste exercício, faremos um pouco de trabalho em torno dos nossos gatilhos e verificaremos as reações do nosso corpo.

PASSO 1 — INVENTÁRIO DE REAÇÕES

O primeiro passo para nos tornar conscientes de que nossa reação corporal foi acionada é dar um passo para trás e avaliar as coisas quando não estivermos mais sentindo essas reações. Não faça a primeira parte deste exercício se suas emoções estiverem exaltadas. Você deve começar este exercício quando se sentir centrado para poder fazer uma avaliação justa de suas próprias reações.

Pegue seu diário ou uma folha de papel e passe algum tempo refletindo e respondendo às seguintes perguntas:

- Quando você fica com raiva?
- O que o incomoda nas pessoas?
- Quando se sente mais solitário?
- O que acontece logo antes de você começar a se criticar negativamente?
- Quando se sente mais triste?
- Quando se sente reativo?
- Quais são as situações em que sente que perdeu o controle?
- Que situações lhe provocam ansiedade ou ataques de pânico?

A chave aqui é fazer você pensar sobre suas reações físicas e emocionais a partir de um lugar *consciente*. Queremos chegar a um lugar em que possamos estar em um estado energético positivo, *mesmo quando provocados*. Quando estamos nesse estado empoderado, podemos criar, de forma melhor, abundância e oportunidades e embarcar em nossas Missões Significativas.

PASSO 2 — IDENTIFIQUE SUAS RESPOSTAS CORPORAIS

Em seguida, vamos fazer um inventário de nossas respostas corporais aos gatilhos. Anote o que você sabe que sente em seu corpo quando está nas situações que detalhou na etapa anterior. Por exemplo, quando você fica com raiva, você cerra os punhos? Ou cerra o maxilar? Quando se sente triste, fica também muito cansado?

Segue outro conjunto de perguntas para ajudá-lo a descobrir algumas de suas reações físicas a gatilhos emocionais.

- O que faz você suar (além de atividades físicas)?
- O que faz você querer revirar os olhos?
- O que faz você cerrar os punhos?
- Quando você eleva a voz?
- Além da insônia, o que faz você se sentir cansado?

À medida que você passar por seus gatilhos e avaliar suas respostas corporais, anote todas as reações que puder pensar. A ideia é trazer o máximo possível do inconsciente para o consciente.

PASSO 3 — COMPROMETA-SE COM UM NOVO PADRÃO

Agora que você identificou as situações que desencadeiam suas respectivas respostas corporais, é hora de se comprometer com uma nova maneira de lidar com elas. Aprender a fazer isso é uma longa jornada, e você precisará praticar suas respostas repetidamente até que elas comecem a parecer mais naturais.

Comprometer-se com um novo padrão pode ser mais ou menos assim:

- Quando eu começo a suar ou ficar em pânico, peço licença e faço uma pausa por um momento.
- Quando sinto um gatilho, respiro fundo e relaxo minha mandíbula, punhos e ombros.
- Quando elevo a voz ou grito, me desculpo imediatamente pelo tom e passo a falar em um nível mais calmo. Se não puder, pedirei licença e continuarei a conversa mais tarde.
- Quando perco a paciência ou não consigo controlar minhas emoções em um determinado momento, me comprometo a escrever sobre a experiência. Identificarei o que me deixou tão irritado e escreverei sobre como posso agir melhor no futuro.

Ao pensar em suas respostas, leve em consideração sua Missão Significativa:

- Como você, enquanto pessoa com uma Missão Significativa, *deseja* responder a situações que lhe dão gatilho?
- Existe uma maneira de responder que o aproxima de sua missão?
- Como você pode ser conscientemente responsável em suas respostas?

Todos nós temos respostas corporais a gatilhos porque vivemos com alguma dor do nosso passado. Trazer nossas reações do inconsciente para o consciente é uma maneira de cuidar e amar melhor a nós mesmos. A vida é longa e, às vezes, brutal. Independentemente da cura e das mudanças de comportamento, ainda reagiremos fisicamente a situações estressantes ou assustadoras. É um dos presentes dos nossos corpos! Claro, ainda "sentiremos gatilhos", *mas estaremos conscientes.*

Dedique um tempo para anotar os novos padrões que você tentará estabelecer. Pegue sua lista do Passo 1 e escreva frases que comecem com uma reação.

A CURA É UMA JORNADA

O objetivo de curar nossos gatilhos não é jamais ficar chateado ou "engatilhado". Nosso objetivo é entender as coisas que têm poder sobre nós. É reconhecer as coisas que fazem com que nosso corpo, mente e espírito reajam — seja lutando, congelando ou fugindo.

Que tipo de pessoa você quer ser? Uma pessoa reativa ou uma pessoa que se entende tão bem que pode se afastar de uma fase reativa, seja antes de ela acontecer ou logo depois? Quando você se conscientiza de seus gatilhos, começa a se curar, permitindo-se sentir seguro e cuidar melhor de si mesmo.

Tenha paciência consigo, pois a cura não acontece da noite para o dia. Trata-se de uma *jornada.*

Exercício 3: As Histórias da Origem de seus Gatilhos

Dependendo da origem do seu trauma, talvez queira considerar fazer os próximos exercícios com seu terapeuta ou conselheiro. Se este exercício começar a parecer assustador para você de formas que o fazem sentir insegurança, pare por aqui e volte a ele com seu terapeuta ou conselheiro, quando se sentir pronto.

Um dos passos mais significativos que podemos dar para curar traumas passados é encontrar a origem de nossa dor. Já tive que fazer isso várias vezes na vida para seguir em frente com meus negócios, me arriscar em relacionamentos e aprender a me comunicar melhor com as pessoas que são importantes para mim.

PASSO 1 — ANOTE SUAS MEMÓRIAS

Você tem uma lista de arrependimentos ou de memórias que causam dor toda vez que se lembra delas? Por exemplo, você se lembra de ter sofrido bullying na escola ou de ter se sentido humilhado em um grupo de pessoas?

Neste exercício, quero que reserve o tempo que precisar para listar todas as memórias, eventos ou pessoas problemáticas do passado que você sabe que ainda têm um impacto sobre você no presente. Você já catalogou suas respostas corporais e seus mecanismos de enfrentamento. Agora é hora de descobrir o que ativa essas coisas.

Pegue uma folha de papel ou o seu diário e anote todos os eventos passados que causaram reações físicas e gatilhos em seu presente. Pode ser útil voltar à lista de reações físicas e usá-la como guia para rastreá-las até o trauma original.

Veja algumas questões norteadoras para este exercício:

1. Quais são as memórias ou eventos que causaram gatilhos?
2. Quem são as pessoas que causaram gatilhos?
3. Onde, quem ou quais são as fontes de sua dor?
4. Que lembranças dolorosas você pode anotar que o conectam a esse sentimento?

Este exercício pode demandar algumas tentativas ao longo de alguns dias. Sinta-se à vontade para parar caso se sinta sobrecarregado ou engatilhado apenas por resgatar essas memórias. A cura não é um caminho linear. É uma jornada, e esta etapa pode levar alguns dias.

PASSO 2 — ESCREVA UMA CARTA AO SEU EU MAIS JOVEM

Na segunda parte deste exercício, quero que escreva uma carta ao seu eu mais jovem para cada memória ou evento que anotou. Se você não quiser fazer isso para cada um, certifique-se de fazê-lo para aqueles que considera os mais impactantes em sua vida. O objetivo deste exercício é dar arbítrio a si mesmo nos momentos dolorosos e agradecer ao seu eu mais jovem por sua força e resiliência.

Eis um exemplo do que quero dizer:

> Querida Becky,
>
> Não foi fácil quando Katie começou o "Clube de Ódio à Becky" na sexta série porque ela estava com raiva de você. Foi cruel e errado. Nenhuma criança deveria ter que passar por isso!
>
> Foi preciso muita força para suportar essa situação. Eu sei que foi muito doloroso lidar com isso aos 11 anos de idade. Estou tão orgulhosa por você ter continuado a ir para a escola todos os dias e feito tudo o que podia para se divertir com seus amigos, mesmo que fosse difícil lidar com seus agressores diariamente. Você foi tão forte! Estou muito orgulhosa de você por nunca ter sido maldosa e ainda ajudar os outros sempre que eles precisavam. Você não merecia ser tratada assim, e estou impressionada que ainda tenha conseguido ser gentil.
>
> Me pergunto se há alguma coisa que você precisa agora para se livrar dessa dor. Nós estamos mais velhas agora, e temos mais habilidades e mais poder do que tínhamos aos 11 anos. Como posso ajudá-la a se livrar dessa dor?

Depois que terminar sua carta, reserve um momento para ver o que o seu eu mais jovem dentro de você precisa para se afastar da dor. Como fizemos antes, atente-se ao seu corpo enquanto escreve a carta. Você está começando a suar? Ou se sente aliviado? Triste ou com raiva? Nenhum desses sentimentos está errado, e é bom fazer um inventário de como você se sente ao escrever cada carta.

Lembre-se de dar arbítrio a si mesmo nessas cartas, perguntando ao seu eu mais jovem do que ele precisa. Esse tipo de exercício pode ser poderoso, pois ajuda a integrar partes nossas em uma pessoa mais completa.

ETAPA 3 — DECIDA PARAR DE FUGIR

Uma das maiores razões pelas quais nossos traumas continuam a nos causar dor é porque continuamos tentando fugir e não sentir as emoções que vêm à tona a partir deles. Quando decidi enfrentar a dor do meu passado, fui capaz de avançar aos trancos e barrancos. Pode ser assustador enfrentar traumas passados, então precisamos fazer um acordo com nós mesmos para encará-los, aceitá-los e escrever um novo futuro.

A dor que nos aconteceu pode ser injusta, errada ou até mesmo ilegal. *Mas aconteceu.* Quanto antes pudermos dizer *aceito que isso tenha acontecido comigo. Não foi certo, eu não merecia, mas eu aceito*, mais cedo poderemos abraçar Missões Significativas e trilhar um novo caminho de crescimento.

Isso não significa que você precisa ser amigo das pessoas que o agrediram ou mantê-las em sua vida, mas se apegar à dor do passado só lhe causará mais dor no futuro.

Hoje, enquanto você reflete sobre sua lista de eventos dolorosos, reserve um momento para aceitar o que vivenciou. Comprometa-se consigo mesmo a enfrentar seu trauma e se curar dele, custe o que custar.

Donald Miller uma vez me disse: "eu não seria tão grato pela minha vida se meu coração não tivesse sido partido. Simplesmente não seria. A dor nos serve tremendamente."[7] Assim como eu, tenho certeza de que você suportou muita dor e decepção. Quando encaramos nosso trauma, estamos trilhando um novo caminho — o caminho de um herói em busca da grandeza.

Capítulo 10

ENCONTRANDO SUA IDENTIDADE

Por muitos anos, senti que algo faltava dentro de mim. Não importa o nível de sucesso que obtivesse ou quantas metas alcançasse, me sentiria decepcionado depois. Esperava me sentir realizado, mas em vez disso, me sentia vazio. Não me interpretem mal. Era bom riscar algo da lista, mas uma satisfação mais profunda me escapava. Depois de anos, e até décadas, perseguindo um objetivo, pensei: *e agora?*

Como compartilhei em meu livro *The Mask of Masculinity*, nos primeiros anos de construção do meu negócio, eu estava obtendo sucesso externamente, ganhando dinheiro e expandindo minha marca. Mas não me sentia realizado porque não havia curado muitas coisas diferentes na minha vida. Na verdade, me sentia frustrado porque estava desalinhado com minha integridade, valores e visão. Estava mais focado em como ganhar mais dinheiro, obter mais influência e provar que as pessoas estavam erradas do que em servir aos outros e cumprir minha Missão Significativa.

O que acabei percebendo foi que, durante a maior parte da minha vida, conquistei coisas apenas para provar que as pessoas estavam erradas — fossem os agressores da minha infância ou as pessoas que me escolhiam por último para fazer parte de seus times. Estava focado em tentar curar as cicatrizes do passado e provar que eu era algo diferente do que eles pensavam que eu fosse. Ou algo diferente do que eu pensava que eles pensavam que eu fosse. Meu combustível para o sucesso vinha da minha criança interior machucada, mas não era um combustível significativo ou sustentável. Isso me levou a perseguir objetivos por razões egocêntricas, e não amorosas.

Resumindo, deixei que outras pessoas definissem minha identidade. Tentei ser alguém que eu não era. Ao esclarecer minha identidade durante minha jornada com a *Escola da Grandeza*, fiz a transição para me tornar alguém que se concentra em servir aos outros. Meu combustível se tornou: *como obter sabedoria de especialistas para conseguir melhorar minha vida e entregá-la a outras pessoas para que elas também se tornem versões melhores de si mesmas?*

O processo de curar seu passado é essencial para que você seja capaz de fazer uma das perguntas mais importantes que há: *quem é você?*

E somente você pode respondê-la.

CULTIVADO OU PODADO

Quando criança, Payal Kadakia, fundadora do ClassPass, artista e autora de *LifePass* [sem publicação no Brasil] vivia duas vidas. Perto de seus amigos norte-americanos, ela era totalmente norte-americana. Já perto de seus amigos indianos, era orgulhosamente indiana. Além disso, formou-se em administração pelo MIT e também estudou dança.

Não importa em qual comunidade se encontrasse, ela se sentia pressionada a sentir vergonha da outra parte aparentemente oposta de si mesma. Na verdade, ela era autenticamente parte de ambas. Agora, mais velha e equipada com um discernimento maior, Payal diz que quando você vive para agradar aos outros, "você não sabe mais como é o sucesso."[1] Ela chama isso de plano B do sucesso. Não é o caminho de sucesso que você escolheu para si mesmo, mas um no qual você caiu acidentalmente. E não é de admirar que não seja gratificante para você. Ele não é seu!

Acho que todos nós poderíamos nos beneficiar do lembrete de Payal de que "temos permissão para abraçar diferentes partes de nossa identidade."[2] Ao olhar para trás agora, ela me disse que consegue ver como é a combinação de suas identidades que lhe dá a capacidade de resolver os problemas que estava destinada a resolver. E ela é grata por ter tido a oportunidade de vivenciar tanto o mundo dos negócios quanto o mundo criativo, para poder explorar diferentes pensamentos e processos.

Quem ou o que moldou sua identidade? Você mesmo a cultivou, ou outra pessoa escolheu podá-la para que crescesse em uma determinada direção? Muitas vezes, essa poda acontece sem intenção e é produto do meio em que vivemos.

Você deve nutrir seu crescimento próprio na direção de sua Missão Significativa, ou ele fluirá de acordo com as outras pessoas. Esse processo de nutrição é uma jornada autodirigida e de mente aberta. Você deve escolher intencionalmente o seu caminho, mas sempre preparado para explorar novas direções. O psicólogo organizacional Adam Grant compartilhou comigo um termo psicológico interessante chamado *fechamento identitário*, que é o que acontece quando as pessoas se comprometem com uma única identidade — mesmo uma que as deixe empolgadas — antes de explorar outras alternativas. Adam viu essa história se desenrolar com estudantes universitários que se comprometem com uma carreira antes de testar outras opções. Esses estudantes geralmente chegam a um ponto em que acreditam ter feito a escolha errada, mas se sentem presos porque sua identidade está firmemente ligada ao trabalho.[3]

Você deve nutrir seu crescimento próprio na direção de sua Missão Significativa, ou ele fluirá de acordo com as outras pessoas.

Talvez você possa se identificar com essa estreita conexão entre identidade e trabalho. Ou talvez se defina mais pela comunidade com a qual se associa. Nesse caso, é preciso ter cuidado para não colocar sua filiação a essa comunidade acima de seus próprios valores. A psicóloga social Dra. Amy Cuddy conversou comigo sobre essa tentação. Ela me lembrou que são nossos valores que nos definem, e que comprometê-los por um grupo significa abrir mão do controle sobre nossa própria vida.[4] Pode ser tentador ceder à pressão dos pares e adotar as mesmas crenças das pessoas mais próximas a si, mas é melhor manter-se fiel ao que é certo para você e sua missão.

ENXERGUE-SE COM CLAREZA

Para experimentar sua própria grandeza e não a ideia de outra pessoa sobre ela, você deve ser intencional ao moldar sua identidade. Parte dessa intencionalidade pode significar rejeitar algumas partes antigas de si mesmo e visualizar o novo eu que deseja se tornar.

Enquanto falava comigo sobre a necessidade de mudança, Leon Howard, deputado estadual da Carolina do Sul, EUA, compartilhou uma história que leu sobre dois homens que decidiram parar de fumar. Um deles, ao lhe oferecerem um cigarro, respondeu: "não, estou tentando parar". Ele ainda se visualizava como um fumante, alguém que estava tentando parar, mas ainda assim um fumante. O outro respondeu: "não, eu não fumo". Ele estava comprometido com uma nova identidade, deixando de lado seu antigo eu e reivindicando uma nova identidade.

Isso remonta à realidade de que você *é* suficiente *e* está se tornando *cada vez mais*. Não é uma questão de escolher um ou outro, mas ambos. Como Leon compartilhou comigo, "eu valorizo onde estou agora, mas, o que é mais importante, eu valorizo para onde estou indo."[5] A realidade é que sua identidade evoluirá continuamente e incluirá diversos elementos, então você deve ter cuidado para não limitar a si mesmo.

Você é uma combinação de todas as suas experiências, comunidades e crenças, e essa combinação única é o que faz de você a melhor pessoa para buscar sua Missão Significativa singular. Se você mantiver uma imagem clara do seu eu ideal como sua estrela-guia, fará mudanças incrementais na vida que o aproximarão do sucesso significativo que considera gratificante.

Pesquisas mostram que as pessoas mais bem-sucedidas são aquelas que experimentam várias identidades. Herminia Ibarra, professora da London Business School, estuda como as pessoas constroem suas carreiras. Ela descobriu que pessoas bem-sucedidas experimentam muitas identidades, e não simplesmente aceitam uma para agradar aos outros. Elas tomam a iniciativa de explorar diferentes papéis para encontrar a combinação certa para si mesmas.[6]

Às vezes, como foi o caso de Adam Grant, sua experimentação pode envolver abandonar identidades que usa há algum tempo. Adam queria compartilhar suas ideias em palcos públicos, mas há muito usava a identidade de um introvertido que temia falar em público. Para ajudá-lo a adaptar sua identidade, ele ouviu outros introvertidos que fizeram discursos impactantes, pessoas como Brian Little, Susan Cain e Malcolm Gladwell. Assim, ele decidiu abandonar sua identidade anterior como orador inibido e experimentar uma nova identidade que servia à sua missão. Hoje em dia, você pode encontrar seus discursos inspiradores por toda parte, do YouTube aos TED Talks.

O Dr. Benjamin Hardy, psicólogo organizacional, também reconhece a importância de ter uma identidade flexível. Ele compartilhou comigo que isso não significa que ela esteja fora de seu controle. Você sempre deve ser o responsável pelas mudanças em sua identidade; a questão é que ela, inevitavelmente, mudará. Seu eu do passado tinha abordagens diferentes para alcançar um conjunto diferente de objetivos, e é por isso que Ben nos adverte para sempre trabalhar com objetivos e crenças que sirvam ao seu *eu atual*, não a uma versão anterior. Ele o encoraja a perguntar sobre qual deve ser seu foco agora, sem se ater a antigos padrões. Esse mindset de focar o presente, segundo ele, ajudará você a direcionar sua atenção seletivamente para as coisas que o auxiliarão a alcançar a próxima grande conquista em sua vida.[7]

Para alcançar a grandeza, é essencial conhecer a si mesmo em primeiro lugar.

Quando o coach de vida, palestrante motivacional e empresário Tim Storey participou do meu programa, ele compartilhou a seguinte pílula de sabedoria: "quando você descobre de onde veio, quem você é e qual o seu propósito, nada pode detê-lo."[8]

Para buscar a grandeza, você primeiro precisa conhecer a si mesmo. Ninguém mais pode fazer isso por você. Existem problemas que cabe a você resolver. Portanto, não perca a oportunidade de conhecer a si mesmo e sentir-se plenamente realizado pelo sucesso que lhe é destinado.

HERÓI OU VILÃO

Donald Miller nos oferece uma boa maneira de entender como nossas identidades são moldadas. Ele me disse que a identidade é tudo que importa, porque atuamos baseados em como nos enxergamos vivendo nossas identidades nas histórias. Como Don descreve, existem essencialmente quatro personagens principais em cada história: a vítima, o vilão, o herói e o guia:

> A vítima acredita que está condenada e sem saída. Está em busca de um salvador. O vilão é aquele que diminui os outros, que os rebaixa para se sentir poderoso. O herói é aquele que na verdade não tem o que é preciso, mas aceita o desafio e se transforma até ser capaz de concluir a tarefa. O guia é aquele que desempenhou o papel de herói por tanto tempo que adquiriu experiência para ajudar outra pessoa.[9]

O ponto-chave que Don destaca é que esses quatro personagens existem simultaneamente em todas as histórias porque existem simultaneamente em você e em mim. A qualquer momento, você e eu estamos desempenhando o papel de um desses personagens. E esse papel pode e vai mudar muitas vezes ao longo de um dia normal. Podemos não ser capazes de escolher o que acontece conosco, mas, na maioria das vezes, podemos escolher o papel que desempenhamos na história.

"Quanto mais você se identificar como vítima, pior será sua história", disse Don. "As vítimas não se transformam. Elas são apenas figurantes para fazer o herói parecer bom e o vilão, mau. Quando interpretamos o papel de vítima, nossas histórias não vão a lugar nenhum. Nunca conseguimos o que queremos. Não construímos um legado. Não somos lembrados."[10] Colocando isso sob a perspectiva do capítulo anterior, as vítimas não trabalham para curar seus traumas passados, mas permitem que estes definam quem são.

Há outra distinção sutil, porém mais importante, a ser feita sobre o que escolhemos fazer com a dor do passado. Don coloca da seguinte forma:

> Na verdade, vilões e heróis têm exatamente a mesma história de fundo. Tanto o vilão quanto o herói têm uma história dolorosa. No início do filme, o herói sente algum tipo de dor. Da mesma forma, o vilão tem uma história de fundo dolorosa. A diferença entre o vilão e o herói, portanto, está em como eles reagem à dor. O vilão diz: *o mundo me feriu, e eu o ferirei de volta*. E o herói diz: *o mundo me feriu, e não deixarei que isso aconteça com mais ninguém.*[11]

A cura é uma jornada que você deve empreender para descobrir quem, de fato, é.

A maneira como você decide reagir às dores da sua vida determina se você será a vítima, o vilão ou o herói da história de sua identidade (você também pode muito bem servir de guia para os outros ao longo do caminho). Como Don apontou, muitas vezes o aprendizado ocorre quando o herói entra em ação — fazendo terapia, iniciando um relacionamento, aprendendo com erros passados ou ajudando alguém. A cura é uma jornada que você deve empreender para descobrir quem, de fato, é.

ESTIMULANDO A GRANDEZA

Se você está pronto para descobrir sua identidade e se enxergar com maior clareza, encorajo-o a fazer o próximo exercício para ajudar a identificar quem você é e quem deseja se tornar.

Exercício 1: Sua Identidade Atual

Se você não se ama pelo que é, será difícil perseguir uma Missão Significativa e construir a vida que está destinado a ter. Realmente acredito que você é um presente para o mundo e merece uma identidade de abundância. Mesmo que essas coisas não pareçam verdadeiras, sei que são verdadeiras para você. O melhor lugar para começar a construir uma identidade de abundância mais forte e sem limitações é descobrir quem você é neste momento e traçar um caminho para quem deseja se tornar. Este exercício o ajudará a começar.

PASSO 1 — FAÇA UM INVENTÁRIO DO SEU EU ATUAL

A autoconsciência é fundamental para cultivar uma nova identidade. Você não pode alcançar a linha de chegada se não souber por onde começar. Avalie-se em uma escala de 1 a 10 nas afirmações abaixo. Certifique-se de registrar suas respostas aqui ou em um local onde possa revisá-las daqui a alguns meses. Assim, poderá acompanhar seu progresso.

Estou satisfeito com minha identidade.

DISCORDO TOTALMENTE			CONCORDO				CONCORDO PLENAMENTE		
1	2	3	4	5	6	7	8	9	10

Quero atrair oportunidades, abundância e relacionamentos significativos.

DISCORDO TOTALMENTE			CONCORDO				CONCORDO PLENAMENTE		
1	2	3	4	5	6	7	8	9	10

Quero me sentir muito melhor comigo mesmo do que me sinto atualmente.

DISCORDO TOTALMENTE			CONCORDO				CONCORDO PLENAMENTE		
1	2	3	4	5	6	7	8	9	10

Tenho maus hábitos que precisam ser reformulados.

DISCORDO TOTALMENTE			CONCORDO				CONCORDO PLENAMENTE		
1	2	3	4	5	6	7	8	9	10

Sei quais são os novos comportamentos que preciso criar.

DISCORDO TOTALMENTE			CONCORDO				CONCORDO PLENAMENTE		
1	2	3	4	5	6	7	8	9	10

Sei o que preciso fazer para me tornar quem eu quero ser.

DISCORDO TOTALMENTE			CONCORDO				CONCORDO PLENAMENTE		
1	2	3	4	5	6	7	8	9	10

Entendo qual deve ser minha identidade para apoiar minha Missão Significativa.

DISCORDO TOTALMENTE			CONCORDO				CONCORDO PLENAMENTE		
1	2	3	4	5	6	7	8	9	10

Sei qual é a minha Missão Significativa.

DISCORDO TOTALMENTE			CONCORDO				CONCORDO PLENAMENTE		
1	2	3	4	5	6	7	8	9	10

Posso não ter clareza sobre minha Missão Significativa, mas quero tomar medidas para descobri-la e construir uma identidade para apoiá-la.

DISCORDO TOTALMENTE			CONCORDO				CONCORDO PLENAMENTE		
1	2	3	4	5	6	7	8	9	10

Essas declarações destinam-se apenas a avaliar seu ponto de partida. Elas não refletem o quão poderosa e abundante pode ser sua nova identidade. Lembre-se, este é *apenas o começo* de uma jornada incrível. Não desanime se alguma de suas avaliações for inferior ao que você gostaria que fosse. Em vez disso, reserve um minuto para refletir sobre as respostas acima que deseja explorar mais a fundo e anote seus pensamentos.

PASSO 2 — ESCREVA UM MANIFESTO DE MISSÃO SIGNIFICATIVA (MMS)

Em algum momento, todos os seres humanos têm a sensação de que não são suficientes. As oscilações da confiança fazem parte da experiência humana. Quando nossas identidades são limitadas e construídas sobre experiências negativas, a sensação de não ser suficiente pode ser esmagadora. As pessoas podem trabalhar sessenta horas por semana, conseguir todas as promoções que desejam e ainda se sentirem péssimas em seu trabalho, se sua identidade não for construída sobre uma base sólida ou se suas ações não estiverem alinhadas com seu verdadeiro eu.

Você deve entender quem quer se tornar e traçar um caminho até essa pessoa, esse propósito e essa identidade.

Se você sente que nada do que faz é bom o suficiente e que está constantemente preso, pode ser porque as ações que você toma não estão alinhadas com seu verdadeiro propósito ou porque você não curou uma ferida que está levando-o a se sentir assim. Não importa o que você faça, o que conquiste ou quantas ações supostamente boas faça, tudo parecerá vazio se não estiver no caminho correto.

Para se libertar de uma prisão de negatividade, você deve entender quem quer se tornar e traçar um caminho até essa pessoa, esse propósito e essa identidade. Nesta etapa, quero que você reserve alguns minutos para revisar suas respostas da etapa anterior, refletir sobre algumas delas e definir claramente os resultados que deseja.

Estes são os comportamentos que sei que quero mudar:

Minha versão mais elevada parou de desperdiçar tempo com

Em vez disso, minha versão mais elevada quer passar seu tempo fazendo estas coisas:

Minha versão mais elevada quer ajudar os outros por meio de:

Quando imagino minha versão mais elevada, estas são suas características:

Agora que você anotou essas coisas, reserve um tempo para juntá-las em um Manifesto de Missão Significativa (MMS).

> *Eu, ______, estou comprometido em acabar com os comportamentos que são inconsistentes com quem eu quero ser. Vou parar de ______.*

Não vou mais desperdiçar tempo com ______. Em vez disso, dedicarei tempo a ______ porque quero ajudar os outros a ______. Dedicarei tempo para me tornar o tipo de pessoa que ______. Quando me movo pelo mundo alinhado com minha versão verdadeira e mais elevada, posso alcançar minha Missão Significativa, ajudar os outros, atrair abundância e criar oportunidades positivas para mim mesmo.

EXEMPLO

Eu, Anthony Cooper, estou comprometido em acabar com os comportamentos que são inconsistentes com quem eu quero ser. Vou parar de procrastinar quando chegar a hora de cumprir um prazo. Serei gentil e amoroso comigo mesmo quando falhar. Vou parar de ficar com raiva por causa de pequenas infrações e aprender a perdoar mais. Não vou mais passar horas assistindo TV ou jogando videogame sem parar. Em vez disso, limitarei meu tempo nessas atividades, passarei mais tempo com amigos, encontrarei um coach de negócios e aprenderei a escrever um diário. Quero ajudar outras pessoas ensinando-as a escrever visando alcançarem o sucesso corporativo. Quando me movo pelo mundo alinhado com minha versão verdadeira e mais elevada, posso alcançar minha Missão Significativa, ajudar os outros, atrair abundância e criar oportunidades positivas para mim mesmo.

Esse manifesto o orientará na construção de uma identidade nova e mais positiva. Se você não estiver em sintonia com quem deseja ser, com a maneira como pensa sobre si mesmo e com as ações que toma, não se sentirá completo. Pelo contrário, você experimentará uma profunda sensação de insuficiência. E isso é prejudicial para sua identidade.

Seu Manifesto de Missão Significativa é um compromisso consigo mesmo para realizar as ações que confirmam uma identidade de abundância, apoiam seu crescimento e, em última análise, ajudam você em sua Missão Significativa. Haverá dias, semanas e meses em que você não se sentirá motivado a realizar as ações que apoiam sua identidade desejada, mas você deve persistir. A última declaração do seu Manifesto explica por quê.

PASSO 3 — APRIMORE NOVAS HABILIDADES

Com seu MMS escrito, é provável que você precise aprender e desenvolver novas habilidades para apoiar seu novo caminho. Remodelar hábitos, adquirir novas habilidades e buscar novos crescimentos são coisas que o ajudarão a construir uma nova identidade. Além disso, os novos comportamentos e habilidades o ajudarão a se sentir melhor consigo mesmo, atrair relacionamentos significativos e tornar-se consciente de boas oportunidades.

Com base em suas respostas da primeira etapa, reserve um tempo para listar a seguir quaisquer novas habilidades que precise desenvolver. Ao lado delas, anote como você pode adquiri-las (com um coach, curso, livro etc.). Forneci alguns exemplos para que você possa entender o que quero dizer. Complete sua própria lista em uma folha de papel à parte ou em seu diário.

HABILIDADE QUE QUERO DESENVOLVER	COMO DESENVOLVÊ-LA
Frugalidade	Encontrar um curso ou livro online com o qual eu possa trabalhar
Resiliência	Encontrar um terapeuta de self-talk
Não procrastinar	Procurar pessoas online que compartilhem o desenvolvimento de habilidades nessa área; encontrar uma pessoa para ajudar com a prestação de contas nesta área

PREPARE-SE PARA A GRANDEZA

Aprecie a força que você teve para chegar de onde estava para onde está agora. Se teve sentimentos de inadequação ou insatisfação durante este exercício, quero lembrá-lo de que você está construindo um *novo eu*. Você está criando uma identidade que não é baseada em traumas, críticas ou mentiras referentes ao que pode realizar. Aproveite este momento para respirar profundamente. Sua força inata o ajudará a chegar aonde deseja. A grandeza está à sua espera!

A grandeza está à sua espera!

Exercício 2: Celebração da Identidade

Quando comecei a trilhar meu próprio caminho para a grandeza, eu era reativo, medroso e ansioso. Eu havia construído minha identidade a partir de um passado repleto de traumas e experiências desafiadoras. Tive que intencionalmente buscar a cura dos meus traumas, superar meus medos e criar uma nova identidade para mim mesmo. E um grande passo nesse caminho de cura foi a *aceitação*. Tive que decidir amar a mim mesmo por quem eu era, quem eu me tornaria e por cada passo no meio do caminho. Tive que parar de me culpar por não ser perfeito e tomar medidas específicas para me proteger de pensamentos internos prejudiciais.

Nossos pensamentos internos moldam nossa identidade.

Nossos pensamentos internos moldam nossa identidade. Devemos nos enxergar sob uma luz amorosa e positiva para que possamos construir a identidade que desejamos. Tire algum tempo hoje para limpar sua mente de pensamentos negativos e celebrar quem você é *neste momento*.

PASSO 1 — SUBSTITUA SEUS PENSAMENTOS NEGATIVOS

Pensamentos negativos são vampiros emocionais que sugam sua energia e podem afetar sua Missão Significativa, seu desempenho no trabalho e, o mais importante, seus relacionamentos. Uma das melhores maneiras de interromper os pensamentos negativos é identificá-los, trazê-los à tona e aceitá-los. É contraintuitivo *não* suprimi-los, mas eles são os próprios vilões da nossa identidade, e ficam mais fortes e maiores toda vez que os reprimimos ou os deixamos para "depois". Nesta etapa, quero que você reserve um tempo para identificar os pensamentos e sentimentos que fazem você se fechar, ficar reativo, ficar na defensiva ou se isolar.

Pegue seu diário ou uma folha de papel nova.

1. Identifique seus pensamentos e sentimentos negativos crônicos.
2. Pergunte a si mesmo: *esse pensamento ou sentimento está aí para apoiar uma identidade de abundância?*
3. Reestruture seu pensamento intrusivo com um mindset de abundância.

Esboce uma tabela como a que se segue e preencha os espaços em branco. Eu mesmo preenchi alguns exemplos para que você possa entender o que quero aqui.

PENSAMENTOS/EMOÇÕES INVASIVOS	REESTRUTURANDO SEU PENSAMENTO
Estou tão confuso! Não tem como eu conseguir ajudar os outros.	Estou bem preparado para oferecer empatia e ajudar alguém que passou por experiências negativas.
Estou velho demais para começar algo novo. Perdi minha chance.	Por causa da minha idade, estou preparado para ajudar os mais jovens a evitar as armadilhas que precisei enfrentar.
Nunca serei tão bom quanto meus colegas. Eles estão muito mais avançados do que eu.	A única experiência que me preocupa é a minha própria. Estou trilhando um novo caminho de crescimento que me levará aonde eu quero estar.

Muitas vezes, os pensamentos e emoções que experimentamos não pertencem ao nosso verdadeiro eu. Eles foram criados por meio de nossos traumas ou imaginados através de nossos medos. Se um pintor, quando começasse a pintar, imaginasse o que alguém poderia comentar sobre uma foto de sua obra no Instagram, ele nunca pintaria nada. Se um corredor que se propõe a correr a Maratona de Boston continuasse ouvindo, em sua mente, a voz daquele treinador da faculdade que o chamava de perdedor, ele jamais a completaria.

Nossa identidade mais autêntica não é autocrítica, nem se decepciona com quem somos. Nossa essência mais verdadeira é amorosa, gentil e encorajadora para com nós mesmos. E elas não podem sobreviver quando trazemos à luz nossos pensamentos referentes a não sermos dignos e bons o suficiente.

PASSO 2 — CELEBRE A SI MESMO

Você é *digno.*

Você *merece* viver uma vida plena. Você *importa.*

Você é um presente.

Reserve algum tempo para celebrar a maravilha que é você mesmo. É hora de fazer uma lista das coisas que amamos em nós mesmos. Liste *qualquer coisa* que você ame em si mesmo. Qualquer coisa! Não precisa usar muitas palavras, mas seja específico. Em vez de "eu sou ótimo em levantar pesos", aprofunde-se no motivo pelo qual você ama isso em si mesmo. "Sou ótimo em levantar pesos porque nunca me intimido com o peso na barra." Em seguida, reserve um momento para refletir sobre como essas celebrações podem ajudá-lo em sua jornada de cura e busca por uma Missão Significativa.

Seria algo assim:

COISAS QUE EU CELEBRO SOBRE MIM MESMO	COMO ISSO PODE SE APLICAR À MINHA MISSÃO SIGNIFICATIVA E IDENTIDADE DE ABUNDÂNCIA
Sou ótimo em levantar pesos porque nunca me intimido com o peso na barra.	Se eu encarar os obstáculos como apenas mais um peso na barra, posso convocar a parte de mim que nunca se intimida e seguir em frente com confiança.
Sou um bom amigo porque sou muito encorajador e sempre estou presente quando sou necessário.	Posso ver a mim mesmo como um amigo, me encorajar e trabalhar para me dar o que é preciso quando estiver em crise.
Adoro ser gentil com todos que conheço, mesmo quando estou de mau humor.	Quando estou com raiva de mim mesmo por minhas imperfeições, sei que tenho força para ser gentil comigo. Se eu consigo encontrar forças para ajudar estranhos, também posso fazer isso para mim mesmo.

Quando terminar, coloque essa lista em algum lugar onde possa consultá-la com frequência. Tire uma foto com o celular para que possa carregá-la em seu bolso. Coloque-a nas páginas do seu diário ou pendure-a na geladeira. Coloque-a em qualquer lugar onde possa vê-la. Quando sentir uma negatividade crônica se aproximando, essa lista o lembrará de seu valor e o ajudará a recentralizar seu pensamento.

PASSO 3 — ESCREVA UMA CARTA DO SEU FUTURO EU

Em seguida, pegue todos os sentimentos positivos que você teve no Passo 2 e canalize-os em uma carta do seu eu futuro para o seu eu atual.

Imagine-se, alguns anos no futuro, escrevendo uma carta para o seu eu atual, que se encontra em meio a esse trabalho de cura e crescimento. Você pode dizer o que quiser nela. Caso ajude, aqui estão algumas ideias para começar:

- Agradeça a si mesmo por realizar as ações diárias que ajudaram a construir uma identidade mais forte.
- Mencione o quanto você está orgulhoso do seu eu mais jovem por fazer esse trabalho de cura tão difícil.
- Fale sobre por que você se orgulha do seu eu atual.
- Agradeça a si mesmo por estar presente.
- Mencione os obstáculos que você teve que superar e comemore sua superação.
- Mencione as dependências ou comportamentos destrutivos que você conseguiu superar.
- Agradeça pelas rotinas que conseguiu estabelecer.
- Incentive-se a manter o curso.
- Oriente a si mesmo, revelando os comportamentos consistentes que você precisa adotar para construir uma nova identidade.
- Comemore o fato de que seu eu mais jovem apoiou sua Missão Significativa.

Siga sua intuição ao escrever a carta. Você está celebrando a si mesmo, no presente, por chegar aonde deseja ir. *Você é incrível.*

VOCÊ É A PESSOA CERTA

Você provavelmente já me ouviu dizer isso antes: se deseja encontrar a pessoa que pode mudar sua vida, olhe no espelho. *Você é a única pessoa que pode se dar o que deseja*, e deve estar disposto a se esforçar todos os dias para isso. Por isso é tão importante se aceitar, celebrar seu trabalho e reprogramar seus pensamentos negativos. Você está no caminho para a grandeza agora. Desenvolva suas habilidades. Assuma suas inseguranças e celebre sua capacidade. Esforce-se todos os dias. Transforme-se em uma força. Você tem tudo o que precisa, agora mesmo, para triunfar.

Exercício 3: Seu Localizador de Inspiração

Inspiração é uma palavra que usamos com frequência, e é fácil de ser banalizada. Mas uma inspiração autêntica é *vital* em sua jornada para construir uma nova identidade. A inspiração pode lhe dar asas para se destacar, ajudá-lo a aprender mais e viver uma vida melhor. Quando temos pessoas em nossa vida que nos inspiram, tanto próximas quanto virtuais (coaches online, por exemplo), eu realmente acredito que podemos alcançar uma alegria maior e causar um impacto mais significativo. Este exercício ajudará você a encontrar o que lhe inspira, a identificar o que deseja disso e a traçar um plano para alcançá-lo.

Você é a única pessoa que pode se dar o que deseja.

PASSO 1 — ESCREVA UMA LISTA DE INSPIRAÇÕES

Nesta etapa, identifique as pessoas que você admira e pelas quais se inspira. Pode ser qualquer pessoa — pai, irmão, amigo, professor, coach online, autor, celebridade ou figura conhecida. Sinta-se à vontade para listar qualquer pessoa que vier à sua mente, mesmo que pareça estranho. Se elas o inspirarem, anote seus nomes.

- Faça uma lista de pessoas que o inspiram.
- Escreva uma ou duas frases ao lado de cada nome falando sobre por que elas o inspiram.

Compreender quem você admira e *por que*, pode ajudá-lo a identificar o que você mesmo deseja incorporar.

PASSO 2 — VISUALIZE

Em seguida, seja mais concreto ao listar características reais que deseja desenvolver para si mesmo. Pode ser útil dar uma olhada na lista do Passo 1 e analisar quais qualidades admiráveis essas pessoas, em particular, possuem.

- Visualize quem você quer se tornar.
  - Que qualidades ou características você tem?
  - Como essas qualidades ou características o ajudam em sua Missão Significativa?
- Ao visualizar seu futuro eu, faça uma avaliação:
  - Você está em dúvida ou se sente confiante?
  - O que você pensa sobre si mesmo?
  - Você é temeroso ou destemido?
  - Que outras emoções você está sentindo?
- Faça o mesmo com as pessoas que você listou no Passo 1.
  - Como você imagina que elas se sentem em relação a si mesmas?
  - Elas perseguem seus objetivos mesmo quando não se sentem confiantes?
  - Como elas lidam com problemas ou obstáculos?
  - Como elas motivam a si próprias?

Quando estiver pronto, pegue um pedaço de papel, diário, aplicativo de anotações (você já conhece o procedimento) e registre as características que deseja ter.

PASSO 3 — MEDITE SOBRE ESSAS SUGESTÕES

Agora que você identificou as qualidades e características que deseja desenvolver, reserve um tempo para meditar sobre elas. É nos momentos de meditação silenciosa que podemos centrar nossos pensamentos e iniciar padrões saudáveis de pensamento em torno de novos objetivos. A meditação também pode nos ajudar a descobrir os passos concretos que queremos dar para alcançar nossos objetivos. Muita magia pode acontecer durante o silêncio.

Para se preparar para a meditação, encontre uma posição confortável. Muitas pessoas relatam que a meditação é mais eficaz quando seus pés estão apoiados no chão; apenas encontre a posição que for mais confortável para você.

1. Comece sua meditação com algumas respirações profundas. Você pode focar sua respiração contando inspirações e expirações de acordo com as batidas do coração. Inspire por sete batidas, e expire por oito.
2. Preste atenção ao seu corpo. Escaneie-se da cabeça aos pés. Sinta seus braços, seus pés, observe suas costas e o posicionamento das mãos. Se alguma parte do seu corpo estiver tensa ou rígida (especialmente a mandíbula ou os ombros), dedique alguns momentos para relaxar essa parte.
3. Verifique sua energia, pensamentos e sentimentos. Você está se sentindo positivo ou negativo? Cansado ou enérgico? Faminto ou satisfeito? Não há respostas erradas aqui; basta observar a si mesmo.
4. Dedique algum tempo para ser grato. Encontre três coisas em sua vida pelas quais você é grato e reserve um momento para se concentrar em cada uma delas.
5. Escolha uma das seguintes sugestões e medite sobre ela por três a cinco minutos. Ao fazê-lo, tente abrir sua mente conscientemente para que novas ideias possam surgir. Você pode sentir sua mente divagando, e tudo bem. Apenas volte à sugestão e continue meditando.
   - *O que o inspirou nesta semana? Por quê?*
   - *Quais são algumas das maneiras pelas quais essas qualidades ou características melhorarão sua vida ou lhe trarão mais alegria?*
   - *De que forma essas características ajudarão você a criar uma identidade de abundância?*
   - *Como essas novas características ou qualidades podem ajudar você em sua Missão Significativa?*
   - *Pense em uma maneira pela qual você pode começar a adotar essas novas qualidades. Como pode praticá-las?*
   - *Medite sobre esta frase do seu Manifesto de Missão Significativa, repetindo-a várias vezes*: quando me movo pelo mundo alinhado com minha versão verdadeira e mais elevada, posso alcançar minha Missão Significativa,

ajudar os outros, atrair abundância e criar oportunidades positivas para mim mesmo.

A meditação acalma nosso sistema nervoso e treina nosso cérebro para voltar ao momento presente de maneira repetida. Essa é uma boa habilidade para se ter em mãos ao lidar com pensamentos negativos e se livrar de suas crenças limitantes assim que se sentir engatilhado ou sobrecarregado. À medida que continua a construir sua nova identidade, certifique-se de reservar um tempo para meditar; você descobrirá que isso é algo inspirador, pacífico e muito bonito.

VOCÊ É A INSPIRAÇÃO

Quando você tem a coragem de se curar, se livrar de pensamentos tóxicos e construir uma nova identidade, inspirará outras pessoas a fazerem o mesmo. Sua inspiração se espalhará para todas as pessoas com as quais você entrar em contato. Construir uma nova identidade é um trabalho árduo, mas a persistência silenciosa com a qual você define e alcança seus objetivos inspirará os outros, assim como você também foi inspirado. Não há erros sobre quem você é, o que está fazendo e onde foi colocado na vida. Você está aqui para ser uma inspiração — então vá em frente.

Quando você tem a coragem de se curar, se livrar de pensamentos tóxicos e construir uma nova identidade, inspirará outras pessoas a fazerem o mesmo.

Exercício Bônus: Criador de Mantras

Eu tenho um método que utilizo quando estou correndo e quero desistir. Quando quero parar ou me sinto cansado, repito um mantra para mim mesmo. *Sou rápido. Sou saudável. Sou livre.* A cada passo da corrida: *sou rápido. Sou saudável. Sou livre.* E conforme sigo correndo, meu cansaço parece desaparecer, minha dor diminui e eu começo a correr um pouco mais rápido. Nossos pensamentos e desempenho estão intimamente conectados. Este exercício ajudará você a criar mantras que o auxiliarão na construção da sua identidade de abundância.

1. Escreva as coisas que você mais deseja. Pode ser qualquer coisa — desde o sucesso nos negócios até um relacionamento amoroso, ou se tornar o maior especialista em limões do mundo. Seja o que for, anote.
2. Ao lado de cada desejo, escreva uma afirmação declarativa e positiva.
3. Imagine que você já possui o que mais deseja. Se você escreveu *quero encontrar o amor da minha vida*, ao lado, escreva *eu sou uma pessoa amável. Eu sou amado(a).*
4. Reduza sua afirmação a algumas palavras para criar um mantra curto e fácil de lembrar, para depois repeti-lo.

Aqui estão algumas dicas para criar seu mantra:

- Mantenha o mantra na primeira pessoa. Comece com *Eu* ou *Meu*.
- Seja específico.
- Seja positivo. Nada de palavras negativas.

Usando essa fórmula, crie mantras para qualquer área da sua vida em que precise superar um obstáculo, lidar com uma situação difícil ou direcionar sua mente para longe de pensamentos negativos e em direção à positividade. E, assim como eu, repita o mantra sempre que precisar, a cada passo ou a cada respiração. Nada é mais potente do que transformar seus pensamentos negativos no momento presente.

Capítulo 11

O CICLO DO MINDSET EM MOVIMENTO

Se você colocasse este livro de lado, fosse até o espelho do banheiro e olhasse para si mesmo, o que veria? Provavelmente, veria o que sempre foi. Obviamente, você se veria tal como é hoje, mas provavelmente não perceberia as mudanças mínimas que ocorreram desde que terminou as atividades do último capítulo. Essas mudanças acontecem a cada minuto, a cada hora e a cada dia nessa jornada da vida.

Contraste isso com ver alguém pela primeira vez em muito tempo. Talvez seja um amigo de infância que você não vê há vinte anos, um amor do passado ou talvez até um parente que você não vê desde criança.

Nesses casos, você notaria uma diferença *drástica*. A pessoa que você lembrava do seu passado se foi. Essa pessoa era mais jovem, talvez tinha mais cabelo ou roupas diferentes, ou talvez até uma postura ou maneira de andar e falar distintas.

É irônico que nos outros a mudança pareça acontecer de uma só vez, enquanto em nós, parece que vai vindo de mansinho. Só depois de um longo movimento na mesma direção é que parecemos ver os efeitos da mudança em nós mesmos.

Mas buscar a grandeza está completamente relacionado à mudança.

Como discutimos, a grandeza vem tanto da cura das nossas dores passadas quanto da descoberta de nossa própria identidade à medida que nos *tornamos* pessoas novas — diferentes e melhores. E esse tipo de mudança demanda tempo, esforço e energia, além da consciência de que qualquer mudança acontece ao examinarmos três componentes principais inseridos na ideia geral de *mindset*. O mindset consiste em três componentes entrelaçados e sobrepostos:

- Seus pensamentos (como você pensa)
- Suas emoções (como você se sente)
- Seu comportamento (como você age)

Exploraremos esses elementos em mais detalhes neste capítulo, mas primeiro eu gostaria de discutir por que essas três coisas se misturam para impactar o mindset. Ao falar sobre como as emoções negativas podem influenciar o comportamento, o Dr. Joe Dispenza, autor de *Como se tornar sobre-humano*, disse: "se eu não superar essa emoção, estarei vivendo no passado e isso é karma, porque essa emoção vai direcionar meus comportamentos e meus pensamentos. Meu futuro se parecerá muito com o meu passado."[1]

Buscar a grandeza está completamente relacionado à mudança.

As emoções podem nos levar a viver no passado (onde ocorreram mágoas ou traumas), o que afeta seus comportamentos atuais e limita seu crescimento futuro. As emoções têm impacto nos comportamentos.

Como a patologista da comunicação e neurocientista cognitiva Dra. Caroline Leaf me disse:

> Você não pode controlar eventos e circunstâncias, mas pode aprender a controlar sua mente... COVID, traumas, morte, vida, tudo isso acontece, mas... a grandeza vem de nós mesmos, ao gerenciarmos nossa mente. E grandeza não significa necessariamente ter milhões no banco e ser uma estrela. Significa ter paz mental, crescer de fato. Estar satisfeito como pessoa.[2]

Eventos — especialmente eventos traumáticos ou negativos — geram emoções dentro de nós. Essas emoções levam a pensamentos. E esses pensamentos devem ser gerenciados, caso contrário, podem controlar nossos comportamentos de maneira negativa.

Marissa Peer, renomada treinadora de Terapia Transformacional Rápida (TTR), afirma:

> Cada pensamento que você tem se torna real. E se você duvida disso, pense no seguinte: se você pensar em algo constrangedor, ficará corado. Se pensar em algo triste, seus olhos se encherão de lágrimas. Se pensar em comida, seu estômago roncará. Se pensar em algo sexy, pode ficar fisicamente excitado. O corpo, portanto, transforma pensamentos em realidade. Seja qual for o pensamento que você estiver tendo, seu corpo está ocupado tornando-o real. Se você tiver pensamentos melhores, terá reações emocionais e respostas melhores.[3]

Pensar. Sentir. Agir. Percebe como as coisas podem se emaranhar?

Tornar-se algo não acontece de uma só vez, mas gradualmente, com o tempo, à medida que seus pensamentos se tornam ações, seus sentimentos se tornam pensamentos, seus comportamentos geram mais sentimentos e suas emoções afetam suas ações. E por aí vai.

Emoções impactam comportamentos.

Vamos analisar essa conexão mais detalhadamente.

O CICLO DA VIDA

O caminho para qualquer lugar que valha a pena requer ações. É provável que você já tenha visto essa realidade se desenrolar em sua própria vida. Simplesmente pensar coisas como *eu deveria me exercitar; preciso comer melhor; eu deveria ouvir pessoas diferentes; preciso dar um tempo nas redes sociais; eu deveria procurar aquela pessoa e fazer as pazes* não resulta em nenhum tipo de grandeza.

O mesmo pode ser dito das emoções. Sentimentos como *me sinto solitário quando estou sozinho à noite em meu apartamento; sinto vergonha por ter dito aquelas palavras rudes; sinto raiva porque aquela pessoa me cortou no trânsito; me sinto grato pelo que aquela pessoa fez por mim* não mudam o seu comportamento.

O caminho para qualquer lugar que valha a pena requer ações.

Os pensamentos requerem ação.

E isso requer lidar com forças internas e externas, entre quem você era (curando seu passado) e quem você está se tornando (encontrando sua identidade), entre o seu passado concreto, com todas as coisas que você está trabalhando para curar, e seu futuro ideal, a nova identidade de *grandeza* que está se esforçando para criar.

É um processo que leva tempo. É um direcionamento em movimento.

Considere este gráfico do que chamo de Ciclo do Mindset em Movimento:

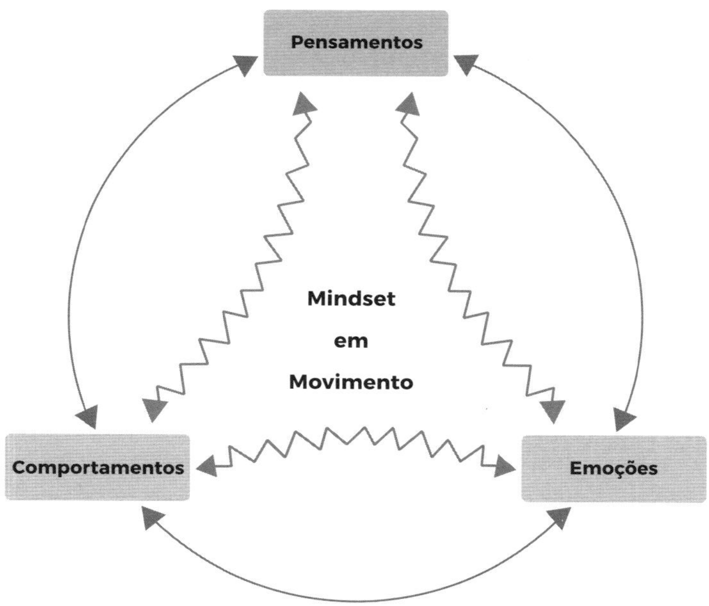

O Mindset da Grandeza é o ponto ideal para onde convergem suas maneiras de pensar, sentir e agir. O mindset, por si só, é neutro. Pode ser positivo ou negativo. Confusa ou bem definida. É isso que os dois tipos diferentes de linhas na ilustração representam. As linhas irregulares representam o oposto de um Mindset de Grandeza. Pensamentos, emoções e comportamentos estão conectados, mas não de uma forma que leve ao crescimento e à grandeza.

Quando essas linhas irregulares estão em jogo, seus pensamentos podem ser amplamente negativos e autodestrutivos, resultando em um encolhimento de seu mindset. Pensamentos como *nunca serei o suficiente para alcançar meu objetivo; nunca serei o que alguém procura em um parceiro; toda vez que tento algo novo, falho; esse tipo de coisa sempre acontece com pessoas como eu* não mudam seu comportamento. Tais pensamentos obviamente têm um efeito tóxico e negativo em suas emoções. Eles fazem você se sentir derrotado, impotente, preso, ansioso, pequeno e estagnado. E quando você se sente assim, não é inspirado a agir. Seu mindset negativo diz que a ação é inútil.

Por outro lado, existe um ciclo que leva à expansão e ao crescimento — à grandeza. As linhas suaves externas representam um Mindset de Grandeza onde as coisas fluem suavemente. Seus pensamentos são, em sua maioria, positivos, e impulsionam suas emoções. Em outras palavras, eles fluem suavemente à medida que você sente *confiança, segurança, positividade* e *entusiasmo*. Essas emoções afetam seu comportamento. Quando vê uma oportunidade, você a aproveita! Você passa a agir com propósito. Você supera os obstáculos com coragem e determinação. Quando consegue algum sucesso, é inundado por novos pensamentos positivos: *consegui. Superei o obstáculo. Cresci com isso. Não reagi da maneira que costumava fazer nesse tipo de situação.*

Quando vê uma oportunidade, você a aproveita!

Os pensamentos certos produzem comportamentos melhores, que levam a emoções melhores.

As emoções certas levam a comportamentos e pensamentos melhores e maiores.

Os comportamentos certos, por sua vez, reforçam pensamentos melhores, que levam a emoções melhores.

A parte desafiadora é navegar pela tensão entre pensamentos, emoções e comportamentos. É um pouco como tentar se equilibrar em uma prancha de stand up. Você pode conseguir ficar de pé e se equilibrar quando a água está calma, mas quando as ondas aumentam, pode ser que fique instável. Tente remar, e isso pode piorar. Se esbarrar em algo debaixo d'água, você pode ser arremessado. É preciso uma força interna para firmar seu núcleo, permanecer de pé e seguir em frente em direção ao seu objetivo.

É assim que o Ciclo do Mindset em Movimento funciona. Trata-se de uma consciência invisível e constante dos pensamentos, emoções e comportamentos que o afetam diariamente à medida que você faz microajustes para ganhar estabilidade. Mas à medida que aprende a navegar por esses três componentes, gradualmente passa de quem era para quem está se tornando.

DESBLOQUEANDO OS TRÊS COMPONENTES

Uma vez que os três componentes do mindset podem se misturar, é melhor analisá-los isoladamente e, depois, amarrá-los todos juntos novamente. Vamos começar com os pensamentos, depois passar para as emoções e, por fim, encerrar com os comportamentos.

Otimizando o Ciclo do Pensamento

Estou familiarizado com lutar contra meus pensamentos e buscar o mindset certo. Por muitos anos, o diálogo silencioso em minha cabeça se repetia, dizendo que eu não valia nada. Que eu era estúpido. Que ninguém jamais poderia me amar novamente. O pior é que eu achava que só eu me sentia assim. Mas a realidade é que a maioria de nós enfrenta desafios como esse. As mentiras podem ser outras, o crítico interior pode falar em momentos diferentes ou ser acionado por catalisadores diferentes, mas a mensagem pode ser igualmente prejudicial.

O fato de o crítico interior ter a *minha voz* era ainda mais desafiador. Afinal, em quem confiamos mais do que em nós mesmos? Quando minha voz me dizia essas coisas, portanto, parecia ter um peso maior e soar verdadeiro. O Dr. Joe Dispenza me disse:

> Algumas pessoas acordam de manhã... e a primeira coisa que fazem é pensar nos problemas. Esses problemas são memórias gravadas no cérebro e estão conectadas a certas pessoas, certos objetos, certas coisas em um determinado momento e lugar. Cada um desses problemas... tem uma emoção associada a ele. Então, de repente, elas começam a se sentir infelizes. Agora, o corpo está no passado, porque os pensamentos são a linguagem do cérebro e os sentimentos são a linguagem do corpo.[4]

Você captou essa última parte? *Os pensamentos são a linguagem do cérebro e os sentimentos são a linguagem do corpo.*

É o Ciclo do Mindset em Movimento acontecendo. Nossos pensamentos falam com nosso cérebro, e nossos sentimentos falam com nosso corpo. Quando esses pensamentos tendem para o negativo ou estão ligados a um passado doloroso, isso afeta a maneira como nos movemos e agimos no presente. E isso impacta diretamente nosso futuro e quem estamos nos tornando.

"Algumas pessoas têm emoções que influenciam os pensamentos", prosseguiu Joe. "Algumas, por outro lado, são mais analíticas. Elas têm pensamentos que influenciam os sentimentos, mas é um ciclo. O ciclo do pensamento."[5]

O desafio, então, é: como você muda esse ciclo de pensamento? Essa é uma questão crucial a respondermos porque está diretamente ligada à nossa *identidade*. Os pensamentos, emoções e ações certos nos levam a nos tornar quem queremos ser, enquanto os pensamentos, emoções e ações errados nos mantêm presos.

Os pensamentos, emoções e ações certos nos levam a nos tornar quem queremos ser.

O QUE SEUS PENSAMENTOS DIZEM SOBRE QUEM VOCÊ É?

Todos nós temos questões de identidade em um nível elevado que se cruzam com nossos pensamentos. Quem sou eu? Qual é o meu propósito? Por que estou aqui? Por que ajo da maneira que ajo? Quem estou me tornando?

Na raiz de cada uma dessas questões está um pensamento. E, como discutimos, esse pensamento está entrelaçado com nossas emoções e ações. É por isso que é fundamental começar a reconhecer e, na medida do possível, moldar o que estamos pensando. Precisamos aprender a rejeitar os pensamentos que não se alinham com nossa identidade de grandeza e a aceitar e solidificar os que se alinham.

Gosto de como o Dr. Ethan Kross, autor de *A voz na sua cabeça*, coloca a questão:

> Não temos controle sobre os pensamentos que surgem, mas sim sobre como nos envolvemos com esses pensamentos quando eles surgem. Podemos optar por mergulhar neles, nos distanciar ou questioná-los. Há uma série de coisas que podemos fazer quando os pensamentos surgem — é aí que entra o controle.[6]

Os pensamentos surgirão. Mas você tem um superpoder não tão secreto, e potencialmente inexplorado, à sua disposição, que está pronto para superar o seu antigo eu em prol de quem você está se tornando.

Assim como um exército de soldados pode desmoronar rapidamente sem estrutura e liderança, o exército de pensamentos em sua mente também pode fazer a mesma coisa rapidamente. Aquelas pequenas ideias que passam pelo seu cérebro centenas de vezes por dia podem ser grandes ou pequenas. Positivas ou negativas. Elas podem edificá-lo ou derrubá-lo. Podem ajudar você a alcançar seus maiores sonhos — leia-se: grandeza — ou impedi-lo, mantendo sua vida sempre nos bastidores.

Precisamos aprender a rejeitar os pensamentos que não se alinham com nossa identidade de grandeza e a aceitar e solidificar os que se alinham.

A grandeza exige que você aprenda a ordenar seus pensamentos e fazê-los trabalhar a seu favor.

ASSUMINDO O CONTROLE DOS SEUS PENSAMENTOS

A esta altura, você pode estar pensando: *isso é ótimo, Lewis, mas como faço para que meus pensamentos trabalhem a meu favor?* Aqui estão algumas coisas que aprendi ao longo dos anos, ao entrevistar especialistas sobre o tema.

Para começar, você precisa estabelecer uma espécie de "segurança de pensamento" que fica na entrada da sua mente e deixa os bons pensamentos entrarem enquanto mantém os maus pensamentos afastados. Ouvi esse termo da autora e palestrante motivacional Mel Robbins, que afirmou: "estou constantemente treinando minha mente para trabalhar a meu favor." Como ela faz isso? Acessando o poder de algo chamado sistema de ativação reticular (SAR). Mel explicou da seguinte maneira:

> Imagine uma rede em seu cérebro, só que elétrica, ou seja, viva. O SAR tem uma única função, que é bloquear 99% do que está acontecendo e deixar entrar 1% do que precisamos saber neste momento da história. É um trabalho monstruoso. É como um segurança em uma boate que precisa dizer: "você não pode entrar."[7]

A grandeza exige que você aprenda a ordenar seus pensamentos e fazê-los trabalhar a seu favor.

A maneira como isso se aplica aos nossos pensamentos é intrigante. Mel diz que há quatro coisas que nosso SAR permite entrar: as três primeiras são o som do nosso nome, qualquer ameaça à nossa segurança e quando alguém está interessado em nós. Mas é a quarta que pode alterar drasticamente a forma como pensamos (grifo meu):

> É isso que todos precisam saber. O segurança em seu cérebro permite a entrada de *qualquer coisa que você considera importante*. Então, quando informa intencionalmente ao seu cérebro o que é importante para você, ele diz, literalmente, *podem entrar*! É aí que está a desvantagem disso: se você tem dito a si mesmo que é uma pessoa ruim nos últimos 10 anos, pode adivinhar o que seu cérebro considera importante.[8]

Lembra do que eu repetia para mim mesmo por anos? *Sou um inútil e estúpido, alguém indigno de amor.* Eu estava treinando meu SAR para permitir que mais desses pensamentos fluíssem. Estava essencialmente (ainda que de modo involuntário) moldando minha identidade para me tornar aquela pessoa.

Mel explica: "quando você decide o que quer pensar sobre si mesmo, isso altera em tempo real o que seu cérebro permite entrar ou não."[9] Os pensamentos se conectam a emoções e ações. Pensamentos debilitantes, portanto, levam a ações negativas.

Para quebrar esse ciclo, Mel se vale de algo que chama de "atitude de celebração". Ela me desafiou da seguinte maneira:

> A partir de amanhã, depois de acordar, arrumar a cama e acalmar seu sistema nervoso, celebre a si mesmo depois de definir sua intenção. Você entrará em sua rotina matinal de uma maneira totalmente diferente, com um sistema nervoso tranquilizado e uma intenção clara, sentindo-se apoiado, amado e celebrado.[10]

Para superar completamente os pensamentos negativos que interrompem o Ciclo do Mindset em Movimento, é preciso reprogramar o segurança em seu cérebro. Olhe no espelho todas as manhãs, faça um joia para si mesmo e certifique-se de deixar entrar apenas pensamentos positivos que levarão a emoções positivas, as quais, por sua vez, se traduzirão em ações positivas.

Em seu livro *Superatração*, Gabby Bernstein descreve seu "Método Escolha Novamente" como uma forma de assumir o controle de seus pensamentos. "O primeiro passo", diz ela, "é perceber os pensamentos negativos que você tem repetidamente e perceber como eles fazem você se sentir."[11] É preciso prática para se enxergar nesse estágio inicial, mas com o tempo, se tornará um hábito. O segundo passo é "perdoar-se por ter pensado nisso. Quando se perdoa por ter um determinado pensamento, você deixa de se identificar com ele."[12] Isso aparta o pensamento negativo da sua identidade e permite que você o veja de forma desapaixonada, a uma distância maior. A terceira etapa, diz ela, "é a parte divertida. É quando você pode *escolher novamente* e buscar o próximo pensamento que faça você se sentir melhor."[13]

Vejamos um exemplo que pode ajudar a fixar isso. Suponha que esteja preocupado com todas as coisas que não possui, e isso está fazendo com que você seja muito egoísta e tenha um mindset de escassez em vez de um mindset de abundância. O Método Escolha Novamente o ajuda a inverter sua perspectiva para se concentrar em servir a outras pessoas. Você pode não ter grandes quantias de dinheiro ou muito tempo para dar a todos, mas pode abrir uma porta, oferecer seu tempo e energia ou ajudar alguém a subir uma escada com um carrinho de bebê. Ao fazer isso, você se sente mais valioso. Você sente que tem valor porque agregou valor ao momento de outra pessoa em sua vida. Quanto mais momentos você construir assim ao longo do dia, mais se sentirá rejuvenescido. Aqui está o segredo, que começa com um pensamento simples: você não precisa de 1 milhão de dólares para se sentir como se valesse 1 milhão de dólares.

Emoções

Cada um de nós entende o que significa ter sentimentos, já que isso acontece o tempo todo. Os sentimentos por si só não são bons nem ruins. Assim como um termômetro basicamente nos diz a temperatura, eles nos dizem o que está acontecendo dentro de nossa mente a qualquer momento. Mas, ao contrário da leitura de temperatura, nossos sentimentos e emoções geralmente estão ligados a coisas que aconteceram em nosso passado ou que podem acontecer em nosso futuro.

Isso tem implicações enormes para o que está acontecendo em nosso presente. Como Dan Millman colocou em meu programa, "ao focarmos o momento presente, o aqui e agora, entendemos que é o *nosso* momento de poder. É o nosso momento de realidade. De sanidade. Sempre podemos lidar com esse momento."[14]

Ele então compartilhou uma história poderosa de um workshop que conduziu uma vez em um retiro na Costa Rica. No retiro, um dos eventos era descer em uma tirolesa. Enquanto ele levava seu grupo por uma escada em espiral que contornava uma árvore gigante no meio da floresta, uma mulher no grupo estava visivelmente nervosa e expressava isso em sua voz. Ele perguntou se ela já havia subido um lance de escadas antes. Obviamente, a resposta foi sim. "É só isso que estamos fazendo agora", disse ele, e ela por fim relaxou. Em seguida, eles alcançaram o topo da plataforma, cercados por grades de proteção e presos ao cabo de segurança que cercava a árvore.

Dan percebeu que os nervos da mulher estavam à flor da pele de novo.

Então, ele lhe disse: "a única maneira de nos machucarmos aqui é se tirarmos os capacetes e batermos com a cabeça na árvore". Ela sorriu e isso a trouxe de volta ao presente, e suas emoções ficaram novamente sob controle. Depois, eles foram até a tirolesa, na beira da plataforma. Os nervos estavam mais uma vez à flor da pele, o que era evidente em seu rosto. Dan disse: "agora, você pode ficar com medo. Pelo menos é apropriado no momento."

Então Dan foi ao ponto: "ao focar o momento, simplificamos nossa vida. Este é o momento de poder para nos concentrarmos, não em nosso propósito cósmico ou propósito final ou meta de vinte anos, mas sim no que preciso fazer agora. Qual é o meu propósito agora?"[15]

Sentimentos e emoções muitas vezes podem sequestrar nossos pensamentos, congelar nossas ações e nos impedir de alcançar a grandeza no momento presente. Por isso, é fundamental processá-los de uma maneira que nos liberte.

RÍGIDOS, PARALISADOS E ATROFIADOS

Às vezes, ficamos presos no que aconteceu no passado ou nos preocupamos com o futuro e o que pode acontecer. Isso nos impede de aproveitar o presente ou de avançar com confiança em direção ao nosso futuro. A Dra. Susan David, autora de *Agilidade emocional*, define a agilidade emocional da seguinte maneira:

> É a capacidade de sermos seres humanos saudáveis. E o que quero dizer com isso é que todos os dias temos dezenas de milhares de pensamentos e emoções. As emoções podem ser referentes à solidão e à ansiedade, e acabam se transformando em histórias que contamos a nós mesmos sobre quem somos no mundo. E temos essas histórias todos os dias. Quando estamos enfrentando estresses, ambiguidades e complexidades, muitas vezes esses pensamentos, emoções e histórias se tornam mais invasivos e adquirem maior controle sobre nós.[16]

A agilidade física nos permite agir e reagir de forma ágil. Isso significa que podemos nos mover rápida e eficazmente, articulando para enfrentar novas oportunidades ou evitar perigos. Como atleta, trabalhei constantemente minha agilidade física para garantir que fosse um recurso. Acontece que a agilidade emocional — trabalhar para manter nossas emoções e sentimentos saudáveis — é tão importante quanto, e talvez até mais.

Quando estamos emocionalmente rígidos e atrofiados, somos afastados da grandeza, mantendo-nos presos no passado, e nossos sentimentos ficam fora de controle. Ficamos presos em um ciclo vicioso, um redemoinho de negatividade e dúvida.

Susan descreveu três maneiras pelas quais podemos processar essas emoções. As duas primeiras são reprimir e remoer. Reprimir, como você pode imaginar, envolve trancar nossas emoções dentro de nós ou simplesmente tentar ignorá-las. Isso pode se manifestar como positividade forçada ou simplesmente ignorar algo ruim e substituí-lo por algo que faz você se sentir melhor. Nas palavras de Susan, "reprimir sentimentos é quando você tem uma experiência emocional difícil e a deixa de lado com boas intenções; afinal, você está tentando seguir em frente com o seu dia ou sua vida. Mas continuar reprimindo ao longo do tempo está associado a níveis mais baixos de bem-estar". Uma vez que "você não tem praticado habilidades emocionais, está completamente perdido sem saber como lidar com uma situação que está fundamentalmente fora de controle."[17]

Remoer pode ser tão ruim quanto. É quando ficamos presos em nossas emoções e sentimos que tudo o que conseguimos ver é a iniquidade e a injustiça. Remoer nos impede de ver qualquer outra coisa além de nossa dor e como nos sentimos.

Todo esse reprimir e remoer causa estragos em nosso corpo e sistema nervoso. Mantém nossos hormônios do estresse nas alturas. Pessoalmente, quando sinto o estresse e a ansiedade se acumulando dentro de mim, concentro-me na minha respiração. Em vez de permanecer na minha dor, reprimindo-a e remoendo-a, tento conectar meu corpo com minha respiração e respirar através de todo o corpo. Isso me ajuda a me acalmar, e então posso me perguntar: *esse sentimento ou pensamento está me apoiando ou é algo ligado ao meu passado e que ainda não trabalhei?*

Gabby Bernstein me disse: "no momento em que você perceber que está em estado de pânico, afaste-se e faça uma afirmação, como 'estou seguro, apenas respire', 'sou amado', 'estou sendo apoiado.' Porque sob cada gatilho há uma sensação de insegurança."[18]

Até aprendermos a criar esse espaço seguro para examinar nossos sentimentos e emoções, a triste verdade é que permaneceremos presos onde estamos e distantes da grandeza. Os mesmos pensamentos — *sempre serei ruim quando se trata de dinheiro; jamais serei amado; não tenho controle sobre meu futuro; nunca alcançarei meus objetivos* — estimularão sentimentos como escassez, solidão, medo e futilidade.

Mas isso pode e vai mudar.

SINTA E SIGA EM FRENTE

Os sentimentos, como a dor, muitas vezes servem a um propósito importante. Eles nos alertam quando algo está errado. Gosto da maneira como Dan Millman coloca:

> Há um ditado que diz que o medo é um servo maravilhoso, mas um mestre terrível. E ele pode nos servir. Se nosso medo for físico, se pudermos nos machucar ou ser mortos ao fazer algo, o medo pode ser um sábio conselheiro que diz: "espere um minuto, afaste-se disso. Você ainda não está preparado", e então precisamos nos preparar melhor ou tomar precauções. Mas se o medo for subjetivo, se tivermos medo de parecer tolos, ficar constrangidos ou envergonhados, simplesmente façamos mesmo assim. Essas são as duas abordagens. Como saber quando ouvir o medo? Quando superá-lo?[19]

Essas são ótimas perguntas. E você deve respondê-las por si mesmo se quiser desbloquear o Mindset de Grandeza.

O medo (qualquer emoção, na verdade) é apenas um filtro para nos ajudar a ver mais claramente aquilo que importa. No caso do medo, se for por um perigo físico, você precisa avaliar onde está, quais devem ser seus próximos passos e como se manter seguro. Mas, em muitos casos, nossas emoções não têm nada a ver com uma situação física de vida ou morte. Em vez disso, elas são um bloqueio mental que nos afasta da grandeza.

Primeiro, nossos sentimentos podem indicar um problema a ser resolvido. Tal como uma luz de advertência no painel do seu carro, quando uma emoção aparece, significa que há algo que você precisa examinar. É hora de abrir o capô, por assim dizer, e olhar um pouco mais fundo. Quando você está com medo, precisa se perguntar por quê. *Do que estou com medo?* É, como diz Dan Millman, "o deus da opinião"[20] e preocupar-se com o que os outros pensam? Até mesmo identificar isso pode ajudá-lo a superar a emoção e pensar de forma mais racional.

O autor e palestrante Nir Eyal oferece esta perspectiva interessante:

> Vendem-nos essa fixação e obsessão irreais e doentias pela felicidade. E a maioria das pessoas não entende que não evoluímos para estar constantemente felizes. É necessário que uma espécie seja perpetuamente perturbada. É necessário que sempre nos esforcemos para querer mais, estejamos constantemente insatisfeitos, para que possamos consertar as coisas.[21]

Sentimentos de desconforto são importantes. Eles nos pressionam para encontrar e consertar o que está quebrado.

Nir diz que a maneira de fazer isso é começar a "reimaginar o gatilho interno. Reimaginar o propósito do desconforto. Quando nos sentimos entediados, solitários, incertos, ansiosos, cansados, com medo, precisamos começar entendendo que essas sensações desconfortáveis são um presente. Um presente para nos ajudar a usar esse desconforto como combustível propulsor para a tração, em vez de tentar escapar dele com distrações, algo que a maioria das pessoas faz quando se sente sozinha, entediada, indecisa, com medo etc. Elas procuram uma fuga."[22]

A psicóloga Dra. Susan David acrescenta: "nossas emoções são dados, não diretivas."[23] Isso significa que precisamos aprender como elas se encaixam no Ciclo do Mindset em Movimento, garantindo que os dados que recebemos sejam interpretados corretamente e levem aos tipos de pensamentos e ações que nos impulsionam em direção ao nosso objetivo de grandeza.

A segunda coisa que nossos sentimentos podem fazer é indicar uma oportunidade para explorar. Quando experimentamos sentimentos mais positivos, como excitação, admiração, esperança e alegria, ficamos energizados e somos impulsionados para a frente. É como se houvesse algo logo ali na esquina que devemos descobrir.

A coisa importante a se lembrar é que, sejam eles bons ou ruins, positivos ou negativos, os sentimentos não são definitivos. E isso é fundamental a ter em mente quando pensamos em construir nossa nova identidade de grandeza. Você pode querer tomar uma decisão rápida com base em sua intuição e instinto. Mas um sentimento passageiro não mostra o quadro completo. Por exemplo, estou com raiva agora, então vou terminar com você. Ou eu me apaixonei por você em 24 horas, então vou te pedir em casamento. Ou estou entusiasmado com este negócio e só quero lançá-lo sem pesquisar e testar o mercado.

Sinta esses sentimentos, mas faça uma pausa antes de se comprometer com a ação. Fique curioso e comece a indagar o sentimento. Sente um frio na barriga com um novo relacionamento? O que isso significa? Sente uma sensação de empolgação com um novo empreendimento comercial? O que isso significa? Aprofunde-se nessas questões antes de seguir em frente.

É preciso mais do que boas emoções para levar à transformação e à grandeza.

Derek Hough, dançarino profissional e campeão frequente do *Dancing with the Stars*, me disse que "as emoções estão aí para lhe trazer mensagens."[24] Ele disse que pensa a respeito disso como se fosse alguém batendo na porta. Você pode ignorar a batida e barricar a porta, o que apenas faz essas emoções se acumular até um dia transbordar, ou você pode convidá-las uma a uma, examiná-las e lidar com elas uma de cada vez.

Os sentimentos vêm e vão. Os ruins não duram para sempre, mas é preciso lidar com eles. Os bons não o sustentarão, mas é preciso mais do que boas emoções para levar à transformação e à grandeza.

A Dra. Susan David disse que, uma vez que superamos a repressão e o remorso, há uma terceira etapa necessária que ela chama de "aceitação gentil", fundamental para desenvolver a agilidade emocional. Susan define essa etapa como "ser compassivo e gentil conosco, não invalidando a nós mesmos ou dizendo que não devemos sentir o que sentimos. Ter nosso próprio apoio literalmente nos permite explorar, assumir riscos, ser vulneráveis, dar amor, aproveitar uma oportunidade de negócio etc., porque sabemos que, se algo der errado, perdoaremos e seremos gentis conosco."[25]

E isso é um bom sentimento.

Comportamentos

Agora consideraremos a parte final do Ciclo do Mindset em Movimento: nossos comportamentos. Pensamentos e sentimentos estão predominantemente em sua mente, onde poucas pessoas ao seu redor sabem totalmente o que está acontecendo. Mas todos ao seu redor podem ver seu comportamento.

Você pode permitir que os sentimentos o levem a agir de uma maneira contrária a quem deseja ser. Ou pode agir de acordo com quem está se tornando. É assim que você molda sua identidade.

Como explica Nir Eyal, "a mudança de comportamento é uma mudança de identidade".

Vamos explorar um pouco isso. Ele continua: "nossa percepção de quem somos — nossa identidade ou autoimagem — tem um efeito drástico em nossas ações futuras. A autoimagem é um atalho cognitivo que ajuda nosso cérebro a fazer escolhas difíceis com antecedência, simplificando assim o processo de tomada de decisão."[26]

Isso significa que, quando decidimos quem queremos nos tornar — nossa definição de grandeza, nossa Missão Significativa —, isso se torna nossa identidade. E quando nossa identidade é clara, nossos comportamentos são mais fáceis de estabelecer.

Digamos que você queira correr uma meia maratona. Supondo que tenha a saúde básica e as habilidades físicas para começar a treinar, o que você precisa pensar sobre si mesmo para começar?

Voltemos para a identidade. Há uma diferença enorme entre *querer* participar de uma corrida e realmente *ser* um corredor. O aspirante a corredor não tem um plano de treinamento. Se ele vai correr ou não hoje depende de como estiver se sentindo. Mas se o corredor já decidiu, *eu sou um corredor*, então fará o que os corredores fazem — correr. Ele não precisa pensar sobre isso. Não precisa sentir vontade. Ele simplesmente *faz*.

Isso só se expande a partir daí. Quando o assunto é se deliciar com um pote de sorvete ao se sentir mal, ele não pergunta se deveria, mas sim se isso o aproxima de seu objetivo de participar da corrida. A resposta é não, porque não é isso que os corredores fazem. O sorvete ainda pode ser tentador, mas como sua *identidade* foi decidida (*sou um corredor que está treinando para uma corrida*), suas ações se tornam mais fáceis de decidir e administrar.

Obviamente, isso é uma simplificação exagerada, e não estou minimizando seus pensamentos e emoções, mas o princípio é sólido. Gosto deste exemplo do Nir:

> Da mesma forma, dizer a si mesmo que você é inabalável pode capacitá-lo a superar a distração. Você se fortalecerá ainda mais ao dizer isso não apenas para si mesmo, mas também para os outros. Por exemplo, quando perguntarem por que você faz coisas "estranhas", como planejar meticulosamente seu tempo, recusar-se a responder imediatamente a todas as notificações e assim por diante, você pode explicar que é inabalável e que essas atitudes são típicas de uma pessoa com essa característica, assim como, digamos, a oração e o jejum o são para uma pessoa religiosa.[27]

Quem você quer ser?

- Um empreendedor? O que os empreendedores pensam sobre si mesmos?

- Um amigo melhor? Como bons amigos se comportam?
- Um cidadão mais engajado? Como agem os cidadãos envolvidos?
- Um parceiro melhor? Como é isso?
- Pequenas mudanças na forma como você se descreve podem levar a grandes mudanças em suas ações.

AÇÕES FALAM POR SI SÓ

As histórias que contamos a nós mesmos sobre quem somos e quem estamos nos tornando são imensamente poderosas. Que história você está contando para si mesmo? Ela se alinha com sua identidade?

Gabby Bernstein me disse: "quando estou sendo apenas eu mesma, não tenho nada a provar. Estou apenas na verdade de quem eu sou. Acho que um dos segredos da confiança é aceitar que sua verdade autêntica é a parte mais legal de quem você é. É quando podemos começar a abandonar as pretensões de quem pensamos que deveríamos ser e apenas ser reais no momento."[28]

Já mencionamos isso antes, mas vale a pena revisitar. Quem você está se tornando? Consegue definir isso? Se ainda não o fez, eu o desafio a reservar um momento para escrevê-lo em uma frase e torná-la o seu mantra daqui para frente. Em seguida, certifique-se de alinhar tudo o que faz com essa identidade.

Seth Godin compartilhou o seguinte:

> E se pudéssemos simplesmente dizer, estou escolhendo ser apaixonado pelo que faço, e meu propósito é o que quer que eu esteja fazendo, estarei presente para isso, simplesmente farei acontecer? Sabe, eu decidi há muito tempo que minha paixão e meu propósito eram um certo tipo de ensino para um certo tipo de público, e de uma determinada maneira. Mas poderia ter sido algo completamente diferente. E eu teria sido apaixonado por isso também.[29]

Depois de ter certeza de quem você está se tornando e dedicar-se a isso com paixão, você precisa observar os comportamentos que *reforçam* essa identidade e os que a *restringem*. Comportamentos restritivos o mantêm preso ao passado. Eles retornam ao medo do fracasso, do julgamento ou até mesmo do sucesso. Eles o mantêm preso em um ciclo de inação ou ações erradas que não levam à grandeza. Levam à estagnação.

Comportamentos de reforço são comportamentos de alinhamento. São as ações que correspondem à sua identidade. Mesmo que você não se *sinta* diferente ou *pense* que é diferente, suas ações indicam o contrário. É sobre amarrar os cadarços e correr, mesmo quando você está cansado, porque sua identidade diz *eu sou um corredor*. É sobre dedicar horas extras à noite para iniciar seu negócio paralelo, porque sua identidade diz *eu sou um empreendedor*. É sobre concordar em fazer terapia de casal, mesmo que isso revele alguns sentimentos dolorosos, porque sua identidade diz *estou comprometido em firmar esse relacionamento a longo prazo*. É assumir a responsabilidade pelos seus erros do passado e seguir em frente, porque sua identidade diz *eu estou no controle do meu futuro*.

ESTIMULANDO A GRANDEZA

A jornada até a grandeza é para a vida toda, mas você pode colocar em prática o que acabou de ler em sua própria vida agora mesmo com essas atividades projetadas para ajudá-lo a controlar seus pensamentos, sentimentos e comportamentos.

Exercício: A Matriz da Abundância

Uma das melhores coisas que podemos fazer por nós mesmos quando confrontados com sentimentos intensos é mantê-los e resistir ao desejo de reprimi-los. Você já me ouviu dizer isso repetidas vezes: não reprima! Traga as coisas para a luz!

Da próxima vez que você tiver um sentimento intenso (mesmo um bom, como a excitação), um pensamento negativo (ou intrusivo) ou uma decisão importante para tomar, experimente este exercício.

PASSO 1 — PARE E RESPIRE

Antes de explorar qualquer coisa, vamos equilibrar seu sistema nervoso.

- Sente-se com a coluna reta.
- Apoie os pés no chão.
- Respire profundamente por pelo menos um minuto completo. A ideia é se sentir o mais calmo e relaxado possível.
- Tome nota de quaisquer pensamentos ou sentimentos intensos e persistentes. Não tente detê-los. Observe-os como se fosse um observador externo. Permita que esses pensamentos e sentimentos passem por você como uma onda no oceano.
- Imagine-se um pouco afastado da praia, dentro do oceano. Seus pés podem se mover sob seu peso, mas você é forte o suficiente para suportar a força. As ondas vêm, mas essas emoções e pensamentos não o derrubarão.

Quando se sentir mais calmo, avance para o Passo 2.

PASSO 2 — REFLITA

É importante não tomar uma decisão precipitada com base na empolgação do momento, mesmo quando se tratar de algo positivo. Explore seus sentimentos e pensamentos fazendo a si mesmo as seguintes perguntas. Considere-se como um observador curioso.

- Estou sentindo ______. O que acho que isso está tentando me mostrar?
- O que desencadeou esse sentimento?
- Que tipo de resposta a esse sentimento me deixaria orgulhoso?
- A ação que quero tomar agora auxiliará ou prejudicará minha Missão Significativa?
- Esse sentimento está me servindo ou está me impedindo?
- Esse sentimento vem de um lugar de cura ou de um lugar de dor?
- Como posso lidar com esse sentimento para que ele não me consuma ou me paralise?
- Quais são os resultados positivos desse sentimento?

- O que esse sentimento está tentando me mostrar? O que posso aprender com ele?
- Como minha melhor versão reagiria a esse sentimento?
- Esse sentimento auxilia minha identidade de abundância?

Ao responder a essas perguntas, mantenha sua respiração equilibrada. Este não é um momento para se desligar, reagir ou ficar na defensiva. Lembre-se, você é apenas um observador curioso.

O objetivo é avaliar seus sentimentos *sem* usá-los como um apelo definitivo à ação ou uma marca de identidade. Você pode se afastar da posição de se identificar com base em algo passageiro. Afinal, se você deseja se curar totalmente, não deve confiar nos sentimentos como base para sua identidade. Mas você pode usar as informações que eles fornecem.

PASSO 3 — PREENCHA A MATRIZ DA ABUNDÂNCIA

Agora que você refletiu, pegue suas emoções e pensamentos atuais e coloque-os em uma Matriz da Abundância.

Esboce essa matriz em um quadro branco, caderno, diário ou onde tiver espaço para escrever suas observações. Ela deve ajudá-lo sempre que você quiser processar suas atividades mais íntimas.

	Identidade de Abundância	**Identidade Neutra**
Crucial para a Minha Missão		
Não Crucial para a Minha Missão		

PRIMEIRO QUADRANTE (SUPERIOR ESQUERDO)

Se você acredita que seus pensamentos e emoções fazem parte de uma identidade de abundância e levarão a ações cruciais para a sua Missão Significativa, coloque-os aqui.

Alguns exemplos podem incluir entusiasmo por um encontro positivo com alguém que pode ajudá-lo em sua Missão Significativa, ou orgulho por uma nova habilidade que você está aprimorando. Talvez você esteja se sentindo sobrecarregado por coisas positivas acontecendo rapidamente e não saiba por onde começar.

Pergunte a si mesmo se é crucial para sua missão e para a abundância que a acompanha. Se a resposta for sim, coloque-a nesta caixa.

SEGUNDO QUADRANTE (SUPERIOR DIREITO)

Se seus pensamentos e sentimentos são cruciais para a missão, mas fazem parte de uma identidade mais neutra, ou seja, eles são importantes, mas não necessariamente desenvolvem abundância, coloque-os aqui.

Um exemplo desse tipo de sentimento é a raiva justificada. Se parte da sua Missão Significativa é ajudar pessoas marginalizadas, você precisa se manter com raiva do sistema sem internalizar esse sentimento. Outro exemplo de um pensamento neutro e crucial para nossa missão seria "preciso aprender espanhol, mas estou tendo dificuldades para encontrar tempo."

Antes da etapa anterior, da Reflexão, qualquer um desses exemplos poderia ser prejudicial e levar a um mindset de escassez. Mas como você se deu ao trabalho de explorá-los, eles foram neutralizados.

TERCEIRO QUADRANTE (INFERIOR ESQUERDO)

Se seus pensamentos ou emoções não são cruciais para a sua Missão Significativa, mas levam a um mindset de abundância, coloque-os aqui.

É possível que, quando você começou a parte anterior de reflexão deste exercício, estivesse se sentindo extremamente esgotado e quisesse parar. Mas agora, depois de acalmar seu sistema nervoso, você reconheceu que a solução é abandonar uma ou duas atividades para ter mais espaço para a alegria. Essa percepção não é crucial para sua missão, mas você está construindo uma identidade de abundância ao criar mais espaço em sua vida para relaxamento e felicidade.

QUARTO QUADRANTE (INFERIOR DIREITO)

Se seus pensamentos e emoções não são cruciais para sua Missão Significativa e não constroem uma identidade de abundância, coloque-os aqui. Provavelmente serão seus sentimentos negativos, desperdiçadores de tempo e resquícios de padrões antigos de pensamento.

Com sua matriz preenchida, agora você pode tomar decisões e agir.

As maiores prioridades para sua Missão Significativa estarão nos quadrantes superior esquerdo, superior direito e inferior esquerdo.

O quadrante inferior direito é muito informativo. Ele revela o trabalho pessoal que você tem pela frente para manter sua identidade de abundância. *São as coisas das quais você precisa se livrar conscientemente.* Neste quadrante estão os pensamentos e sentimentos que, se não forem controlados, levarão a uma identidade neutra e limitadora. Mas você não foi criado para a neutralidade. Você foi criado para a grandeza.

Não importa quem somos ou o que realizamos, pensamentos e sentimentos negativos surgirão. Precisamos eliminá-los rapidamente do Clube da Abundância. Expulse os pensamentos que estão causando problemas para que você possa se curar dos sentimentos que levam aos pensamentos negativos.

REFLITA SOBRE A SUA JORNADA

Conforme você se esforça para tornar-se melhor em processar seus pensamentos e sentimentos, considere uma prática de reflexão noturna. Antes de encerrar o dia, faça algumas perguntas a si mesmo.

- *Como estive em relação aos meus pensamentos hoje?*
  - *Quando pensamentos que não eram de mindset abundante, identidade abundante, identidade amorosa ou mindset de identidade poderosa me vinham à mente, eu permitia que eles ficassem dentro de minha casa mental? Ou eu os expulsava?*

Tornemos, intencionalmente, nossas conversas silenciosas em positivas e afirmativas, treinando-nos em direção à grandeza.

– *Eu protegi minha casa mental com pensamentos ilimitados, ou limitei meu pensamento e permiti que a escassez me confinasse?*

Ao fazer e responder a essas perguntas, não se julgue severamente nem seja cruel consigo mesmo. Você está apenas coletando dados. Pense em si mesmo como seu próprio treinador. Um treinador coleta dados sobre seu atleta ou cliente, fornece feedbacks e os ajuda a melhorar. As conversas silenciosas que temos com nós mesmos afetam tudo, desde nossa missão até nossa saúde e nossos relacionamentos. Tornemos, intencionalmente, nossas conversas silenciosas em positivas e afirmativas, treinando-nos em direção à grandeza.

PASSO 4

Estratégia Para a Grandeza

Pode ser útil contrastar o Mindset de Grandeza com seu oposto natural, o Mindset de Impotência.

O Mindset de Impotência é onde tendemos a operar naturalmente, a menos que escolhamos intencionalmente uma nova direção. Como você pode ver na imagem, quando somos influenciados por esse mindset, nos sentimos presos e isolados, como se tivéssemos poucas opções e pouca esperança de uma vida melhor amanhã.

Mas há um caminho para abraçar a libertação do Mindset de Grandeza. Isso requer passar pelo que chamo de Zona de Transformação. Começa com a conscientização do problema e a percepção da necessidade de fazer algo a respeito. Em seguida, tomamos a Decisão de agir. E por fim, precisamos assumir o Compromisso de persistir apesar dos desafios que encontramos. É aí que a Estratégia para a Grandeza entra em ação.

A chave para entender a Zona de Transformação é saber que o processo nunca é fácil. Como você pode ver na imagem, o caminho pode ficar estreito ao passar de um mindset para outro. Mas uma vez que você faz essa jornada e continua a vivenciá-la, uma miríade de opções se abre para você. Já não há limites para o seu potencial. Em breve, o mundo todo verá a grandeza dentro de você.

Eu o encorajo a superar o desafio da Zona de Transformação e a progressão de um Mindset de Impotência para o Mindset de Grandeza.

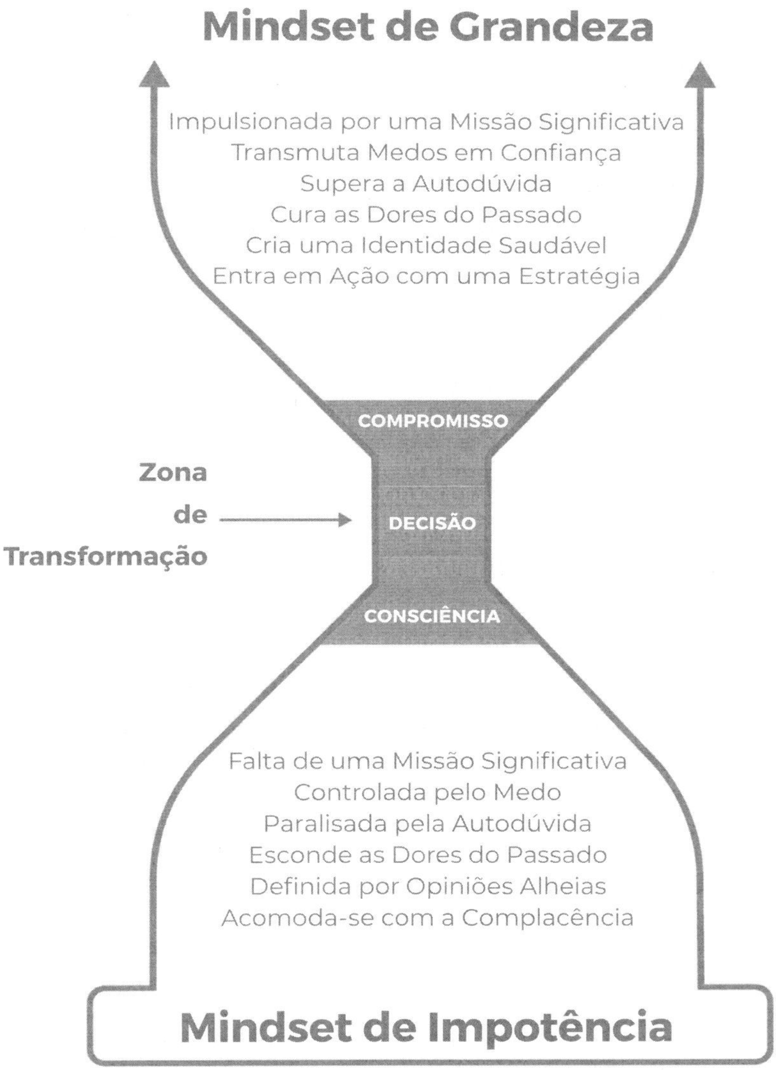
Mindset de Grandeza
Impulsionada por uma Missão Significativa
Transmuta Medos em Confiança
Supera a Autodúvida
Cura as Dores do Passado
Cria uma Identidade Saudável
Entra em Ação com uma Estratégia
COMPROMISSO
Zona de Transformação
DECISÃO
CONSCIÊNCIA
Falta de uma Missão Significativa
Controlada pelo Medo
Paralisada pela Autodúvida
Esconde as Dores do Passado
Definida por Opiniões Alheias
Acomoda-se com a Complacência
Mindset de Impotência

Nesta etapa da jornada, espero que você esteja se sentindo bem por ter conseguido identificar sua Missão Significativa e aprimorar seu Mindset de Grandeza. Mas e agora? Como transformar isso em uma atividade que o leve em direção à significância e ao propósito todos os dias?

Fico feliz que você tenha perguntado, porque é hora de ir para a prática.

A Estratégia para a Grandeza é o processo comprovado que eu usei para perseguir minha própria Missão Significativa, e as etapas foram validadas por muitos especialistas que acionei ao longo dos anos. Você pode usar essas etapas para guiá-lo enquanto busca sua Missão Significativa. Sugiro que você as aborde na ordem de 1 a 7 para não perder nenhuma etapa crucial, porque cada uma delas se baseia na anterior. Cada pessoa passará por essas etapas em um ritmo diferente — e isso é totalmente normal. O importante é passar por elas.

Vamos começar agora mesmo.

Para obter recursos adicionais que o ajudarão a viver o Mindset de Grandeza, visite: TheGreatnessMindset.com/resources [conteúdo em inglês] ou o site da editora www.altabooks.com.br pra obter a versão traduzida. Procure pelo nome do livro ou ISBN.

Capítulo 12

FAÇA PERGUNTAS CORAJOSAS

"O que tem impedido você de iniciar sua Missão Significativa?"

"O medo de fazer algo errado."

Rachel Rodgers, uma empresária negra, milionária self-made e autora de *We Should All Be Millionaires* [sem publicação no Brasil], fundou a Hello Seven para ajudar pessoas de comunidades marginalizadas a desenvolverem negócios de sete dígitos. Impulsionada pela crença de que "quando mais pessoas marginalizadas tiverem dinheiro, [o mundo] se tornará mais igualitário", ela criou uma comunidade de membros carinhosamente chamada de "O Clube".[1] A Hello Seven foi um sucesso multimilionário, mas ela sentiu que seu papel na empresa não estava cumprindo completamente sua missão.

Na época, Rachel tinha uma ideia para uma organização sem fins lucrativos há quase um ano. Ela me confessou: "eu sei como construir um negócio e ganhar dinheiro. Mas construir uma organização sem fins lucrativos corretamente, sem estragar tudo, me deixa realmente nervosa."[2]

Então, fiz o que tenho feito com muitas pessoas: comecei a lhe fazer perguntas.

Primeiro, perguntei o que ela poderia realizar com US$10 milhões extras. Como se constatou, ela sabia exatamente o que fazer com esse dinheiro. Ela compartilhou comigo seu sonho de começar aquela organização sem fins lucrativos para ajudar mães negras.

A organização forneceria três serviços principais: doulas para ajudar novas mães antes e depois do parto, enfermeiras noturnas para permitir que as mães descansassem, e creches subsidiadas para ajudar as mães a terem a oportunidade de construir suas carreiras. Calculamos que, com US$10 milhões extras, ela poderia fornecer esses serviços para mais de mil mães.

Em seguida, perguntei a Rachel: "como isso faria você se sentir?"

"Seria a melhor coisa do mundo."

Então, pressionei-a com uma pergunta complementar, para ajudá-la a ser prática: "digamos que você vai ajudar uma mãe que está nos assistindo ou ouvindo agora. Que lugares ela precisaria contatar? Para quem ela poderia enviar um e-mail? O que ela precisaria dizer?"

Eu tinha um motivo para pressionar Rachel. Ela já havia alcançado muitas coisas, e já havia dominado como ganhar dinheiro e formar equipes. Mas seu medo de fracassar podia acabar por mantê-la estagnada. Por isso, eu queria saber o que a deixaria animada, que paixão alimentava seu coração e quais as primeiras ações que ela poderia tomar para ver seu próximo sonho se concretizar.

"Acho que o que imagino fazer nesta organização sem fins lucrativos é apenas ter um formulário simples que as pessoas possam preencher."[3]

"Ok", respondi, "me dê o URL de uma página de inscrição que você possa disponibilizar nos próximos dias".

"HelloSeven.org."

Mas nós não paramos por aí. Como ela já tinha algumas pessoas em mente para ajudá-la a executar suas ideias, lancei-lhe um segundo desafio: "ligue para essas duas pessoas com experiência em organizações sem fins lucrativos logo após esta entrevista".

Por último, havia o desafio de tornar esses US$10 milhões em uma realidade: "quem são as três pessoas para quem você pode ligar hoje e pedir um cheque de US$100 mil?" O valor não importava muito. O importante era manter o ímpeto. Continuei pressionando: "tenha um formulário pronto em um dia, ligue para esses dois amigos com experiência em organizações sem fins lucrativos e entre em contato com três a cinco doadores em potencial nas próximas 24 horas. Mande-me uma mensagem hoje à noite."

Rachel tomou todas as providências que sugeri e, como resultado, arrecadou rapidamente US$200 mil, o que lhe permitiu prestar assistência imediata a quarenta mães.

E assim nasceu a fundação Hello Seven. Ao fazer perguntas corajosas, definir metas e prazos e tomar medidas imperfeitas, Rachel Rodgers levou sua missão para o próximo nível.

Com muita frequência, as pessoas se concentram no *como*, quando deveriam pensar sobre *o que* realmente querem fazer e *por quê*. Quando você fizer isso, o como surgirá naturalmente.

CINCO PERGUNTAS CORAJOSAS

Quando você coloca seu Mindset em Movimento, as coisas parecem boas. De verdade. Pensamentos, emoções e comportamentos certos abrem novas possibilidades. O futuro começa a parecer brilhante.

Por um momento.

Então, as perguntas começam a aparecer. *E se... E quanto a... Como vou... O que eles vão...?*

As perguntas negativas erradas podem atrapalhar rapidamente sua jornada para a grandeza. As perguntas certas, no entanto, são aquelas que exigem coragem para serem feitas e respondidas.

As perguntas certas são aquelas que exigem coragem para serem feitas e respondidas.

As perguntas desbloqueiam o potencial *em* você e *através* de você. É por isso que a Estratégia para a Grandeza começa ao se fazer perguntas corajosas.

Existem cinco perguntas que você precisa responder para chegar ao cerne da sua grandeza pessoal e se impulsionar para a ação. Eu já usei variações dessas perguntas diversas vezes para orientar as pessoas a superar o medo e a dúvida. Você pode acioná-las na ordem que desejar, mas cada uma delas o ajudará a criar um impulso para a ação e o inspirará a seguir em frente o mais rápido possível.

1. **A Pergunta da Pureza: se você fosse 100% autêntico em relação a quem você é, o que faria de diferente?**

   Todos nós tendemos a apresentar versões selecionadas de nós mesmos. Talvez por não termos certeza se as pessoas gostarão da nossa versão "real". Ou talvez se trate de uma muleta que nos impede de nos tornar grandes. Esta pergunta capacita você a assumir quem é e se esforçar para alcançar quem e o que deseja realizar e se tornar.

2. **A Pergunta da Prioridade: se você tivesse que dobrar sua meta nos próximos trinta dias, quais seriam seus três primeiros passos?**

   Gosto de fazer essa pergunta porque obriga as pessoas a não apenas pensar fora da caixa, mas a quebrá-la. Até me atrevo a colocar da seguinte forma: se você soubesse que você ou alguém que você ama morreria caso não dobrasse sua meta e a alcançasse em trinta dias, quais seriam seus três primeiros passos? Isso pode parecer extremo, mas se você vivesse com um senso de urgência e tivesse que realizar seu desejo de qualquer forma, embora tenha permitido que o medo o impedisse, no que concentraria sua atenção para torná-lo realidade? Você pode ajustar o período de tempo para se adequar à sua situação, mas o importante é que parece algo impossível de ser feito à primeira vista.

Normalmente, não vivemos com urgência. Aceitamos o status quo e nos contentamos com menos do que poderíamos alcançar apenas porque é confortável, e ninguém morrerá se não conseguirmos. Mas a verdade é que cada dia que vivemos é um dia a menos para alcançar essas metas e realizar esses sonhos. Se você não concorda em manter esses sonhos como não realizados, talvez precise se arriscar mais mentalmente, para poder pensar e agir de maneira diferente.

As perguntas desbloqueiam o potencial *em* você e *através* de você.

3. **A Pergunta da Possibilidade: o que seria possível se você pudesse ________________________________?**

   (insira aqui seu objetivo/sonho/missão)

   Esta pergunta permite que você insira os detalhes da sua situação nela e experimente outra realidade potencial. Por exemplo, o que seria possível para você se pudesse deixar seu emprego atual e dedicar todos os seus esforços ao crescimento do seu negócio paralelo? O que seria possível para você se pudesse melhorar significativamente seus relacionamentos familiares? Você entendeu a ideia. Essa pergunta permite que você explore como seu caminho poderia ser sentido caso alcançasse certas metas, e o posiciona para fazer a próxima pergunta.

4. **A Pergunta da Paixão: como você se sentiria se pudesse ____?**

   (insira aqui seu objetivo/sonho/missão)

   Todos nós somos seres essencialmente emocionais, então essa pergunta permite explorar como seria ter sucesso nas áreas que são importantes para você. Como você se sentiria se pudesse deixar seu emprego atual e dedicar todos os seus esforços ao crescimento do seu negócio paralelo? Como você se sentiria se pudesse melhorar significativamente seus relacionamentos familiares?

5. **A Pergunta da Prosperidade: se você ganhasse na loteria hoje, o que faria em seguida?**

   Essa pergunta permite que você remova a restrição do dinheiro da equação e o libera para pensar sobre o que realmente deseja fazer sem se desmotivar por questões financeiras. Você não teria chegado tão longe na jornada da Grandeza se não estivesse buscando crescimento, mas muitas vezes deixamos nossos objetivos de crescimento aquém do esperado, tornando-os muito pequenos. E se você pensasse grande — realmente grande —, sem o dinheiro como problema? Vá em frente, ouse sonhar.

Essas perguntas não são exaustivas. Na verdade, encorajo você a pensar em outras para ajudá-lo a avançar e tomar decisões corajosas. Talvez a coisa mais importante que você possa fazer seja desenvolver o hábito de se fazer perguntas corajosas como essas regularmente.

DE ESTAGNADO PARA ESPETACULAR

Conheço o empresário e magnata do setor imobiliário Grant Cardone há mais de 12 anos, e ele foi um convidado várias vezes na *Escola da Grandeza*. Ele tem um currículo incrível, incluindo a autoria de oito livros, a produção de treze programas de negócios, a atuação como CEO em sete empresas privadas e participação regular em grandes redes como Fox News e CNBC.

Desenvolva o hábito de se fazer perguntas corajosas.

Posso afirmar categoricamente que ele age com coragem e não tem medo de fazer perguntas desafiadoras. Ele compartilhou algumas histórias incríveis comigo, inclusive como veio a perder tudo e conseguiu reconstruir tudo do zero dez vezes. Após um trauma desses, a maioria das pessoas agiria de forma conservadora e aumentaria seus fundos de emergência. Mas não Grant.

Grant literalmente tem a maior parte do seu dinheiro investido. Pense sobre isso. Ele não tem economias. Isso pode parecer absurdo, mas Grant sabe o que pode fazer com seus investimentos e seu fluxo de caixa. Claramente, ele é o tipo de cara que se entrega completamente.

No entanto, alguns anos atrás, em um episódio do meu programa, eu o desafiei por pensar pequeno. Na época, seu negócio imobiliário estava rendendo milhões, mas eu sabia que aquilo não representava seus talentos. Eu não queria que ele se acomodasse, e então trouxe as perguntas.

"O que seria necessário para chegar a US$1 bilhão?" Pude ver que minha pergunta o surpreendeu.

"Isso simplesmente não é possível", respondeu ele.

Bem, você provavelmente pode adivinhar como me sinto relação ao impossível. "O que quer dizer com não ser possível?"

"Eu simplesmente não tenho mais contatos suficientes."

"Tudo bem", disse eu, "o que seria necessário? Quem você precisa conhecer? Quem tem o dinheiro para você pedir emprestado?"

Eu não desisti, porque reconheci ali os pensamentos limitantes. Enquanto fazia as perguntas, vi aqueles pensamentos limitantes começar a se dissipar e sua mente se abrir para possibilidades maiores ali mesmo.

Mais tarde, ele me disse que a entrevista mudou tudo para ele. Ele ficou se perguntando: *como posso crescer mais rápido?* Então, percebeu que seu negócio estava atingindo apenas uma parcela limitada da população, a mais rica. Ocorreu-lhe que a maioria dos membros de sua própria família não teria dinheiro para se beneficiar de seu negócio. Então ele começou a disponibilizar um fundo para diversos níveis de renda, onde as pessoas poderiam investir gradualmente em grandes negócios imobiliários.

Dois anos depois dessa entrevista, Grant voltou ao meu programa como o orgulhoso CEO de uma empresa avaliada em US$ 900 milhões. Você consegue adivinhar o que eu fiz em seguida?

"O que seria necessário para chegar a US$3 bilhões?", perguntei.

"Isso simplesmente não é possível", disse ele. "Não temos tempo suficiente."

"E se fosse possível? O que precisaria acontecer?"

Depois de pensar um pouco, ele começou a listar algumas etapas.

"Ok," desafiei-o, "e o que você está esperando?"

E Grant fez o impossível acontecer — de novo. Quando o vi pela última vez, seu negócio havia ultrapassado US$4 bilhões. E dessa vez nem precisei perguntar. Ele me disse que sua equipe está planejando chegar a US$40 bilhões nos próximos três anos.

Do impossível para US$40 bilhões. Esse é o poder das perguntas corajosas. E elas funcionam para todos.

NÃO MAIS UM MÉDICO

Quando conversamos pela primeira vez no meu programa, Ali Abdaal era um médico de meio período no Reino Unido. Mas sua verdadeira paixão era ser um criador online. Na época da nossa entrevista, seu canal no YouTube tinha mais de 2 milhões de inscritos; ele se concentrava em como as pessoas poderiam levar vidas mais felizes, saudáveis e produtivas sob os cinco pilares de saúde, riqueza, amor, felicidade e impacto.

Pouco depois de nossa conversa, ele tomou a decisão de abandonar completamente a profissão de médico. Sua transição para se tornar um ex-médico aconteceu em parte como resultado de duas perguntas que são variações das que discutimos anteriormente:

Como seria se, nos próximos trinta dias, você parasse completamente de prestar serviços como médico?

Como você se sentiria logo após tomar a decisão de parar de praticar medicina?

Ali havia se tornado essencialmente um amador no campo da medicina. Havia uma série de razões pelas quais fazia sentido para ele ficar. Ele havia investido mais de oito anos de sua vida e muitos milhares de dólares na faculdade de medicina. Ser médico era prestigioso. Foi assim que construiu sua marca no YouTube. Agora eu estava perguntando a ele como seria abandonar tudo isso.

Sua resposta foi justa e honesta. "Acho que seria muito assustador, principalmente por razões egoístas. Ainda consigo me convencer de que este canal do YouTube, o negócio e tudo mais são apenas um trabalho paralelo."[4]

Mas com esse trabalho paralelo, ele estava ganhando uma quantia de seis dígitos, muito mais do que ganhava como médico em meio período. E, segundo ele mesmo admitiu, estava ajudando mais pessoas como YouTuber do que como médico:

> O medo de não ter aquele prestígio da medicina tradicional, que não é exatamente o mesmo prestígio do mundo atual, de ser um YouTuber, é um medo egoísta. Eu não me preocuparia nem um pouco em não causar impacto nas pessoas, porque sei que estou causando. Não sou nada especial como médico. Qualquer pessoa na minha posição pode fazer a mesma coisa.[5]

Pude perceber que essas perguntas estavam dando a ele muito o que pensar, então apresentei um conceito importante: "de certa forma, você está fazendo um desserviço ao destinar apenas 10% do seu tempo e energia para ajudar as pessoas em uma área pela qual não tem paixão, em vez de permitir que aqueles que realmente querem fazê-lo em tempo integral assumam essa responsabilidade."

"Essa é uma maneira interessante de olhar a situação", respondeu ele. "Eu não tinha pensado nisso".

Fui muito respeitoso com Ali, é claro. Não estava pressionando ele apenas por pressionar. Eu sabia que, às vezes, as pessoas precisam de um empurrãozinho para fazer uma aposta corajosa consigo mesmas.

Ser médico é uma vocação nobre — *se* for a sua vocação. O que eu estava ouvindo Ali dizer era que se tratava mais de um medo e um custo irrecuperável. Ele sentia que estava causando mais impacto no mundo com o trabalho que realizava como criador online. Ao longo do restante do programa, discutimos várias outras questões relacionadas aos seus objetivos:

- Se você tivesse 10 milhões de inscritos, continuaria praticando medicina?
- E se você realocasse aquelas dez horas de meio período por mês trabalhando como médico para desenvolver o próximo programa ou se concentrar em coisas para ajudar a expandir seu negócio digital?
- Que tipo de impacto você acha que teria se focasse exclusivamente a sua plataforma digital?

Depois de nossa conversa, Ali se fez perguntas ainda mais corajosas. Na verdade, ele compartilhou um vídeo no YouTube algumas semanas depois, no qual explicou sua decisão de abandonar a medicina de uma vez por todas.[6]

Antes que pudesse tomar essa decisão, porém, as perguntas que ele fez a si mesmo o ajudaram a chegar ao cerne do seu mindset. Algumas das perguntas que ele precisava responder eram:

- E se essa coisa do YouTube não der certo?
- Por que não permanecer atuando como médico como uma opção segura?
- E se as pessoas na internet me odiarem por deixar a medicina?
- Meu canal e minha empresa morrerão se eu não continuar a me chamar de médico?
- Por que não faço tudo em meio período?
- A única razão pela qual estou praticando medicina é porque quero continuar mantendo esse distintivo de médico para me destacar da maioria dos outros YouTubers?

Todas essas são perguntas justas e válidas. Mas, no fim, ele percebeu que não podia deixar o medo impedi-lo de atingir seus objetivos de grandeza.

Você não precisa ser médico ou YouTuber para usar perguntas corajosas para fazer uma mudança. Perguntas como essas ajudarão você a sair de onde está para chegar aonde deseja. Quando você descobre o que realmente quer fazer e elimina as coisas que o impedem, libera energia para seguir sua paixão. Eu já vi isso várias vezes — quando as pessoas se dedicam totalmente às coisas que amam, coisas mágicas começam a acontecer. Talvez não aconteça imediatamente, mas a grandeza acabará lhe acompanhando.

CORAGEM EM UMA PERGUNTA

Uma vez que você aprende a desafiar a si mesmo e a silenciar as perguntas fáceis e preguiçosas que surgem quando você está tentando fazer algo grandioso, descobre que as perguntas não são suas inimigas. Na verdade, o tipo certo de perguntas — as corajosas — pode rapidamente desbloquear algo que está enterrado profundamente em você.

Perguntas corajosas são focadas e diretas. Elas expandem as possibilidades enquanto ajudam a eliminar as distrações.

Quando as pessoas se dedicam totalmente às coisas que amam, coisas mágicas começam a acontecer.

Elas ajudam você a ampliar sua visão e enxergar coisas que pode ter negligenciado. Oferecem uma nova perspectiva e novos horizontes para explorar.

E o melhor de tudo é que elas instigam em você uma inclinação para a ação. Sonhos daquilo que poderia vir a ser um dia de repente se tornam possíveis no dia de hoje. E isso geralmente leva a uma avalanche de impulsos.

Que perguntas você precisa fazer a si mesmo para começar? Não espere.

O mundo precisa da sua grandeza.

ESTIMULANDO A GRANDEZA

Exercício: Faça a Si Mesmo Perguntas Corajosas

Permita-se sonhar com o que poderia ser. É hora de ousar se perguntar e responder algumas perguntas corajosas. Reserve um tempo para pensar em cada uma das Perguntas Corajosas e anote suas respostas em um caderno ou aplicativo de anotações. Ao fazer isso, você provavelmente se deparará com outras perguntas intimidantes. Não as ignore. Anote-as também e reserve um tempo para respondê-las com autenticidade. Não deixe que barreiras preconcebidas, medos ou pensamentos negativos o impeçam.

Tenha a coragem de sonhar com o que pode ser possível para você na busca pela sua Missão Significativa:

A Pergunta da Pureza: se você fosse 100% autêntico em relação a quem você é, o que faria de diferente?

A Pergunta da Prioridade: se você tivesse que dobrar sua meta nos próximos trinta dias, quais seriam seus três primeiros passos?

1.

2.

3.

A Pergunta da Possibilidade: o que seria possível se você pudesse_______________________________________?

(insira aqui o próximo passo em sua Missão Significativa)

A Pergunta da Paixão: como você se sentiria se pudesse *(alcançar seu objetivo/sonho/missão)*?

A Pergunta da Prosperidade: se você ganhasse na loteria hoje, o que faria em seguida?

Liste quaisquer outras perguntas que surgirem. Se precisar, reserve um tempo em sua agenda para não fazer nada além de pensar em cada uma delas e respondê-las com coragem.

Capítulo 13

DÊ PERMISSÃO A SI MESMO

Meu amigo Roger é um talentoso consultor financeiro que lutou para ultrapassar o limite de comissão de US$80 mil por ano. Ele tinha o sonho de construir um negócio robusto, mas sempre parecia estagnar em algum ponto. Até tentou praticar sozinho, depois com um parceiro e então sozinho novamente — nada parecia fazer diferença. Ele sempre me perguntava: "como posso trabalhar com clientes que têm mais dinheiro para investir?" Enviei a ele algumas referências, mas não eram os grandes investidores que Roger estava procurando.

Eis que então surgiu uma oportunidade quando um amigo me enviou uma mensagem sobre um jovem de 19 anos que acabara de ganhar centenas de milhões na loteria. Acontece que um dos últimos tuítes desse rapaz mencionava um episódio de *A Escola da Grandeza*. Entrei em contato com o jovem para parabenizá-lo e alertá-lo sobre os desafios que ele enfrentaria. Afinal, cerca de 70% das pessoas que ganham na loteria vão à falência, se tornam viciadas em drogas ou se suicidam dentro de alguns anos.[1] Ofereci apoio e me coloquei à disposição se ele quisesse conversar para receber orientações.

Ele acabou aceitando minha oferta. Ao longo de vários telefonemas, conheci sua história. Embora ele parecesse ter uma equipe de apoio sólida ao seu redor, ofereci-me para conectá-lo com esse meu amigo Roger e o incentivei a conversar com outros consultores também, para garantir que ele tivesse um fiduciário para orientar suas decisões financeiras. Ele concordou.

Então, acionei Roger, perguntando se ele estaria disposto a conversar com o jovem, sem vender nada, apenas para ajudar e ver no que isso poderia dar. Ele concordou e, em pouco tempo, nós três trocamos várias ligações. O jovem também se conectou com outros profissionais antes de me dizer que realmente gostava de Roger e queria trabalhar com ele.

Imagine minha empolgação quando liguei para Roger para compartilhar essa ótima notícia: "cara, isso vai mudar sua vida agora porque esse cliente vai fazer de você um multimilionário". E então ele disse algo que me surpreendeu totalmente.

"Não estou pronto para isso."

"O quê?!" Eu suspirei. "O que você quer dizer com 'não estou pronto para isso?'"

"Nunca tive um cliente tão grande. Não sei como administrar tanto dinheiro."

Então, tive que exercer um pouco do meu amor bruto. "Deixe-me lhe dizer algo: não acho que posso ser seu amigo se você não estiver disposto a correr esse risco e assumir isso. Há anos você me pede clientes maiores. Agora estou aqui lhe ajudando e você está me dizendo que não pode trabalhar com ele porque não se sente pronto?"

Então, desabei sobre ele. "Não posso lhe indicar negócios se você não estiver disposto a ir em frente."

Por que eu estava tão irritado com Roger? Porque a vida estava lhe oferecendo uma oportunidade, uma que ele sonhou e desejou por tanto tempo, mas que não estava disposto a se dar permissão para aproveitar.

Ele vivia envolto em dúvidas e medos, e isso o impedia de cumprir sua Missão Significativa.

Roger concordou em pensar na oportunidade. Depois de alguns dias, ele decidiu que aceitaria o novo cliente, mas com a ajuda de outra empresa — uma que receberia 50% da comissão ao se associar com ele — que tinha a experiência e os recursos necessários para administrar clientes maiores. Essa parceria deu a Roger o conforto de que ele precisava no início, mas levou apenas alguns anos para ele ganhar confiança para administrar não apenas os assuntos financeiros daquele jovem, mas também vários outros clientes maiores por conta própria. Ele então passou a receber 100% das comissões, em vez de apenas 50%.

De certa forma, ao trazer um sócio, Roger deu a si mesmo permissão parcial para ter sucesso. Ele não confiava totalmente em suas habilidades, então sentiu que precisava da credibilidade de outra pessoa para lidar com clientes maiores. Foi um passo na direção certa porque ele estava disposto a agir. Quando finalmente percebeu que as pessoas em quem confiava não sabiam muito mais do que ele, adquiriu a confiança necessária para se dar permissão total e se dedicar completamente. (E sim, ainda somos amigos.)

UMA PRISÃO DE SUA PRÓPRIA CRIAÇÃO

Parece que todo mundo está em busca de permissão hoje em dia. Seja de um terapeuta, coach, amigo, cliente ou familiar, todos procuramos alguém para nos dar permissão.

Ao pensar sobre nosso desejo por permissão, parece que existem três formas das quais pode precisar para se entregar no caminho de realização da sua Missão Significativa: tornar-se seu ideal, eliminar, e expressar emoção. Se você negar permissão a si mesmo em qualquer uma dessas áreas, acabará criando problemas.

1. Dê a si mesmo permissão para se tornar seu ideal.

O resultado de não se permitir tornar-se seu ideal é o ciúme e a insegurança. Adoro como Gabby Bernstein expressa essa ideia: "o ciúme é uma forma de testemunhar partes não desenvolvidas de nós mesmos."[2] Você pode olhar para outra pessoa e se ressentir das qualidades que ela reflete, mas nada o impede de desenvolver essas mesmas qualidades. Você apenas tem que dar a si mesmo essa afirmação e se permitir tornar-se a pessoa que deseja ser.

Como Seth Godin colocou, muitos de nós estão esperando ser escolhidos:

> Nosso instinto cultural é esperar ser escolhido. É buscar a permissão, autoridade e segurança que vêm de um editor ou apresentador de talk show ou até mesmo de um blogueiro dizendo: "eu escolho você".
>
> Uma vez que você rejeita esse impulso e percebe que ninguém o escolherá — que o Príncipe Encantado escolheu outra casa —, aí sim pode realmente começar a trabalhar.

> Uma vez que você entende que há problemas esperando para serem resolvidos e que você possui todas as ferramentas e toda a permissão de que precisa, abundam as oportunidades para contribuir com isso.
>
> Acima de tudo, quando você se esforça, enfrentando o medo e entregando o melhor que pode, está se tornando o artista que é capaz de se tornar.
>
> Ninguém escolherá você. Você deve escolher a si mesmo.[3]

Nossa hesitação em dar permissão a nós mesmos para o sucesso nasce do medo, e não da nosso Mindset de Grandeza em busca de nossa própria Missão Significativa.

2. Dê a si mesmo permissão para dizer não.

Quando se trata de eliminar coisas de nossa vida já tão tumultuada, muitas pessoas têm dificuldade em dizer não porque sentem que precisam da aprovação dos outros. Isso remete à questão da identidade. Você está permitindo que as expectativas de outras pessoas definam quem você é?

Se você não pratica dar a si mesmo permissão para eliminar tarefas, corre o risco de se distrair com todas as tarefas que os outros lhe pedem. Pessoas bem-sucedidas dizem não a certas coisas para poder dizer sim de forma totalmente comprometida a outras.

Meu amigo Rory Vaden é um especialista em produtividade. Autor de *Procrastine de propósito*, Rory desenvolveu um sistema completo para pensar sobre o uso efetivo do tempo. Como ele coloca: "quando você tem um foco diluído, obtém resultados diluídos."[4] Em outras palavras, quanto mais você tenta realizar coisas para obter a aprovação dos outros, menos consegue fazê-las, pois o tempo lhe escapa. Você precisa se permitir eliminar coisas da sua lista de tarefas e da sua vida, para poder se concentrar no que é mais importante para *você*.

3. Dê a si mesmo permissão para expressar emoções.

Você consegue pensar em algum momento em que não se permitiu sentir toda a gama de emoções de que precisava para curar seu passado? Talvez você não tenha se permitido sentir essa dor porque era algo desconfortável ou estranho.

Gabby também fala sobre essa forma de permissão, referindo-se a uma categoria de emoções que chama de "sentimentos inadmissíveis."[5] Ela diz que todos nós passamos por algum nível de trauma, e dentro desse trauma muitas vezes existem sentimentos vergonhosos de inadequação, raiva ou autodesprezo.

As pessoas podem evitar esses sentimentos porque é a única maneira que conhecem de se proteger de feridas passadas, mas esses mecanismos de enfrentamento geralmente são insustentáveis. Eles podem levar a todo tipo de comportamentos de enfrentamento ou vícios que apenas o impedem de alcançar a grandeza. Você deve se permitir entrar nessas memórias e sentir as emoções se quiser superá-las.

Pessoas bem-sucedidas dizem não a certas coisas para poder dizer sim de forma totalmente comprometida a outras.

VOCÊ ESTÁ NO CONTROLE DE SI MESMO

Stephen R. Covey é talvez mais conhecido por seu livro *Os 7 hábitos das pessoas altamente eficazes*. O Primeiro Hábito é "seja proativo".[6] Mas gosto ainda mais da versão infantil que seu filho criou, pela sua simplicidade: *você está no controle de si mesmo.*[7] Essa expressão simples, se internalizada, pode ajudá-lo a evitar as armadilhas permissivas das quais estamos falando. Isso significa que você tem o poder de navegar em direção à grandeza. Você não precisa que outra pessoa lhe dê permissão para fazer isso.

O princípio orientador dos ensinamentos de Covey é a diferença entre atitudes reativas e proativas. As pessoas reativas permitem que seu ambiente molde sua história com frases como "não posso" ou "tenho que". Elas ignoram o quanto influenciam suas próprias circunstâncias. Enquanto isso, as pessoas proativas reconhecem que são impotentes em relação a certos aspectos de sua vida, mas se concentram no que podem fazer em relação ao que aparece em seu caminho. Pessoas proativas assumem a responsabilidade por sua história, e tudo começa dando a si mesmo permissão para assumir o controle de sua jornada rumo à grandeza.

Assumir o controle significa viver de forma intencional. Por exemplo, Rory Vaden ensina que a chave para multiplicar o tempo é "dar a si mesmo permissão emocional para dedicar tempo a coisas hoje que criarão mais tempo amanhã."[8] Ele chama essa fórmula de "cálculo da significância". Isso significa que você assume o comando do seu tempo e o utiliza para fazer coisas que economizarão tempo em longo prazo.

Pessoas bem-sucedidas sabem ter flexibilidade e compreensão consigo mesmas, ao invés de se martirizar por não ser suficientes.

O agendamento não se resume apenas a calendários e listas de tarefas. Por trás de nossos objetivos, há sentimentos de culpa, medo, ansiedade, ambição e motivação. Mesmo que não estejamos cientes disso, essas emoções influenciam fortemente todas as nossas decisões.

Raramente tenho dificuldade em enfrentar um novo desafio. Geralmente, estou ansioso para mergulhar nele de imediato. Onde costumo ter dificuldade é em me dar permissão para desacelerar ou ajustar minha abordagem para alcançar um objetivo. Por exemplo, senti muita culpa em relação a este livro quando não o terminei tão rapidamente quanto havia planejado. Levei um tempo para perceber que não havia problema em adiar o prazo, que a prioridade era torná-lo excelente e não necessariamente garantir que se encaixasse no meu cronograma inicial autoimposto.

Quando retirei essa pressão de mim mesmo, fiquei muito mais empolgado.

Acredito que, quando as pessoas se pressionam para realizar seus objetivos da maneira "perfeita", muitas vezes não conseguem alcançá-los. Pessoas bem-sucedidas sabem ter flexibilidade e compreensão consigo mesmas, ao invés de se martirizar por não ser suficientes.

Acima de tudo, você precisa saber dar-se permissão para avançar, recuar, se afastar ou dar os passos necessários em sua jornada rumo à grandeza.

ESTIMULANDO A GRANDEZA

Exercício 1: Uma Questão de Vida ou Morte

Pode ser difícil enxergar além das nossas próprias dúvidas. Às vezes, pode até parecer que estamos sendo responsáveis ou realistas quando desencorajamos nossos maiores sonhos. Este exercício trará um novo ponto de vista, ajudando você a imaginar que há muito mais em jogo. Registre as respostas em seu diário, aplicativo de notas ou outro meio de sua escolha.

PASSO 1 — ESCOLHA UM OBJETIVO

Pense em um objetivo que você deseja alcançar, mas ainda não progrediu em direção a ele, e anote-o.

PASSO 2 — ELEVE AS APOSTAS

Imagine que você vive em uma sociedade onde apenas as pessoas mais produtivas têm permissão para viver. A cada ano, um tribunal avalia as realizações de cada pessoa e decide seu destino. Agora é a sua vez de ser avaliado. Ele olha para a sua lista de realizações, mas vê que você não conseguiu atingir o objetivo principal que definiu para si mesmo (o objetivo do Passo 1). Alguém dá um passo à frente para levá-lo embora. Você começa a suar frio, cai de joelhos e implora por outra chance. Depois de alguns momentos de tensão, o tribunal concorda em lhe dar mais um ano para que isso aconteça, mas você precisa apresentar um plano convincente do que fará.

PASSO 3 — FAÇA ACONTECER

Agora, dedique trinta minutos para escrever um plano para apresentar ao tribunal. Leve isso a sério. Seu plano deve ser realista e convincente. Custe o que custar, você precisa montá-lo.

O VERDADEIRO PREÇO

É improvável que esse cenário aconteça na vida real, mas o exercício coloca seu tempo em perspectiva. Você pode até não perder a vida por falhar em sua missão, mas provavelmente perderá o *tipo* de vida que deseja. Essas são as verdadeiras apostas, não tão urgentes, mas eu argumentaria que igualmente altas.

Exercício 2: Conceda Permissão a Si Mesmo

PASSO 1 — ESCOLHA UM OBJETIVO

Use o objetivo do Exercício 1 ou escreva um novo.

PASSO 2 — IDENTIFIQUE CRÍTICAS

Quando você pensa em correr atrás do objetivo que mencionou na Passo 1, que dúvidas vêm à tona? Usando o esboço abaixo, escreva a autocrítica que o impede de trabalhar em direção ao seu objetivo.

Eu não ____ o suficiente.

Eu sou muito____.

É irresponsável/egoísta buscar esse objetivo porque

No meu passado, experimentei______________________________

(identifique um trauma)

e isso me faz ter medo de

Eu não deveria me sentir ______________________________________.

PASSO 3 — ELABORE DECLARAÇÕES DE PERMISSÃO

Utilizando o esboço abaixo, crie declarações de permissão para combater as críticas que você identificou no Passo 2.

Eu me dou permissão para controlar

Eu me dou permissão para me perdoar por

Eu me dou permissão para____________________________________

(listar as ações necessárias para perseguir seu objetivo)

de forma imperfeita.

Eu me dou permissão para sentir

CAIA PARA FRENTE

Todos nós temos dúvidas sobre nós mesmos. Todos carecemos de certas habilidades ou características. Eu não era um corredor profissional, mas corri uma maratona. Não fui treinado para ser um entrevistador, mas criei um podcast. Quase fui reprovado em inglês no ensino médio, mas agora sou um autor best-seller do *New York Times*. Você deve ser capaz de dizer: "isso é verdade, eu não sou essas coisas, mas me permito fazer isso de qualquer maneira". Talvez você caia, mas se for o caso, caia para frente. Na minha opinião, isso ainda é progresso.

Às vezes, temos que nos dar permissão para não agir, e focar outra coisa.

ABRACE A SUA MISSÃO

Assim como temos que nos dar permissão para agir de forma imperfeita, às vezes temos que nos dar permissão para *não* agir, e focar outra coisa. Lembre-se de sua missão e não permita que nada a atrapalhe. Seja sua própria fonte de afirmação, porque ninguém tem mais interesse na missão do que você.

Capítulo 14

ACEITE O DESAFIO

Quando me juntei à Toastmasters para superar meu medo de falar em público, recebi uma apostila com dez tipos de palestras para apresentar. Cada uma deveria durar de cinco a sete minutos e me obrigava a praticar uma técnica diferente.

Meu primeiro estilo de discurso era chamado "Quebrando o Gelo". O objetivo era contar uma história interessante sobre mim mesmo durante cinco minutos seguidos. Eu estava absolutamente apavorado. Não havia como eu conseguir falar por cinco minutos sem travar ou tropeçar nas palavras. No entanto, me *entreguei* à proposta e consegui.

Para as outras palestras, pratiquei o uso de adereços e apresentações e me concentrei em moldar a entonação e o estilo. No entanto, a parte mais assustadora das reuniões para mim era um exercício chamado Tópicos da Mesa. Nessa atividade, os líderes nos atribuíam um tópico aleatório e tínhamos que levantar e fazer um discurso de um minuto sobre ele, sem qualquer preparação. Foi uma tortura! Mas fiz isso porque sabia que tinha que superar esse medo de falar em público e ser capaz de comunicar verbalmente minha mensagem para ter sucesso nos negócios. Estabeleci como meta fazer minha primeira palestra gratuita fora da Toastmasters em até três meses e minha primeira palestra paga em até nove. Parecia um objetivo impossível, mas eu estava completamente *entregue* àquilo. Às vezes, eu participava de até cinco reuniões da Toastmasters em uma única semana.

O mentor que me aconselhou a participar da Toastmasters também me incentivou a adotar uma abordagem de batismo de fogo e escolher o grupo que mais me assustava. E quando me deparei com um grupo de palestrantes profissionais, pensei: *droga, é aqui que preciso estar.*

Então, lá estava eu, um rapaz de 24 anos em uma sala cheia de profissionais bem vestidos na faixa dos 40 e 50 anos. Durante um ano, me dediquei a participar completamente desse grupo, aprimorando minhas habilidades de apresentação. E então aconteceu. Recebi meu primeiro convite para realizar uma palestra gratuita através do LinkedIn; seriam trinta minutos de palestra para a comunidade local. Nada grandioso. Mas era o próximo passo em direção ao meu objetivo. Depois disso, consegui uma palestra que pagava US$500. Antes que percebesse, estava fazendo palestras por mais de US$5 mil cada!

Mesmo quando comecei a ganhar essas quantias, nunca ficou fácil. Eu tive que me promover consistentemente, enviando mensagens para as pessoas e fazendo conexões. Fiz tudo isso enquanto me dava permissão para ser o palestrante profissional que antes achava impossível ser e me entregava completamente ao desafio, colocando-me em constante estado de desconforto.

Acredito que muitos dos nossos medos sociais, como o medo de falar em público, se resumem a limites da comunidade. Vemos uma comunidade da qual não fazemos parte e pensamos: *não me encaixo aqui. Não sinto pertencimento. Ainda não fui aceito. Esta é uma comunidade e eles falam uma língua que eu não conheço.*

Essa sensação de ser um estranho foi especialmente forte quando decidi aprender a dançar salsa. Confesso que tive muita dificuldade com os passos complexos. E acredite, eu tinha plena consciência de que era um homem alto e branco que simplesmente não sabia dançar. Muitas das mulheres que convidei para dançar me rejeitavam repetidamente. Durante três a quatro vezes por semana, por cerca de três meses e meio, enfrentei esse medo. Isso me ajudou a aprender a amar a mim mesmo, até quando todos os outros me rejeitavam. Aprendi a me manter comprometido com o objetivo, e acabei me tornando fluente na dança.

Muitas pessoas se preocupam tanto em serem aceitas pelas pessoas de uma comunidade que não arriscam coisas novas por tempo suficiente. Mesmo nesta fase atual da vida, ainda me forço a habitar espaços de desconforto. A única razão pela qual me sinto capaz de arriscar ser julgado é porque aprendi a ficar bem comigo mesmo. Como já dei a mim mesmo toda a aprovação de que preciso, posso correr o risco de ser rejeitado e suportar as dificuldades para aprender algo novo.

Por exemplo, atualmente estou aprendendo espanhol. É desconfortável porque faz parte de uma comunidade à qual ainda não pertenço totalmente. No entanto, embora esteja ciente de que meu sotaque pode não estar correto, falo em espanhol com minha namorada, seus amigos e familiares, e continuo comprometido com o desafio.

Enfrentar novos desafios sempre será desconfortável. Mas se você conseguir transformar o desconforto em algo divertido, já está a meio caminho de superar o medo.

Se você conseguir transformar o desconforto em algo divertido, já está a meio caminho de superar o medo.

Quando comecei a praticar oratória, encontrei um orador mais experiente, que provavelmente tinha quinze anos a mais do que eu, para me treinar individualmente. Ele me lembrou que todas as pessoas para quem eu falava na Toastmasters queriam o meu sucesso, e também me deu o apoio de que eu precisava para perdoar a mim mesmo, não apenas pelos erros que cometia, mas também pela minha procrastinação.

Colocamos muita vergonha e culpa em nós mesmos quando não estamos onde achamos que deveríamos estar na vida. Tudo isso atrasa ainda mais o progresso. Não importa se você queria fazer algo anos atrás. Você está fazendo agora. Em vez de se culpar pela hesitação no passado, é muito mais útil dizer a si mesmo: *eu não tinha as ferramentas, coragem ou confiança para enfrentar isso antes, mas agora estou totalmente comprometido.*

Permitir a mim mesmo me divertir também foi como aprendi a lidar com o desconforto de me articular. Eu costumava ser sempre a pessoa mais jovem da sala no mundo dos negócios e não tinha experiência. Não tinha um emprego. Não tinha nada. Mas encontrei uma maneira de entrar nas salas, sentar às mesas de jantar e conhecer pessoas influentes porque eu era brincalhão. Eu fazia piadas e perguntas engraçadas. Era curioso, e fiz disso um jogo. Criava desafios divertidos para mim mesmo:

há um palestrante no palco. Como posso conhecê-lo depois? O que posso fazer para estar na mesma sala que ele?

Essa abordagem abriu uma porta muito interessante para mim, simplesmente porque *me comprometi* e me diverti fazendo isso. Quando eu ainda era praticamente desconhecido, vi que Tim Ferriss estava dando uma conferência em que planejava compartilhar todos os seus segredos sobre como escrever e lançar um best-seller do *New York Times*. Meu único problema era que os ingressos custavam US$10 mil.

Pensei: *bem, eu quero ir a este evento, mas não posso pagar por um ingresso, então o que seria necessário para conseguir entrar de graça? Aliás, o que seria necessário para eu poder realizar uma palestra neste evento? Ou melhor ainda, o que seria necessário para que Tim Ferriss me entrevistasse no palco?* Era uma impossibilidade absoluta, mas eu tive a audácia de perguntar: **para que isso seja possível, o que precisaria acontecer?** Eu havia encontrado o assistente de Tim Ferriss, Charlie, em algumas conferências e descobri que ele estava ajudando a lançar esse evento. Fiquei sabendo que o evento seria sobre marketing e lançamentos de livros. Eu disse a Charlie: "você tem todos esses nomes famosos, todas essas pessoas importantes. Mas ninguém está falando sobre tours virtuais de livros." Eu nem tinha escrito um livro ainda, mas tinha boas relações nesse campo e um estudo de caso perfeito para o tópico. Em um webinar com Gary Vaynerchuk, promovi seu livro e vendi oitocentas cópias.

Dê a si mesmo permissão para encarar aquilo que deseja, depois aceite o desafio e vá com tudo.

Eu detalhei o plano para Charlie, mostrei a ele o estudo de caso e expliquei como o tópico seria benéfico para os participantes. Terminei pedindo a Charlie para apresentar a ideia a Tim e disse a ele que ficaria feliz em fazer isso de graça.

Para minha surpresa, logo me vi apresentando minha ideia em uma ligação com Charlie e Tim, e eles disseram: "ok, vamos fazer isso." *Caramba — você está brincando?!*

Então, sentei-me no palco diante de uma plateia que havia pago US$10 mil para estar lá e, sim, Tim Ferriss *me* entrevistou, um completo desconhecido que ousou perguntar: *o que seria necessário para tornar isso possível?* É assim que se busca a grandeza. Dê a si mesmo permissão para encarar aquilo que deseja, depois aceite o desafio e *vá com tudo.*

O VALOR DE UM DESAFIO

Como qualquer pessoa que me acompanha sabe, adoro desafios. Fico fortalecido ao encarar um desafio de trinta, sessenta ou noventa dias e superá-lo. Se você quer se tornar destemido, deve riscar os itens da sua Lista de Medos se dedicando totalmente a eles até que o medo desapareça. Eu começo enfrentando um medo de cada vez e criando desafios para ajudar no processo.

Quando era mais jovem, tinha medo de falar com as meninas. Então, perguntei a mim mesmo: *como posso superar isso por meio de um desafio?* Comprometi-me a falar com uma garota todos os dias durante o verão inteiro. No fim do verão, eu tinha toda a confiança do mundo. Aos 17 anos, eu conversava seguramente com mulheres de 40 anos, simplesmente como um desafio para ver se eu conseguia.

Nada é mais empoderador do que enfrentar o medo que o controla.

Descobri que, a cada medo que superava, eu acreditava mais na minha capacidade de enfrentar o próximo desafio. Superar o medo de falar com mulheres me deu o impulso necessário para enfrentar o medo da rejeição na dança de salsa. Os detalhes do medo não importavam tanto quanto o fato de provar para mim mesmo que poderia superar meus medos. Ao aprender a conversar com mulheres e a dançar salsa, essa confiança se transferiu para a crença de que eu poderia ser um palestrante público, realizar webinars de sucesso e até escrever um best-seller.

Uma vez que você identificar o seu medo principal, pode se dedicar totalmente a ele. Nada é mais empoderador do que enfrentar o medo que o controla. E a chave para superar os medos é a autoavaliação e a ação. Crie desafios de trinta, sessenta ou noventa dias para um de seus medos, tome medidas e veja sua confiança disparar.

O inimigo desse mindset de *entrega* é a procrastinação. Mais uma vez, meu amigo e autor Rory Vaden acertou em cheio. Ele compartilhou comigo que os psicólogos dizem que a causa da procrastinação é a autocrítica.[1] Aquela voz interior começa a dizer: *não sou bom o suficiente. Não sou inteligente o suficiente.* Então você se pega pensando: *por que se importar?* Mas quando percebe que já é o suficiente agora, neste exato momento, pode dar os passos para se tornar ainda mais.

Não acredito que alguém realmente queira falhar em sua missão, no entanto, a maioria das pessoas diz que se sente presa em sua vida. Por que tantos de nós permanecem em um lugar onde não queremos estar? Katy Milkman, economista e professora da Wharton School, da Universidade da Pensilvânia, lança uma luz interessante sobre esse assunto. Ela diz que as pessoas têm "barreiras internas", sendo a maior delas a preferência pelo *status quo*. Isso significa que elas tendem a permanecer no caminho que conhecem. Qualquer desvio desse caminho parece tão arriscado que elas estão dispostas a enfrentar um caminho menor, menos grandioso, desde que familiar.[2]

É por isso que, na minha experiência, sair de uma vida "boa" é uma das situações mais difíceis que existem. Uma pessoa que está 80% satisfeita com sua vida boa geralmente se sente confortável demais para arriscar uma vida *grandiosa*.

AJA AGORA!

Rory Vaden me deu uma maneira útil de pensar sobre os desafios. Ele diz que todos querem evitar a dor, até mesmo pequenas dores como o tédio. Nós procrastinamos para evitar coisas desagradáveis. Mas a realidade é que nem sempre podemos escolher se sentiremos desconforto. Às vezes, nossa única escolha é passar por esse desconforto *agora* ou *mais adiante*, quando a dor tiver se acumulado. Com esse mindset, o tempo gasto no desconforto não parece um sacrifício; é um investimento de curto prazo para um futuro mais rico.

Rory chama essa prática de "subir as escadas" e afirma: "o caminho mais curto e garantido para uma vida fácil é fazer as partes mais difíceis das coisas o mais rápido possível".[3] Observe que essa prática não se trata de trabalhar mais. Dessa maneira, você estaria seguindo o caminho mais fácil. O que é necessário é disciplina.

Essa ideia se encaixa perfeitamente em um conceito discutido por Greg McKeown, autor best-seller de *Essencialismo* e *Sem esforço*. Greg ensina a busca disciplinada pelo essencial, que é o antídoto para a diluição de prioridades. Concentre-se em algumas coisas importantes em detrimento das coisas frívolas. Você ficará tentado a perder o foco, mas é aí que se lembrará de que está fazendo a parte difícil agora para evitar dificuldades maiores no futuro. Faça ações em massa para criar impulso e conseguir ver as mudanças acontecerem.

Se você é uma das muitas pessoas que lutam contra uma ou várias formas de procrastinação, não se culpe. Você está apenas operando a partir de um lugar de sobrevivência. É normal querer conservar energia. Mas, segundo Rory, a procrastinação conserva apenas a energia física, quando a maior parte da energia envolvida na tomada de decisões é emocional. Fazer exercícios é um exemplo perfeito disso. Muitas vezes, a energia emocional gasta para ir à academia é maior do que a energia física do treino. Isso ocorre porque procrastinamos e exageramos o quão dolorosa será a tarefa.

Serei completamente honesto com você. Entregar-se *por completo* será ocasionalmente doloroso. Às vezes, você terá que dar saltos assustadores com os dois pés no desconhecido.

Katy Milkman e seus colegas pesquisadores descobriram um fenômeno chamado "efeito do recomeço"[4] que pode ajudar as pessoas a enfrentar desafios. A motivação para mudar tende a variar dependendo de uma série de fatores (negócios, energia, otimismo etc.). Com tantos fatores, essas variações podem parecer aleatórias, mas a equipe de Katy encontrou um padrão. Como se verificou, as pessoas respondem a certos momentos que marcam um recomeço. Esses momentos podem ser um ano novo, um aniversário, o primeiro dia de um novo emprego ou até mesmo uma segunda-feira. Costumamos dar um passo para trás nesses momentos e refletir sobre nossa vida, objetivos ou prioridades.

Dependendo do tipo de recomeço, pode até parecer uma mudança de identidade. Por exemplo, quando uma criança completa 18 anos, ela pode sentir uma mudança porque passa a ser legalmente adulta. E essa mudança implica novas regras, responsabilidades e privilégios, e pode vir a inspirar outras mudanças. Conhecer e aproveitar o poder desse "efeito do recomeço" pode capacitá-lo a construir intencionalmente novos começos em sua vida com mais frequência e aproveitá-los ao máximo.

Outra maneira de se preparar para enfrentar desafios é usar a Regra dos 20 Segundos do autor best-seller do *New York Times*, Shawn Achor. Com essa regra, você controla estrategicamente a quantidade de energia necessária para qualquer atividade. Você baseia essa quantidade de energia no quanto quer fazer algo com mais ou menos frequência.[5] Por exemplo, se quiser diminuir o tempo que passa na Netflix, você pode excluir o aplicativo do seu computador e impedir que a Netflix faça o login automaticamente. Dessa forma, se quiser assistir à Netflix, precisará pesquisar o site na internet e digitar suas informações de cadastro para acessá-la. Apenas esse pequeno esforço extra pode dissuadi-lo de se direcionar automaticamente para a Netflix.

Por outro lado, se você deseja cozinhar em casa com mais frequência, pode investir em vegetais pré-lavados e cortados ou outros ingredientes preparados para diminuir a quantidade de energia necessária. Em outras palavras, você tem mais controle do que imagina ao enfrentar um desafio para superar os medos ou fazer mudanças significativas na vida.

Recentemente, me desafiei a correr na Maratona de Los Angeles. Embora tenha passado muito tempo desenvolvendo minha resistência, nunca corri uma corrida completa para testá-la. Na verdade, uma semana antes da maratona, corri cerca de 21 km (metade da distância completa da maratona), e isso quase me destruiu. Eu estava tão dolorido que não corri durante toda a semana anterior à maratona. Teria sido fácil acreditar que eu não tinha qualificação e preparação suficientes e simplesmente desistir. Mas, felizmente, eu já havia me dado permissão para agir de forma imperfeita e me comprometi a enfrentar o desafio.

O que me ajudou foi dizer a mim mesmo: *a maratona não será difícil. Será divertida.* Eu fiz um plano para torná-la divertida. Decidi que subiria todas as colinas e passaria por cada ponto de água caminhando. Quando chegou o dia, segui o plano. Toda vez que havia uma pequena colina, eu caminhava. Sempre que havia um lugar para pegar água, eu caminhava enquanto bebia e depois voltava a correr.

Os desafios nos ajudam a trabalhar em direção a quem queremos nos tornar.

Durante os 42 km, sorri para as pessoas com suas placas e troquei muitos cumprimentos. Ri e me maravilhei com o que meu corpo estava fazendo. Não tentei competir. Apenas aproveitei o processo. E sabe de uma coisa? Terminei a maratona em menos tempo do que imaginava e me senti ótimo.

Quando assumi o desafio de correr uma maratona, pensei que nunca mais faria isso. Então, apenas alguns dias depois de concluir aquela primeira maratona local, me inscrevi para a Maratona de Nova York.

Os desafios nos ajudam a trabalhar em direção a quem queremos nos tornar. Luto boxe com um cara na academia cujo peso variou muito em grandes oscilações ao longo de dez anos. Quando perguntei ao treinador por que isso acontecia, ele disse que é porque se o cara não tiver outro desafio assim que terminar o atual, ele volta ao seu estilo de vida anterior.

Atualmente, ele está se preparando para uma grande luta de boxe, então está se alimentando corretamente e perdeu muito peso. Mas ele já está com medo de ganhar o peso de volta depois da luta, a menos que assuma algo novo.

Desafie-se. Os desafios trazem consistência para sua vida, incentivam a autorreflexão e aumentam a confiança. Tenha sempre dois desafios, um já em andamento e outro pronto para enfrentar em seguida.

Para começar, aqui estão algumas atividades para ajudá-lo a identificar e aceitar seus primeiros desafios.

ESTIMULANDO A GRANDEZA

Exercício 1: Perseguir o Impossível

Criei uma oportunidade incrível para mim quando garanti uma plataforma pública na frente de Tim Ferriss. Inicialmente, esse sonho parecia absurdo. Mas eu tornei-o realidade ao perguntar a mim mesmo: *o que seria necessário para torná-lo possível?* Eu me permiti sonhar alto e fui atrás disso, sem saber se daria certo. Este exercício o ajudará a montar um plano para se dedicar *completamente* ao seu sonho impossível.

PASSO 1 — IDENTIFIQUE O SEU DESAFIO

Releia seu Manifesto de Missão Significativa. Pense na realização final que lançaria você no caminho para alcançar esta Missão. Não se contenha. Pense na coisa mais impossível e anote-a.

PASSO 2 — PERGUNTE O QUE SERIA NECESSÁRIO

Meu sonho de ser entrevistado por Tim Ferriss exigia desenvolver um relacionamento com seu assistente. Portanto, meu primeiro passo foi aproveitar meus encontros com ele e entrar em contato. O que seria necessário para que seu sonho impossível se torne possível? Quais são os passos que você pode dar agora para se aproximar desse sonho impossível? Seja o mais específico possível.

1.

2.

3.

4.

PASSO 3 — TORNE O DESCONFORTO EM ALGO DIVERTIDO

Algumas das etapas — senão todas — que você acabou de listar podem fazer você se sentir ligeiramente desconfortável. Juntar-me à Toastmasters era praticamente o meu pior pesadelo, mas também era o passo que eu precisava dar para alcançar meu objetivo aparentemente impossível de receber um convite para um discurso gratuito. Para tornar o processo suportável, transforme as tarefas desconfortáveis em jogos. Você pode tentar superar seu recorde pessoal ou definir um limite de tempo para concluir uma tarefa pequena. Você pode até fazer um jogo de procurar humor em situações desconfortáveis ou desgastantes. Escolha um dos tópicos listados no Passo 2 e elabore um plano para torná-lo divertido.

ABRACE A CURIOSIDADE

Você pode ter tido dificuldade com essa última etapa. Talvez estivesse pensando: *Lewis, você não entende. Eu estou apavorado com esse desafio.* Caso se sinta assim, tente inclinar-se para o que o deixa curioso em relação àquilo que o assusta. Eu via as pessoas fazendo discursos incríveis em filmes e pensava: *caramba, isso parece emocionante.* E me perguntava como seria estar no palco e influenciar as pessoas de uma forma positiva. Assim como eu fiz quando aqueles Tópicos da Mesa ficaram pesados demais, lembre-se dessa curiosidade.

Exercício 2: Plano de Jogo de Trinta Dias

Nossos cérebros estão programados para pensar em forma de história. Se pensarmos em nossas vidas como histórias, cada novo "capítulo" é um novo começo. Um aniversário. Uma formatura. Até mesmo uma nova manhã. Este exercício aproveita o conceito de recomeço de Katy Milkman, criando referências em seu cronograma.

PASSO 1 — ESCOLHA UM OBJETIVO

Escolha um objetivo que deseja realizar no próximo mês e anote-o.

PASSO 2 — DESTRINCHE SEU OBJETIVO

Divida esse objetivo em objetivos menores. Por exemplo, se seu grande objetivo é conseguir um emprego mais alinhado com sua paixão, seus objetivos menores podem ser atualizar seu currículo, colocar alertas de empregos em sites populares, revisar empregos possíveis e preencher formulários. Liste os pequenos objetivos que você precisa realizar para alcançar seu objetivo maior.

1.
2.
3.
4.
5.
6.
7.
8.
9.
10.

PASSO 3 — ORGANIZE OS OBJETIVOS MENORES

Dos objetivos menores que você listou, quais consegue concluir em três dias?

1.
2.
3.
4.
5.

Dos objetivos menores que você listou, quais consegue concluir em uma semana?

1.
2.
3.
4.
5.

Dos objetivos menores que você listou, quais consegue concluir em até trinta dias?

1.
2.
3.
4.
5.

PASSO 4 — INDIQUE NOVOS COMEÇOS

Crie uma marcação visual em seu calendário para indicar os pontos de verificação de três dias, uma semana e trinta dias. Você pode usar adesivos, símbolos ou uma palavra significativa. Tente escolher algo comemorativo. Afinal, esses são seus novos começos!

Volte a este exercício e marque os objetivos menores nos pontos de verificação correspondentes à medida que os completa.

PASSO 5 — REFLITA

Na marca dos três dias, uma semana e trinta dias, volte a este espaço, reflita sobre o período de tempo que acabou de passar e anote seus pensamentos. Use os tópicos a seguir para gerar pensamentos caso fique travado.

- Como você se sente em relação ao que conseguiu realizar?
- Existe alguma coisa que você mudaria na maneira como gastou seu tempo?
- Você dedicou tempo demais a alguma tarefa?
- O que você considerou desafiador em trabalhar com esse prazo?
- Há algo que você queira fazer de forma diferente para o próximo prazo?

PROTEJA SEU TEMPO

Geralmente é melhor estabelecer prazos apertados para si mesmo, pois isso o força a aceitar a imperfeição. Por exemplo, se você deseja escrever uma postagem para um blog, pode se dar três dias para concluir um rascunho, revisá-lo e publicá-lo. O objetivo é agir e ver quais resultados pode criar. Dessa forma, você não apenas protege seu tempo, mas também cria impulso e aumenta sua confiança cada vez que alcança um objetivo e inicia um novo ciclo.

Capítulo 15

DEFINA SEUS OBJETIVOS DE GRANDEZA

Desde criança, as Olimpíadas de Verão sempre me inspiraram. Poucos meses depois de tirar o gesso e ter me instalado no sofá da minha irmã, assisti às Olimpíadas de Pequim em 2008 dia e noite durante duas semanas. Michael Phelps foi o grande destaque, nadando de medalha em medalha. Recordes olímpicos foram quebrados em diferentes esportes. E lá estava eu, no sofá, me perguntando se voltaria a praticar esportes algum dia.

Então, certa noite, por volta das 3 horas, vi os destaques de um esporte chamado handebol. Fiquei impressionado. Nunca tinha ouvido falar a respeito dele antes, mas agora estava intrigado e pesquisei tudo o que pude sobre o esporte.

É popular na Europa, mas poucos jogam nos Estados Unidos. É uma mistura de basquete, lacrosse e futebol, mas jogado com as mãos. O jogo é extremamente acelerado, com duração de sessenta minutos. Os jogadores arremessam uma minibola de futebol em um pequeno gol, tentando marcar mais gols do que o time adversário. É semelhante ao basquete, mas os jogadores podem dar três passos antes de driblar, passar ou arremessar.

Fiquei convencido de que esse era o esporte que eu deveria praticar. Eu tinha acabado de me aposentar do futebol americano, mas não sentia que tinha encerrado minha carreira como atleta. Então comecei a pesquisar mais, enviar e-mails e ligar para as pessoas tentando descobrir sobre uma equipe de handebol dos EUA. Eu queria chegar às Olimpíadas. E queria jogar pelo meu país.

Descobri que não havia equipes em Ohio, onde eu estava. Nem mesmo havia uma liga profissional nos EUA. Havia apenas equipes amadoras em todo o país, e a melhor delas estava em Nova York. Descobri que ninguém era remunerado para jogar; era apenas por diversão. Mas isso não importava. Eu precisava encontrar uma maneira de ganhar dinheiro suficiente para me mudar para Nova York, aprender handebol, jogar com aquela equipe e fazer parte da seleção nacional dos EUA para ir às Olimpíadas.

Como você pode imaginar, eu *me joguei de cabeça* nisso. Fiquei obcecado. Entrei em contato repetidamente com a organização dos EUA, mas era quase impossível falar com alguém por telefone ou obter uma resposta por e-mail. Dois anos depois, no início de 2010, finalmente ganhei dinheiro suficiente com meu negócio de marketing online para ir a Nova York. Ainda não conseguia falar com ninguém, mas encontrei o site do New York City Handball Club. Eles não tinham um e-mail ou número de telefone, apenas um endereço físico onde praticavam.

Quando fui a Nova York por um mês para fazer algumas palestras, decidi que apareceria nesse evento de handebol e ver o que poderia fazer. Quando cheguei lá, descobri que era o único norte-americano nativo. Havia cerca de trinta jogadores de todos os países da Europa falando uma grande variedade de idiomas.

Tentei a abordagem mais direta possível: "olá, meu nome é Lewis, sou de Ohio. Estou aqui para aprender handebol, entrar para a seleção dos Estados Unidos e ir para as Olimpíadas."

Eles riram de mim, e começaram a conversar entre si em vários idiomas, exceto o inglês. Finalmente, alguém traduziu.

"Quem é você? Você é ousado", perguntaram. "Acabamos de ganhar o campeonato nacional no fim de semana passado, e este é nosso último treino do ano. Estamos jogando por diversão. Vamos jogar futebol hoje. Não estamos nem jogando handebol. Volte daqui a três meses, quando começarmos a praticar novamente."

Eu disse a eles que voltaria, e comecei a estabelecer relações com alguns daqueles caras. Um deles me ensinou um pouco para me preparar para a próxima vez. Acabei ficando em Nova York e, alguns meses depois, comecei a praticar com eles.

Eu me joguei de cabeça, enfrentei o desafio e fiz o que era desconfortável ao me mudar para uma nova cidade para aprender um esporte novo que nunca havia praticado antes, com pessoas de origens e experiências culturais diferentes. Eu falava uma língua diferente da deles, mas estava determinado.

Comecei a praticar consistentemente. Eu possuía um conjunto de habilidades herdadas do futebol americano, mas não era um jogador de handebol habilidoso. Minha cirurgia de alguns anos antes significava que eu ainda não estava em plena capacidade, mas tinha habilidade atlética e estava disposto a trabalhar com vigor.

Nove meses depois de ter aparecido pela primeira em Nova York, entrei para a seleção nacional dos EUA e fui para o Campeonato Pan-Americano em Buenos Aires, Argentina, para a minha primeira competição internacional. Eu estava um passo mais perto de tornar esse sonho realidade. E fiquei ainda mais obcecado.

Por nove anos, joguei pela seleção nacional dos Estados Unidos, representando meu país enquanto construía meu negócio. Joguei na Espanha por um tempo em um time profissional. Dediquei-me *completamente* ao esporte e passei a jogar em todo o mundo — Israel, Londres, Luxemburgo, Brasil, Uruguai, México, Canadá e por todos os Estados Unidos.

O desafio para chegar às Olimpíadas era que a única maneira de fazê-lo era se classificando em um torneio a cada quatro anos, chamado de Jogos Pan-Americanos. Não é como a maioria dos esportes olímpicos em que a maioria dos países pode enviar uma equipe ou representante. Apenas uma equipe da América do Norte e do Sul avança para as Olimpíadas. Todos os países da América do Norte e do Sul se reúnem para uma espécie de Olimpíadas de meio mundo para determinar que equipe será essa. Portanto, você tem que vencer os Jogos Pan-Americanos para avançar para as Olimpíadas de handebol.

Brasil, Argentina e Chile têm ligas profissionais. Eles jogam há anos e são realmente talentosos, enquanto todos nós éramos amadores nos EUA. Não importava o quão bom eu pudesse me tornar; a equipe teria que vencer. Não era impossível, mas era *muito* difícil. No entanto, se fôssemos o país-sede das Olimpíadas, teríamos uma classificação automática. Tentamos para 2016 e 2020, mas os EUA não conseguiram. Entretanto, os

Jogos de Verão acontecerão em Los Angeles em 2028, então tudo é possível! De qualquer forma, um dos momentos de maior orgulho da minha vida foi jogar na seleção dos Estados Unidos.

QUANDO VOCÊ NÃO ESTABELECE METAS

Se você não definir metas, terá dificuldade em alcançar a grandeza porque não terá uma imagem clara sobre aonde está indo. Quando você não consegue ver sua direção com clareza, não consegue traçar uma estratégia para chegar lá. No futebol americano, por exemplo, o objetivo é vencer o jogo levando a bola até a *endzone* para marcar pontos suficientes para vencer. Sem essa meta estabelecida para se esforçar e uma estratégia para alcançá-la, os jogadores simplesmente vagariam sem rumo pelo campo. Não seria divertido assistir e nem jogar.

Se você não definir metas, terá dificuldade em alcançar a grandeza.

Como atleta, sempre achei inteligente ter metas. Sempre as tive para todas as temporadas da minha vida e da minha carreira esportiva. As metas me dão foco e determinação para chegar aonde quero.

Depois que parei de praticar esportes profissionalmente e estava tentando descobrir como seria o resto da minha vida, percebi que não tinha a mesma confiança fora de campo. Grande parte da minha confiança vinha de ter clareza em relação ao meu objetivo e estratégia. Sem meta, eu perdi meu foco e vaguei sem rumo. Talvez você possa se identificar com isso.

Você precisa ter metas definidas, mas também foco e motivação para alcançá-las. Se você não está obtendo o resultado que deseja, provavelmente precisará avaliar esses dois pontos. Sem metas claras, é fácil se distrair com os valores e metas alheias. Como sempre, Rory Vaden vai direto ao ponto:

> Você só precisa decidir o que está disposto a fazer e o que deseja buscar, e perceber que, até realizar essas coisas, tudo o mais é uma distração. Mas foco é poder. Quando você tem um foco diluído, obtém resultados diluídos. A maioria das pessoas obtém

> resultados diluídos em sua vida, não porque não sejam inteligentes ou boas o suficiente, mas porque estão distraídas. Elas estão permitindo que seu tempo, atenção e recursos se fragmentem. O que você precisa é de energia concentrada para criar um avanço.[1]

Foco diluído significa resultados diluídos. Isso é especialmente verdadeiro à medida que você se torna mais bem-sucedido e tem ainda mais distrações em potencial e prioridades concorrentes. Os resultados que você deseja simplesmente não acontecerão sem que você esteja totalmente focado em sua Missão Significativa.

Isso leva muitas pessoas a sentir que não estão progredindo. O Dr. Benjamin Hardy, coautor de *The Gap and the Gain* [sem publicação no Brasil] com Dan Sullivan, descreveu isso da seguinte forma:

> Uma coisa que leva as pessoas ao esgotamento é gastar energia demais e não sentir que estão progredindo de fato. Alcançar metas é algo energizante. Emocionante. Se você realmente estabelecer prazos para si mesmo, gerar resultados e se ver sendo bem-sucedido, você constrói confiança porque se compara ao seu estado antes de atingir a meta, e não ao seu ideal. Quando você se vê avançando, isso lhe dá entusiasmo. O sucesso cria confiança e motivação. Observar-se obtendo algumas vitórias, tanto grandes quanto pequenas, lhe dá energia.[2]

Talvez em nenhum lugar a estratégia focada seja mais crucial do que nas forças armadas. O ex-Navy SEAL Jason Redman me disse que quando eles identificam um alvo, o dividem em partes para saber exatamente para onde estão indo e com o que estão lidando. Eles também estabelecem um curso bem definido de como chegar lá. Cada ação é dividida e cada contingência planejada para que não haja desvio do plano. Em outras palavras, eles estabelecem metas e apoiam essas metas com um plano de ação.

Se você não está obtendo o resultado que deseja, provavelmente precisará avaliar seu foco e motivação.

Jason me disse que o processo é muito semelhante ao que ele passou quando decidiu, ainda criança, que queria se tornar um Navy SEAL. Por saber qual era sua meta, ele pôde criar uma estratégia clara para chegar lá. Ele precisaria se alistar na Marinha, ser aceito, obter um contrato de SEAL, passar no teste de seleção e em um teste acadêmico específico com uma pontuação alta o suficiente para ser um SEAL.[3]

Quando ele dividiu a jornada dessa maneira, ficou mais fácil enxergar o caminho que precisava percorrer para atingir sua meta. E para você funciona do mesmo jeito. Você pode facilmente dar um passo de cada vez, avançando pelas etapas necessárias para chegar onde deseja.

Em vez de vagar sem rumo pela vida, desafio você a dedicar tempo para definir suas metas e traçar a estratégia para alcançar sua Missão Significativa.

MINHA DEFINIÇÃO DE METAS PESSOAIS

Eu sou um grande fã da técnica de agendar metas depois de ter aprendido o valor disso com meu treinador de futebol americano. No início da temporada, ele estabelecia nossas metas como equipe fazendo perguntas.

"Qual é a nossa meta, equipe?" perguntava ele. "O que queremos realizar? Queremos ganhar o campeonato? Queremos ir para os playoffs? Quantos jogos queremos vencer? Queremos nos tornar melhores em cada posição?"

Então, nós criávamos nossas metas em comum.

Lembro-me que no primeiro dia de treino, eu tinha um cronograma no meu armário, assim como todos os outros no vestiário. Eu tinha 15 anos, e foi a primeira vez que vi um cronograma daquele jeito, com cada minuto preenchido por ações intencionais para nos ajudar a atingir a meta daquele dia. Havia um intervalo de cinco minutos para beber água, e um de dez para o alongamento. Havia uma seção para o ataque e outra para a defesa. As metas eram mensuradas, o que mostrava o quão longe ou perto estávamos de alcançá-las. Cada detalhe era levado em conta e devidamente planejado.

Foi quando eu disse: "ah, eu preciso fazer isso na minha vida". E nunca mais olhei para trás.

Mesmo depois de encerrar a carreira no esporte profissional, eu não entendia por que alguém faria qualquer coisa sem planejar e agendar o que deseja e cumprir com isso. Eu tenho usado esse sistema nos últimos vinte anos. Tudo o que quero fazer precisa estar no cronograma. Se quero falar com minha mãe, está lá. Se quero fazer exercícios, está lá. Se estou escrevendo um livro, está lá. Não é apenas uma questão de preparar uma lista de coisas que quero fazer no dia e depois me distrair. Eu vivo cada minuto de acordo com meu cronograma. Isso traz clareza à minha vida e garante que eu esteja tomando as medidas necessárias para alcançar minhas metas.

Percebi que uma das coisas mais impactantes para o meu cronograma é como começo o dia, então desenvolvi uma rotina matinal pessoal que me permite ser consistentemente o mais produtivo possível.

Para começar bem o meu dia, eu preciso...

- **Dormir** — Ter de 7 a 8 horas completas de sono adequado e reparador afeta a energia e o foco do meu dia inteiro.
- **Arrumar minha cama** — Realizar algo pequeno logo ao acordar aumenta meu ímpeto para o sucesso.
- **Mover meu corpo** — O exercício ajuda a limpar minha mente e meu corpo.
- **Tomar um banho frio** — Tomar banho com água fria me faz sentir acordado e vivo, e é ótimo para o sistema imunológico.
- **Meditar** — Liberar a tensão e expressar gratidão limpa minha mente.

Uma boa rotina matinal define o tom para o resto do dia. Você consegue controlar e organizar melhor sua programação. Quanto mais positiva a primeira hora, mais poderoso o restante do dia. Quando você age a partir de um lugar de criação, e não de reação, você *molda* sua vida, ao invés de deixar que ela o afete de forma negativa.

Quando você age a partir de um lugar de criação, e não de reação, você molda sua vida, ao invés de deixar que ela o afete de forma negativa.

Ao entrevistar muitas das pessoas brilhantes que estão alcançando seus objetivos e perseguindo seus sonhos, descobri que elas investem nesses quesitos ao estabelecer um cronograma e uma estrutura, e ao incorporar responsabilidades e treinamento a tudo isso.

Katy Milkman afirma que pesquisas mostram que você obterá mais resultados se seguir um cronograma, em vez de simplesmente esperar que as coisas aconteçam. Planejamento para o sucesso é fundamental. O que você vai fazer e quando? Milkman também destaca a importância de ter planos "se/então". Com base na pesquisa de Peter Gollwitzer, que estudou como as pessoas planejam seus objetivos, aquelas com maior persistência tinham uma estrutura detalhada e bem determinada. Elas eram mais propensas a alcançar suas metas ao usar expressões como "se X acontecer, então farei Y" — *se* for segunda-feira às 17h, *então* irei à academia treinar para a minha maratona. Em vez de apenas focar os resultados e saber o que precisa ser feito, você terá uma probabilidade maior de agir se especificar horários e detalhes por escrito.

Acompanhar seus objetivos e ver a diferença que suas ações geram também é fundamental para implementar mudanças comportamentais. Milkman explicou que, se você não consegue ver facilmente onde está na jornada, fica difícil recompensar a si mesmo, o que é importante para o seu sentimento de realização à medida que avança.[4]

O SISTEMA DE ALTO DESEMPENHO

Seus objetivos podem mudar em diferentes fases da vida. Quando eu praticava esportes, meu objetivo era estar na melhor forma possível. Quando eu vivia no sofá da minha irmã, meu objetivo era sair do sofá e viver uma vida produtiva.

Tudo começa com a declaração de sua Missão Significativa para esta fase da vida. Lembre-se, não ter uma Missão Significativa bem definida é o Inimigo da Grandeza. É importante anotá-la e mantê-la por perto enquanto você busca estabelecer metas para ajudá-lo a alcançá-la. Sem isso, você não tem orientação, direção e nada pelo que trabalhar. Quem é você? O que você quer criar? Quando você assume o controle da sua visão, missão e metas, pode começar a viver uma vida intencional ao longo do dia e se perguntar: *o que estou fazendo hoje para apoiar minha missão?*

Na minha vida, encontrei muito poder na simplicidade do número 3. Então, desenvolvi uma maneira de pensar sobre o desempenho com foco em três elementos — três jogadores, três objetivos e três perguntas. Usei essa estrutura para criar o **Sistema de Alto Desempenho (GPS — Greatness Performance System)**, ou ainda, a estratégia para a minha vida.

Gosto de pensar nas diferentes áreas da vida como Três Jogadores que tenho em campo a qualquer momento: Negócios, Relacionamentos e Bem-estar. Pode ser tentador focar apenas uma ou duas dessas áreas, mas todas as três são importantes para o sucesso duradouro. Se você não estiver saudável, seus relacionamentos e negócios acabarão sofrendo. Se seus relacionamentos não forem positivos, vão distraí-lo e fazer com que seus negócios fiquem aquém do esperado. Mas quando seu bem-estar e seus relacionamentos prosperam, seus sonhos de negócios ou carreira estão bem posicionados para decolar. Eu priorizo esses Três Jogadores dessa maneira para me posicionar da melhor forma possível para alcançar a grandeza.

Cada jogador tem três áreas que requerem atenção para ser bem equilibradas e saudáveis:

- **Negócios:** Renda, Influência, Impacto
- **Relacionamentos:** Pessoal, Profissional, Comunitário
- **Bem-estar:** Físico, Mindset, Emocional

Eu passo por um processo específico para desenvolver minhas principais metas em cada área, e acabo com um total de nove delas. Mas isso ainda é muito para realmente dar-lhes atenção e foco. Em seguida, escolho a meta mais importante para cada jogador — Negócios, Relacionamentos ou Bem-estar — e me concentro apenas em atingir essas três metas, uma de cada vez.

Quando se trata de metas, muitas pessoas se sentem travadas, e acho que é por não as traçarem corretamente, inclusive tendo metas demais.

Elas acabam com uma lista de tarefas que parece assustadora. Por mais contraintuitivo que pareça, você precisa se concentrar em menos metas para poder alcançar mais. Isso não significa ignorar completamente certas áreas da sua vida; elas simplesmente não receberão seu foco mais intenso em termos de metas a serem perseguidas.

Depois de escolher minhas três metas principais para cada um dos Três Jogadores, eu me faço três perguntas cruciais:

- **O que eu quero?** Responder a essa pergunta me obriga a trazer clareza para a minha visão e o fim que tenho em mente.
- **Por que quero isso?** Responder a essa pergunta ajuda a me reconectar com a minha Missão Significativa e a acessar minha motivação profunda para agir. Às vezes, quando faço essa pergunta, tenho dificuldade para responder, o que pode indicar que preciso me fazer outra pergunta: *eu realmente quero isso?*
- **Qual é o próximo passo?** Responder a essa pergunta faz com que eu me concentre no próximo passo prático que preciso dar para avançar. Não preciso saber o que farei daqui a seis meses, apenas o que preciso fazer em seguida para continuar progredindo.

Usar essa abordagem do Poder dos Três no Sistema de Alto Desempenho me dá foco em todas as áreas da minha vida e metas específicas para alcançar a grandeza. Em seguida, posso agendar os próximos passos e dividir minhas metas em etapas diárias realizáveis. Adoro ver os membros da nossa comunidade do Coaching de Grandeza aplicando o processo comprovado do GPS em sua própria vida e em seus negócios, apenas para obter um sucesso extraordinário. E estou ansioso para ouvir suas histórias sobre o que conseguiu conquistar ao aplicá-lo à sua própria jornada rumo à Grandeza.

ESTIMULANDO A GRANDEZA

As pessoas que fazem parte do nosso programa de Coaching de Grandeza têm a oportunidade de usar um Guia Completo de Grandeza que criamos para orientá-las no processo de definição e conquista de metas para obter resultados. Aqui está uma parte da atividade mais ampla de definição de metas para ajudá-lo a começar a definir e agendar metas usando os paradigmas que acabei de compartilhar:

Exercício: Seu Plano de Definição de Metas

Para cada um dos Três Jogadores e nove áreas, responda a cada uma das seguintes perguntas:

1. Como eu quero que a minha vida seja nessa área daqui a três anos?

   Essa pergunta dos sonhos dá asas à imaginação. Responda-a como se não houvesse nada que o impedisse de torná-la realidade. Não precisa ser formal, organizado e gramaticalmente correto — apenas deixe sua imaginação fluir.

2. Por que eu quero isso?

   Às vezes, pensamos que queremos algo até nos atrevermos a investigar o motivo para tal. Quando fazemos isso, podemos descobrir que na verdade não queremos aquilo. Também podemos acessar uma motivação mais profunda que nos impulsiona à medida que avançamos em sua direção. Talvez seja necessário fazer essa pergunta algumas vezes para realmente chegar ao cerne de sua motivação.

3. Com base em suas respostas, qual é a meta mais importante para cada uma das suas nove áreas?

NEGÓCIOS

Renda

Meta:

Influência

Meta:

Impacto

Meta:

RELACIONAMENTOS

Pessoal

Meta:

Profissional

Meta:

Comunitário

Meta:

BEM-ESTAR

Físico

Meta:

Mental

Meta:

Emocional

Meta:

Escolha apenas uma meta de cada jogador (Negócios, Relacionamentos, Bem-estar). Em seguida, responda às três perguntas a seguir em relação a cada uma delas para se posicionar para a ação. Repita o processo ao tomar os próximos passos para continuar dando a si mesmo a clareza necessária para seguir avançando.

1. O que eu quero?
2. Por que eu quero isso?
3. Qual é o próximo passo?

Capítulo 16

SOLICITAR APOIO

Uma das razões pelas quais os esportes sempre foram uma grande parte da minha vida é que eles me proporcionavam um senso de comunidade. Ter uma equipe para me apoiar me preparou para permanecer firme diante das adversidades. Quando os desafios surgiam, eu tinha companheiros de equipe para me levantar, assim como eu os levantava para alcançarmos nossos objetivos juntos.

Quando deixei os esportes, senti falta desse apoio — isto é, até encontrar o CrossFit. Comecei a frequentar a academia quatro ou cinco dias por semana, porque experimentava novamente aquela sensação de responsabilidade por estar em um grupo de pessoas fazendo o mesmo treino juntas. Além de haver um treinador orientando e apoiando a turma, todos os meus colegas se encorajavam e apoiavam mutuamente para continuar avançando. Como resultado, o CrossFit realmente ajudou a me manter comprometido com meus objetivos de saúde por muitos anos.

Não importa se seu objetivo está na área de negócios, relacionamentos ou bem-estar, responsabilidade e apoio são as chaves mágicas que podem fazer a diferença entre o sucesso e o fracasso.

Quando penso em responsabilidade, vejo, sem surpresa, três níveis:

1. Responsabilidade para consigo mesmo
2. Responsabilidade para com outra pessoa
3. Responsabilidade para com uma comunidade

Responsabilidade para consigo mesmo. O primeiro nível é o orgulho pessoal e a integridade de ser responsável por si mesmo. A maioria das pessoas negligencia o valor desse nível porque subestima a si mesma e desconsidera sua própria voz e orgulho pessoal para cumprir seus compromissos. Mas quando você aprende a apreciar quem é agora e quem está se tornando, pode alavancar sua integridade pessoal para valorizar e cumprir sua palavra. Você está moldando sua identidade com base na sua integridade individual? Em outras palavras, você é uma pessoa que diz: "vou fazer isso" e, em seguida, faz? Ou você é uma pessoa que diz uma coisa e faz outra, especialmente quando se trata de si mesmo?

Sua palavra para si mesmo é tudo. Quando você a mantém, constrói autoestima, autoconfiança e amor próprio. Imagine ser capaz de dizer a si mesmo no fim de cada dia: "estou orgulhoso de mim mesmo por fazer o que disse que faria". Isso é a responsabilidade do seu orgulho pessoal e da sua integridade em ação. Essa realmente deveria ser a base, mas a vida acontece, surgem os desafios, as responsabilidades aparecem. É aqui que entram os outros dois níveis.

Quando você aprende a apreciar quem é agora e quem está se tornando, pode alavancar sua integridade pessoal para valorizar e cumprir sua palavra.

Responsabilidade para com outra pessoa. Gosto de chamar essa pessoa de companheiro de responsabilidade. Pode ser um amigo, parceiro, cônjuge, treinador ou outro profissional de algum tipo. Por exemplo, se você e um amigo querem se comprometer a ser mais ativos, talvez possam caminhar juntos todas as manhãs. O ponto é que vocês solicitaram um apoio mútuo especificamente para responsabilizá-los por dar o próximo passo em direção a um objetivo. Nos dias em que você tem dificuldade em agir com base no senso de orgulho pessoal e integridade (e todos nós temos esses dias), essas pessoas podem apoiá-lo e responsabilizá-lo para continuar agindo.

Ao explicar a responsabilidade e por que ela funciona, Katy Milkman me apresentou ao conceito chamado "dispositivos de compromisso."[1] Os dispositivos de compromisso são consequências ou penalidades que impomos a nós mesmos para nos manter no caminho certo. Estamos habituados a ter de cumprir limites estabelecidos pelos outros (pense nos limites de velocidade e nas multas que advêm ao excedê-los). Mas também parecemos responder bem aos limites e consequências que impomos a nós mesmos. Quando você dá permissão a alguém para responsabilizá-lo, você cria um dispositivo de compromisso que implica uma penalidade de constrangimento ou vergonha por decepcionar alguém, ou realmente gera algum tipo de consequência que você preferiria evitar.

Quando eu estava no fundo do poço na minha vida — sem emprego, me recuperando de uma lesão, duvidando completamente de mim mesmo — tanto minha irmã quanto meu irmão me deram esse incrível presente de responsabilidade. Minha irmã disse: "tudo bem, Lewis, você já está aqui dormindo neste sofá há tempo suficiente. Está na hora. Ou você se muda ou começa a pagar o aluguel."

Inicialmente, pensei em me mudar para o sofá do meu irmão, mas ele me disse a mesma coisa. Custava apenas US$250 por mês, mas isso me obrigou a fazer planos, ganhar dinheiro e fazer as coisas acontecerem para poder pagar o aluguel a eles. Se eu não o fizesse, fracassaria, e meus irmãos saberiam disso. O constrangimento em potencial e as consequências superaram o desconforto de qualquer coisa que pudesse surgir ao correr riscos. Então, me mantive ocupado.

Responsabilidade para com uma comunidade. A comunidade pode vir de muitos lugares diferentes: clubes, associações, igrejas, grupos de apoio — você escolhe. Pode ser formal ou informal, altamente estruturada ou mais casual, com encontros e interações frequentes ou não, dependendo da necessidade. O ponto é reconhecer que, essencialmente, somos seres comunitários que respondem bem à pressão positiva dos pares. Quando sabemos que os outros estão contando conosco, não cumprir com isso significa admitir uma falta de compromisso.

De acordo com o especialista em produtividade Thomas Frank, um subgrupo dentro da responsabilidade comunitária é a responsabilidade perante uma equipe, onde o sucesso de um grupo *depende* do seu desempenho. Podem ser seus parceiros de negócios, colegas de trabalho ou até mesmo familiares. A responsabilidade para com uma equipe pode ser especialmente intensa porque você não apenas precisa admitir seu fracasso perante o grupo, mas seu fracasso é o fracasso deles. É por isso que os desafios são tão eficazes quando feitos em comunidade, especialmente quando vinculados ao sucesso da equipe.[2]

Por exemplo, você pode participar de um desafio para perder peso em trinta dias com uma equipe de pessoas que experimentam uma recompensa compartilhada pelo sucesso ou sofrem algum tipo de consequência compartilhada pelo fracasso. O efeito da equipe compartilhada torna-se um motivador poderoso para que todos se superem e ajudem a equipe a experimentar uma vitória compartilhada. Aproveitar o poder da comunidade pode lhe dar vantagem na conquista de seus objetivos de grandeza.

Eis alguns exemplos de como esses níveis funcionam. Quando eu jogava futebol americano, tinha meus objetivos próprios, como marcar um certo número de touchdowns em uma temporada. Eu me esforçava para atingir esse objetivo; isso é responsabilidade pessoal. Meu treinador também estava lá para me responsabilizar todos os dias nos treinos. Se eu não comparecesse ou não desse o melhor de mim, haveria consequências. Eu teria que correr alguns quilômetros ou talvez até ficar no banco durante um jogo. Eu não queria decepcionar a equipe por não dar o meu melhor, então o apoio daquela comunidade me motivava a seguir em frente.

Aproveitar o poder da comunidade pode lhe dar vantagem na conquista de seus objetivos de grandeza.

Outro exemplo é o relacionamento com minha namorada. Ela, obviamente, é uma pessoa muito importante para me dar feedbacks sobre se estou ou não no caminho certo. Primeiro, eu monitoro meus próprios sentimentos e faço uma autoavaliação para garantir que estou sendo verdadeiro comigo mesmo e sempre agindo com integridade. Em seguida, fazemos verificações de responsabilidade e compartilhamos como ambos estamos nos sentindo. Eu consigo ver resultados em tempo real com base em qualquer momento de como me apresento no relacionamento, com minha disponibilidade emocional, intimidade, conexão e presença. Se isso não estiver alinhado por um período de tempo, haverá uma desconexão no meu relacionamento.

Também recruto o apoio de um terapeuta com quem me encontro a cada duas semanas para processar emoções, refletir e me aprimorar pessoalmente. E, finalmente, tenho a vantagem de receber feedbacks de nossa comunidade de amigos à medida que nos envolvemos uns com os outros em torno de outras pessoas. Tento me cercar de amigos que estejam dispostos a falar honestamente sobre minha vida e me avisar se detectarem qualquer motivo para preocupação.

Em todas as áreas da vida, podemos ser intencionais em estabelecer e monitorar esses três níveis de responsabilidade para garantir que tomemos medidas e façamos o que dizemos que queremos fazer em busca de nossa Missão Significativa.

AJUDA DE PROFISSIONAIS

Eu recorro ao apoio de profissionais o tempo todo. Terapeutas, coaches, pastores e mentores, todos são especialistas na habilidade para a qual você busca responsabilidade. Esse tipo de suporte pode ser absolutamente fundamental para o seu sucesso, pois eles lhe dão a oportunidade de aprender novas habilidades ou apenas sair da sua própria cabeça e obter uma perspectiva valiosa. Mas pode ser útil pensar neles mais como treinadores de responsabilidade do que como amigos de responsabilidade. Outra questão sobre responsabilidade profissional é que ela geralmente não sai barato. Eu contrato treinadores para me ajudar a ficar em forma e funciona. Como pago pelos seus serviços, sei como parecerei bobo se deixar de fazer algo pelo qual já paguei. Mas se você não puder pagar um profissional, incentivo-o a buscar outras opções, como organizações comunitárias ou sem fins lucrativos que possam ser úteis.

"Atletas olímpicos têm treinadores. Por que achamos que podemos fazer isso sem eles?" Jen Sincero, autora do best-seller *Você é fodona*, me fez essa excelente pergunta quando a entrevistei.[3] Por que ficaríamos surpresos por falharmos ao tentar desenvolver um novo conjunto de habilidades do nada? O orgulho parece óbvio quando damos um passo para trás e o vemos tal como ele é. Até mesmo Tom Brady tinha uma equipe inteira de treinadores e especialistas ao seu redor.

Quanto mais camadas de responsabilidade você estabelecer, maior a probabilidade de cumprir seu compromisso.

O mesmo acontece com o famoso tenista Novak Djokovic, que esteve duas vezes no programa *A Escola da Grandeza*. Eu vi pessoalmente sua equipe profissional em ação, mantendo-o responsável por coisas como alongamento e recuperação, e garantindo que ele durma o suficiente após todas as suas partidas de tênis. Ele viaja para todos os lugares com um trailer personalizado que abriga um sistema de recuperação completo, incluindo uma sauna e tudo o mais que ele precisa para seguir seu regime de condicionamento físico.

Jen observou que, embora os profissionais possam não ser baratos, eles podem economizar tempo e dinheiro em longo prazo porque têm a expertise para ajudá-lo a progredir muito mais rapidamente do que você faria sozinho. Descobri que posso progredir em algumas áreas por conta própria, mas simplesmente não sei tudo e, principalmente, não sei o que não sei. Um profissional pode o ajudar a ver o que não consegue ver e aprender o que você nem sabia que estava disponível para ser aprendido. É por isso que muitas vezes confio em coaches de responsabilidade profissionais para me ajudar a melhorar meus Negócios, Relacionamentos e Bem-estar.

A responsabilidade profissional nem sempre precisa ser com uma pessoa. Às vezes, quando estou viajando, uso um aplicativo online que me fornece rotinas de exercícios, planos de refeições e conselhos sobre mindset, meditação e sono. O aplicativo me ajuda a ser responsável, pois fornece um calendário com todas as datas em que devo me exercitar. E ao fim de cada treino, tenho que tirar uma foto para provar a mim mesmo que cumpri o objetivo. Só quero garantir que conseguirei tirar essa foto.

Outro exemplo pode ser o uso de um aplicativo como o Mint.com ou ferramentas semelhantes no lugar de incluir um parceiro de responsabilidade profissional em suas finanças. As opções são infinitas para obter o apoio de profissionais, e posso garantir que você precisará fazer isso de alguma forma à medida que avança nesta jornada de grandeza.

Quando estava no meu programa, a neurocientista cognitiva Caroline Leaf defendeu a terapia como um dos melhores sistemas de apoio. Já falei muito sobre o valor dos terapeutas, mas mesmo assim você precisa reconhecer que eles não farão o trabalho por você. Como disse Caroline: "você ainda está convivendo consigo mesmo 24 horas por dia, 7 dias por semana."[4]

É por isso que você precisa de todas as camadas de responsabilidade, mesmo ao contar com apoio profissional. Como eu disse anteriormente, você está sempre no comando de si mesmo. E isso é uma boa notícia! Quanto mais camadas de responsabilidade você estabelecer, maior a probabilidade de cumprir seu compromisso. Experimente e veja quais combinações funcionam para você.

PERIGOS A EVITAR

Existem algumas coisas a serem consideradas ao buscar apoio e responsabilidade. Em geral, é difícil dar errado, mas aqui estão algumas dicas que aprendi que podem ajudar você a evitar obstáculos ao longo do caminho.

Primeiro, evite escolher parceiros de responsabilidade que não sejam divertidos. Parece simples, mas alcançar seus objetivos não precisa ser uma tarefa que você teme. Descobri que tenho muito mais probabilidade de continuar com algo se puder torná-lo divertido, e grande parte disso depende das outras pessoas envolvidas. Por exemplo, atualmente estou treinando com o grande boxeador e ex-medalhista do bronze olímpico Tony Jeffries. Ele realmente me submete a um treino rigoroso toda vez que nos encontramos.

Ele poderia tornar isso exaustivo e desagradável, mas a verdade é que nós nos divertimos. Quase sempre, enquanto estou colocando minhas luvas, começo a provocá-lo: "e aí, como é saber que você está prestes a ser destruído pelo seu aluno? Como é ser um medalhista olímpico, sabendo que um iniciante está prestes a lhe dar uma surra?" Então ele começa a responder, e antes que percebamos, estamos rindo, nos divertindo e fazendo um ótimo treino. Ele simplesmente torna a experiência agradável, mesmo que me vença todas as vezes. Portanto, vale a pena o esforço de encontrar um treinador, mentor ou parceiro de responsabilidade com quem você realmente se sente animado de estar junto.

Em segundo lugar, evite escolher parceiros que tragam negatividade em vez de positividade para a sua vida. Estar perto de pessoas tóxicas só drenará você, e não o ajudará de forma alguma. Em tudo o que fizer, pergunte a si mesmo se as pessoas e ações ao seu redor estão lhe trazendo mais alegria e saúde. Se a resposta for não e não mostrar indícios de se tornar um sim, repense essa parceria.

Quantas vezes você estabeleceu metas pelas quais estava super empolgado, apenas para sentir que eram inatingíveis depois de compartilhá-las com alguns amigos e ser ridicularizado? Mais vezes do que você provavelmente gostaria de lembrar, certo? Isso pode significar que você precisa se distanciar de comunidades que se tornaram tóxicas para o seu crescimento. E está tudo bem. À medida que você cresce e muda, essas necessidades também mudam.

Terceiro, evite pessoas que não investem em seu sucesso. Você precisa se perguntar: *quão importante é para essa pessoa que eu seja bem-sucedido?* É importante não se apoiar em alguém que está torcendo pelo seu fracasso ou que é indiferente ao seu sucesso. Thomas Frank compartilhou comigo uma história que contrastava perfeitamente um bom e um mau parceiro.

Thomas estabeleceu uma meta para si mesmo de ler 25 minutos de não ficção todos os dias. Para se responsabilizar, ele prometeu a um amigo que, caso falhasse um único dia, lhe pagaria US$100. Esse amigo tinha a atitude correta que todos precisam em um parceiro de responsabilidade. "Não quero seu dinheiro sujo se você falhar", disse ele a Thomas. "Portanto, não falhe." Compare esta resposta a outro "amigo" que queria aceitar a proposta de Thomas para torcer ativamente pelo seu fracasso e poder ganhar US$100 fáceis. A moral da história é ter cuidado ao escolher parceiros de responsabilidade que não torçam pelo seu fracasso.[5]

Em quarto lugar, evite se apegar a conselhos irrelevantes ou não solicitados. Você nem sempre pode escolher quem está envolvido em sua vida. As pessoas jogarão opiniões não solicitadas em seu caminho, mas cabe a você estender a mão para pegá-las ou deixá-las passar batido. A ex-agente especial do Serviço Secreto dos EUA, Evy Poumpouras, compartilhou comigo uma maneira pela qual ela faz essa escolha de forma intencional. Sempre que alguém oferece sua opinião, Evy se pergunta: *quem é essa pessoa e por que deveria ouvi-la?* Se essas perguntas não tiverem uma boa resposta, Evy deixa a crítica passar despercebida. Ela descobriu que, muitas vezes, as pessoas baseiam as opiniões em sua própria vida, e não na sua situação.[6] É por isso que é tão importante alinhar-se continuamente com seus valores e Missão Significativa. Porque se seus valores são diferentes dos de seus críticos, suas decisões provavelmente também o serão.

Outra maneira de evitar ser influenciado por conselhos irrelevantes de outras pessoas é refletir cuidadosamente sobre sua missão. Jordan Peterson descobriu que os comentários das pessoas geralmente só nos influenciam se já tivermos dúvidas. Se você planejou e se preparou minuciosamente, será capaz de responder às críticas com a certeza de que é suficiente, está preparado e que é possível. Quando você acredita nisso, ninguém pode detê-lo.[7]

Em quinto lugar, evite ir ao extremo com seus objetivos. Tentar abordar todas as áreas da sua vida da maneira mais extrema de uma só vez simplesmente não funcionará. Por exemplo, se você está tentando alcançar metas financeiras e metas de saúde física ao mesmo tempo, você pode dizer algo como:

> Não vou gastar dinheiro nos próximos três meses. Isso significa que não comprarei mais cafés no caminho para o trabalho. Vou cozinhar tudo em casa e preparar pessoalmente todas as minhas refeições da semana. Farei compras a cada poucos dias para garantir que todos os ingredientes sejam frescos e saudáveis. Vou fazer tudo perfeitamente, e economizar e comer da forma mais saudável possível. E vou malhar todos os dias, duas vezes por dia!

Isso caracteriza um mindset extremo. E provavelmente falhará miseravelmente, deixando você mais desanimado do que nunca. Ser extremo em relação às coisas é o oposto do fluxo natural da vida, que consiste em trabalhar em fases e permitir que as coisas progridam.

Por exemplo, se você realmente precisa fazer uma mudança drástica em sua saúde, pode decidir se dedicar *totalmente* a enfrentar um desafio de noventa dias. No entanto, você precisa reconhecer que isso terá um impacto emocional e afetará o restante da sua vida. Portanto, pode ser necessário reduzir seus compromissos em outras áreas para apoiar essa mudança por algum tempo. Caso contrário, você ficará esgotado e acabará vacilando em seus outros compromissos. Isso o prejudicará em longo prazo, porque você pode ficar tentado a aceitar um deslize como permissão para desistir completamente.

ESTIMULANDO A GRANDEZA

Exercício 1: Lidando com Conselhos Irrelevantes ou Não Solicitados

Antes de agir com base no conselho de alguém, você deve se fazer algumas perguntas importantes sobre essa pessoa. Na verdade, aconselho pensar cuidadosamente antes mesmo de compartilhar seus objetivos. Antes de expor sua Missão Significativa a alguém, é importante estar certo de que essa pessoa tratará sua Missão e você com respeito. Com este exercício, você praticará avaliar e responder a possíveis parceiros de responsabilidade.

PASSO 1 — IDENTIFIQUE

Você tem o direito de ser exigente em relação a quem permite influenciar sua vida.

Qual é a decisão que você está tomando atualmente em relação à sua Missão Significativa? Pode ser uma decisão de investimento, uma escolha sobre o próximo passo apropriado ou a escolha de iniciar essa missão. Quem tem o potencial de influenciar essa decisão? É um cônjuge? Seus pais? Um amigo? Tenha em mente que as pessoas que o influenciam podem não ser as mesmas para as quais você recorre em busca de conselhos. As pessoas frequentemente compartilham seus pensamentos, quer você peça ou não. E você também pode ser influenciado por suas ações. Já tentou algo porque pareceu funcionar bem para outra pessoa? Anote essa decisão e as pessoas envolvidas.

PASSO 2 — AVALIE

Você tem o direito de ser exigente em relação a quem permite influenciar sua vida. Provavelmente, você tem alguns parceiros de responsabilidade profissional, como um treinador, terapeuta ou consultor financeiro. Você pesquisou sobre essas pessoas antes de confiar nelas? Por que seus amigos de responsabilidade seriam diferentes? Responda às perguntas abaixo sobre a(s) pessoa(s) que mencionou no Passo 1.

- Essa pessoa está qualificada para dar conselhos nesta área?
- Os conselhos dessa pessoa são específicos para minha situação ou baseados em suas experiências (boas ou ruins)?
- Essa pessoa está comprometida com o meu sucesso?
- Essa pessoa tem algo a ganhar com meu fracasso ou minha falta de tentativa?
- Essa pessoa será um treinador ou um crítico?

PASSO 3 — RESPONDA

O que você aprendeu com sua pesquisa? Essa(s) pessoa(s) é(são) digna(s) de ser um parceiro de responsabilidade?

Se a resposta for sim, como você deseja que ela o mantenha responsável? Certifique-se de incluir um mecanismo de compromisso. Pode ser financeiro, um golpe em seu orgulho se você desonrar sua palavra, ou talvez alguma outra forma criativa de constrangimento. Escreva seu plano.

Se a resposta for não, qual é o seu plano para remover essa pessoa do processo? Você pode não querer cortar a pessoa de sua vida, mas pode precisar evitar o tema da sua missão. Planeje agora o que você pode dizer se essa pessoa fizer uma pergunta relacionada à sua missão. Uma boa estratégia é ser vago e mudar rapidamente de assunto.

APENAS O MELHOR

Em sua jornada de grandeza, você merece grandes parceiros que o responsabilizem e compartilhem conselhos. Certifique-se de que esses parceiros tragam à tona o melhor que *você* tem a oferecer. Não o melhor deles, ou o que eles acham que deveria ser o seu melhor. Trata-se do *seu* melhor e mais verdadeiro eu.

Certifique-se de que seus parceiros tragam à tona o melhor que você tem a oferecer.

Exercício 2: Seja o Seu Crítico Mais Severo

Dizem que a única razão pela qual a crítica incomoda é porque já temos dúvidas em nós mesmos. Como acontece com muitas coisas, a melhor maneira de evitar problemas no futuro é antecipar o trabalho. Este exercício o ajudará a estabelecer uma base sólida para que você possa enfrentar qualquer crítica com confiança.

PASSO 1 — CRITIQUE

Você provavelmente acredita firmemente em sua missão. Espero que sim. Mas deixe essa confiança de lado por um momento e imagine-se como um crítico. Anote todos os argumentos contrários que puder imaginar. Um bom ponto de partida é algo que o deixe muito inseguro, seja algo sobre si mesmo ou sobre sua ideia.

PASSO 2 — RESOLVA AS QUESTÕES

Se você deu tudo de si na etapa anterior, provavelmente foi desconfortável. Isso é bom! Desconforto agora significa confiança mais tarde, quando realmente importa.

Agora, o que você precisa fazer para superar essas inseguranças e refutar esses argumentos? Fazer mais pesquisas? Ou você precisa de dados ou outras formas de evidência? Talvez você precise incluir um novo membro em sua equipe se não tiver a expertise necessária para superar uma objeção.

Por exemplo, se sua missão envolve projetar um novo produto, talvez seja necessário consultar um engenheiro. Escreva seu plano de ação para abordar os pontos fracos em suas ideias. Este é o momento perfeito para contar com a ajuda de seu suporte de responsabilidade para ajudar a garantir que você cumpra seus planos.

CRÍTICA CONSTRUTIVA

Todos nós queremos missões grandiosas. A única razão pela qual você assume uma missão é porque você se importa com algo com força suficiente para se dedicar a isso. Essa paixão torna doloroso ver nossos planos como qualquer coisa além de grandiosos, mas se você não os criticar, alguém o fará. Se você está tão próximo de sua missão a ponto de não conseguir encontrar falhas nela, vá até alguém em quem confia e peça uma crítica honesta.

Exercício 3: Transforme em um Jogo

O trabalho árduo e a dedicação só o levarão até certo ponto. A melhor maneira de garantir o sucesso em algo é desfrutar do processo. Isso significa trazer intencionalidade para a maneira como você estrutura seus objetivos, de modo que atraia o seu lado divertido. Primeiro, você precisa identificar o que significa diversão para você. Em seguida, pode planejar esse tipo de diversão em suas tarefas. Esses são os objetivos deste exercício.

PASSO 1 — DEFINA DIVERSÃO

A diversão geralmente envolve algum tipo de recompensa. Se você é pai ou mãe, talvez já tenha dado prêmios ou adesivos aos seus filhos para tornar as tarefas divertidas. Alguns atletas competitivos são motivados pela recompensa de uma vitória. Outros podem sentir que superar seu próprio recorde é a maior recompensa. Que tipo de recompensa o motiva? Circule todas as opções que se aplicam a você.

Recompensas materiais

Evidências físicas de progresso

Palavras afirmativas de outras pessoas

Dinheiro

Dias livres de compromisso

Superar o seu recorde pessoal

Superar outra pessoa

PASSO 2 — ESTRUTURE A DIVERSÃO EM DESAFIOS

Para cada uma das recompensas que você circulou, considere as maneiras pelas quais você pode incluir esse tipo de recompensa em suas tarefas. Aqui estão algumas sugestões.

Recompensas materiais: Infelizmente, como adultos, não temos ninguém nos recompensando com bugigangas ou adesivos, mas você pode fazer algo semelhante para si mesmo. Não há nada de errado em se permitir pequenas indulgências de vez em quando, desde que não prejudiquem você ou outras pessoas. Isso não é uma permissão para gastar além de suas possibilidades ou se entregar a mecanismos prejudiciais de enfrentamento, mas se flores o deixam feliz, compre um buquê. Se alugar um filme ajuda você a relaxar depois de uma semana de trabalho duro, vá em frente.

Evidências físicas de progresso: As opções são quase ilimitadas para você. Acompanhe seu progresso usando gráficos, listas de verificação, fotos ou uma pilha de pastas "concluídas". Calendários podem ser um ótimo lugar para se recompensar visualmente por tarefas que se repetem diariamente.

Palavras afirmativas de outras pessoas: É aqui que aquela pessoa que apoia sua responsabilização realmente ajuda. Seus parceiros de responsabilidade devem ser pessoas com quem você pode contar para trazer positividade e elogios à sua vida. Lembre-se, porém, de que você precisa ser a sua principal fonte de afirmação. Algo que você pode fazer é escrever notas ou cartas de afirmação para si mesmo para consultar sempre que as coisas ficarem difíceis.

Dinheiro: Uma opção é estabelecer uma penalidade financeira para si mesmo. É possível que seus sucessos possam gerar ou economizar dinheiro para você. Considere se está colhendo algum benefício financeiro que não seja imediatamente óbvio. Por exemplo, seu objetivo pode ser comer de forma saudável, mas você também pode economizar dinheiro ao deixar de comer fora.

Dias livres de compromisso: Estabeleça compromissos limitados para si mesmo. Se precisar, revisite a estratégia de "reserva de emergência" de Marissa Sharif.

Superar seu recorde pessoal: Veja se sua tarefa pode ser quantificada de alguma forma. Você pode acompanhar o tempo, a produção, a velocidade, o lucro etc. Acompanhe esses números e veja até onde você pode ir. Outra opção é criar desafios para si mesmo e ver se consegue encontrar uma maneira de fazer o "impossível" acontecer.

Superar outra pessoa: Experimente envolver seu parceiro de responsabilidade em alguma competição amigável. Apenas tome cuidado para não deixar essa recompensa se tornar tóxica ao se comparar com adversários irreais.

Lembre-se, seja tempo, dinheiro ou relacionamentos, investir em sua felicidade é sempre um investimento em seu sucesso a longo prazo.

INVISTA COM SABEDORIA

Lembre-se, seja tempo, dinheiro ou relacionamentos, investir em sua felicidade é sempre um investimento em seu sucesso a longo prazo.

Capítulo 17

FAÇA ACONTECER

Você já viu Steph Curry arremessar uma bola de basquete? É uma obra de arte.

Se você não está familiarizado com basquete, a linha de três pontos é uma linha em forma de arco que cerca a cesta em cada extremidade da quadra. Em seu ponto mais distante, está a cerca de 6,75m de distância da cesta. Os jogadores que acertam arremessos além dessa linha são recompensados com um som satisfatório quando a bola passa pela rede.

Curry ficou tão bom em arremessos de três pontos que existe até um vídeo de cinco minutos no YouTube dele acertando *105 arremessos de três pontos consecutivos* antes de finalmente errar um.[1] Qual é o seu segredo? Uma rotina de treinamento que daria um nó na sua cabeça. Consistente e inabalável.

Com uma combinação de exercícios de arremesso, footwork, treinamento de resistência, corrigir os erros a partir dos próprios erros, driblar duas bolas de basquete ao mesmo tempo,[2] driblar uma bola de basquete em uma mão enquanto quica uma bola de tênis na outra e até mesmo treinamento neurocognitivo usando óculos especiais[3] — o que acontece fora de campo é algo impressionante.

Mas, embora o treinamento seja tão importante, até mesmo Steph Curry acaba precisando jogar.

Agora você está bem encaminhado em sua jornada de onde quer que esteja agora para onde deseja estar. Tem sido uma *jornada em direção à grandeza para você*. Uma descoberta da sua Missão Significativa e do motivo pelo qual o mundo precisa que você a torne realidade. E o que todos os grandes sabem é que há um momento para se preparar e depois há um momento para fazer as coisas acontecerem.

Este capítulo é sobre isso. Trata-se de uma maneira altamente prática de prepará-lo para entrar no jogo e sentir-se da forma como Steph Curry descreve seu estado de fluxo: "a cada arremesso que faço, desde o chão até o topo, meu ritmo se mantém fixo. E honestamente, você não pensa em nada, você está apenas jogando."[4]

Então, agora que você está pronto para começar a vivenciar a grandeza, vamos lá!

A REGRA DO 1%

Ao perseguir a grandeza, há uma batalha que você terá de travar constantemente: a batalha contra o perfeccionismo.

Embora a perfeição pareça um alvo digno, na verdade ela pode ser um inimigo tortuoso. Brené Brown diz: "o perfeccionismo é algo que não entendemos muito bem. Achamos que é dar o nosso melhor. Mas na verdade, trata-se de um mecanismo de defesa que nos diz: 'ei, se você parecer perfeito, agir perfeitamente e alcançar a perfeição, poderá evitar ou minimizar a vergonha, o julgamento e a culpa'. Portanto, o perfeccionismo não trata de buscar a excelência ou dar o nosso melhor. É uma forma de nos proteger."[5]

A grandeza é encontrada quando você toma ações massivas e imperfeitas.

Isso é tão verdadeiro que chega a doer. O problema de tentar ser perfeito é que perseguir a grandeza implica uma predisposição a se expor *antes de se sentir pronto*. É fácil ficar preso no modo de aprendizado ou no modo de prática. Parece seguro, confortável. É a rede de segurança que diz, *está tudo bem errar, já que algo está lá para me segurar*. Mas não é aí que a grandeza é encontrada; ela é encontrada quando você toma ações massivas e imperfeitas.

Gosto de como o especialista em produtividade Thomas Frank apresenta a questão: "minha coisa favorita para superar o perfeccionismo é o que chamo de Regra do 1%."[6] Eu a parafrasearia e a usaria para superar o perfeccionismo da seguinte forma: programe-se para criar ou aprender, crescer ou avançar etc. e a cada vez que você agir, comprometa-se a melhorar apenas 1%. Bastante simples, certo?

A Regra do 1% reconhece que você não será perfeito desde o início. Mas você pode se tornar 1% melhor. Todos nós podemos. É mais ou menos assim:

- Exercício — busque uma forma 1% melhor durante uma flexão
- Música — busque um controle 1% melhor da nota
- Negócios — escreva um e-mail de atendimento ao cliente 1% melhor
- Escrita — esboce uma frase 1% mais intensa em um parágrafo
- Relacionamento — melhore 1% sua habilidade de fazer contato visual em uma conversa

Esta é uma maneira realmente simples de dar a si mesmo um pouco de graça enquanto continua a avançar em direção à melhoria. É o antídoto para o medo e a incapacidade de começar. Brené Brown concluiu aquela conversa sobre nosso foco no perfeccionismo dizendo: "acho que a pergunta a ser feita é: 'do que tenho medo?'"[7] diretamente para esses medos que auxiliam o Inimigo da Grandeza.

Não deixe que a tensão entre onde você está agora e o que você não sabe o impeça de ir aonde quer ir ou de se tornar quem está se tornando.

Não deixe que a tensão entre onde você está agora e o que você não sabe o impeça de ir aonde quer ir ou de se tornar quem está se tornando. Em algum momento, você precisa combater o medo, se esforçar para melhorar e seguir em frente — ainda que não se sinta pronto.

A verdade é que nenhum de nós jamais está.

FAÇA O QUE PODE FAZER

Quando se trata de fazer as coisas acontecerem, existem cinco palavras que se tornaram meu mantra: *Feito é melhor que perfeito.*

A perfeição é uma ideia agradável, mas um objetivo impossível. Embora Steph Curry tenha arremessado bolas de três pontos por cinco minutos direto e acertado 105 belos arremessos consecutivos, no 106º arremesso, ele errou. Essa é a futilidade de esperar para agir até que você seja perfeito. Imagine se Curry se recusasse a jogar até nunca mais errar um arremesso. Isso nunca aconteceria.

Eu criei muitas coisas ao longo da minha vida — um podcast e vários livros, programas de coaching, eventos ao vivo, negócios — e não há um único produto que eu tenha lançado que seja perfeito. No entanto, sinto que muitas das coisas que lancei são ótimas. Não precisa ser perfeito para ser grandioso, impactante, útil, significativo, gratificante, expressivo, artístico, poderoso e obter grandes resultados. Você sempre pode melhorar as coisas, mas não pode deixar que isso o impeça de começar.

Feito é melhor que perfeito.

Feito é melhor que perfeito.

Mas há um detalhe — você deve permanecer conectado à sua Missão Significativa, que lhe permite enxergar além dos seus medos. Se seus objetivos estão presos a si mesmo — como você acha que parece, soa ou será visto —, isso nunca será suficiente para movê-lo além da perfeição. Você permanecerá deste lado da ação, convencendo-se de que está "praticando" ou "se preparando". Você ficará estagnado.

Gosto da maneira como o autor Jon Acuff coloca isso:

> O perfeccionismo nos oferece duas distrações distintas: esconderijos e obstáculos nobres. Um esconderijo é uma atividade na qual você se concentra em vez de focar seu objetivo. Um obstáculo nobre é uma razão aparentemente virtuosa para não trabalhar em direção a um fim. Ambos são tóxicos para a sua capacidade de conclusão.[8]

Onde, então, você está se escondendo? O que lhe parece nobre, mas na verdade é uma desculpa? O que você pode fazer com excelência agora e que será útil, significativo, gratificante, expressivo, artístico e lhe trará grandes resultados? Como diz Brené Brown: "ninguém pode contribuir com o que você pode contribuir."[9] Isso significa que há um grande vazio no mundo *esperando que você o preencha*.

Quando lancei meu primeiro livro, foi um grande momento para mim. Na escola, eu era consistentemente o último da minha turma nas aulas de inglês. Então, quando o livro *The School of Greatness* [sem publicação no Brasil] foi lançado e se tornou um best-seller do *New York Times*, é bastante compreensível que eu tenha ficado orgulhoso. Mas isso também plantou algumas expectativas altas em minha mente sobre o que meu próximo livro "deveria" fazer. Quando esse livro, *The Mask of Masculinity* [sem publicação no Brasil], foi lançado, eu tinha um público maior do que antes. E então, como eu tinha tido sucesso anteriormente, é claro que, na minha mente, meu novo livro também se tornaria um best-seller do *New York Times*.

Isso não aconteceu.

O que você pode fazer com excelência agora e que será útil, significativo, gratificante, expressivo, artístico e lhe trará grandes resultados?

Para ser honesto, fiquei arrasado por alguns dias. Eu estava chateado, magoado e com raiva, embora ouvisse de várias pessoas que estavam sendo ajudadas pelo livro. Sinceramente, minha companhia não era das mais divertidas naquele momento. Eu queria que algo acontecesse, e não aconteceu. Eu tinha essa expectativa, e ela me decepcionou. Basicamente, eu tive uma "ressaca de expectativa". Logo percebi que o principal motivo pelo qual eu tinha escrito o livro não era para entrar na lista, mas para ajudar outras pessoas a viver vidas melhores.

E o fato é que eu tinha muito pouco controle sobre o status de best-seller do meu livro. Claro, eu poderia tentar fazer tudo o que estava ao meu alcance para posicionar o livro de forma a entrar na lista — e é o que fiz —, mas havia muitos fatores fora do meu controle, incluindo o conselho editorial do *New York Times*. A realidade era que meu livro se tornara best-seller em muitas outras listas respeitadas.

A primeira coisa que você precisa lembrar quando se trata de concluir tarefas é que existem coisas que você pode controlar e coisas que não. Você tem que saber qual é qual e para onde direcionar seu foco.

Se você vincular sua confiança às suas conquistas, estará se concentrando em coisas que não necessariamente pode controlar. A melhor maneira de fazer isso é com o máximo de esforço, impacto, expressão criativa e consistência que conseguir. Essas são coisas que você pode controlar *e* das quais pode se orgulhar de si mesmo no processo.

Veja o meu podcast *A Escola da Grandeza*, por exemplo. No momento de redação deste livro, tenho feito um episódio por semana há dez anos. Isso é muito tempo para fazer uma coisa só. Certamente, não tenho o maior podcast de todos (embora ele figure com frequência entre os cem melhores globalmente). Nunca recebi um prêmio. Outras pessoas lançaram seus podcasts depois de mim e cresceram mais. Se eu baseasse minha confiança apenas nas conquistas, portanto, isso poderia me desanimar. Mas eu tenho uma escolha. Posso me lamentar por tudo o que não sou, ou posso me lembrar de tudo o que sou e repousar no fato de que sou o suficiente e estou me tornando cada vez mais.

O que eu sou é um trabalhador dedicado, cuja Missão Significativa é servir *100 milhões de vidas semanalmente*. Sabe como eu faço isso? Entrevistando consistentemente as melhores e mais brilhantes pessoas do planeta e compartilhando essa sabedoria com meus ouvintes. Não posso controlar o número de downloads, as classificações ou compartilhamentos nas redes sociais, mas posso ficar extremamente orgulhoso da consistência, do esforço e do impacto que tenho semanalmente, sem ter deixado uma semana passar batida por dez anos consecutivos. Ninguém pode tirar isso de mim. Posso não ter recebido grandes prêmios ou o reconhecimento do setor ou dos colegas, mas sei o que estou criando para as pessoas.

Para fazer as coisas certas, você deve reconhecer a diferença entre o que está sob seu controle e o que não está.

Sei o impacto direto que isso tem.

Sei o impacto que tem na minha própria vida e na minha comunidade.

E vejo como isso está impactando a vida da nossa própria equipe.

Para fazer as coisas certas, você deve reconhecer a diferença entre o que está sob seu controle e o que não está. Então, deve celebrar sua consistência, esforço e movimento em direção à sua Missão Significativa.

Faça isso e será bem-sucedido.

CHAVES PARA FAZER AS COISAS ACONTECEREM

Vamos dar uma olhada em algumas maneiras práticas de avançar em direção à sua Missão Significativa.

Primeiro, você precisa pensar em onde começar. A grandeza, por definição, não é pequena. Isso significa que sua Missão Significativa provavelmente terá muitos elementos variáveis.

Há muitos lugares dos quais você *poderia* começar, e seu primeiro passo é *descobrir um*.

Como enfatizei ao elaborar seus Objetivos de Grandeza, comece pensando na próxima coisa certa a fazer. Às vezes, quando as coisas parecem opressivas demais (geralmente, é apenas o perfeccionismo mostrando suas garras novamente), simplesmente fazer a próxima coisa certa ajuda bastante. Não precisa ser algo grandioso; mas precisa fazer você seguir adiante. Existe um processo de quatro etapas que uso para garantir que estou avançando: Agendar, Automatizar, Eliminar e Celebrar.

Às vezes, quando as coisas parecem opressivas demais, simplesmente fazer a próxima coisa certa ajuda bastante.

Agendar

Você já deve ter ouvido o ditado que diz que "o que é agendado é feito". É verdade. Duas coisas nos mostram aquilo que valorizamos: nossas carteiras e a que dedicamos nosso tempo. Para garantir seu avanço em direção ao seu objetivo de grandeza, é preciso agendar o que é importante com antecedência. Por exemplo, tenho consultas agendadas com meu terapeuta para os próximos quatro ou cinco meses. Por quê? Porque eu me saio melhor quando otimizo meu mundo interior em nome da agilidade emocional. O agendamento elimina da equação o estresse da tomada de decisão. Basta colocar no cronograma e seguir em frente.

Eu faço a mesma coisa com a minha saúde. Sei que, se não me exercitar logo de manhã, há apenas 50% de chances de fazê-lo no fim do dia. Eu me conheço bem o suficiente para entender que gosto de trabalhar duro. Eu apareço no trabalho totalmente engajado. E preciso de muita energia para fazer todas as minhas entrevistas, escrever, e todo o resto que faz parte do meu negócio. A academia é importante porque me ajuda a funcionar da melhor maneira possível. Sinto-me mais confiante, mais orgulhoso, com mais amor próprio, mais alegre e saudável quando faço atividades físicas diariamente. Então, eu agendo isso logo pela manhã. Não preciso pensar. Simplesmente acontece.

Agendar as coisas ajuda você a criar uma rotina para gerenciar suas energias.

Agendar as coisas ajuda você a criar uma rotina para gerenciar suas energias. Ao descrever sua rotina diária, Thomas Frank disse o seguinte: "tenho uma quantidade limitada de energia durante o dia. Se eu precisar fazer algo que exige que eu use toda a minha autodisciplina, devo colocar isso em primeiro lugar. Então, posso usar a autodisciplina externa e a responsabilidade para seguir com o resto do meu dia."[10]

O que o energiza? O que o restaura? O que o coloca no caminho da grandeza? É a rotina?

Por que não fazer da sua agenda a sua melhor amiga? Reserve tempo para o que é mais importante. Preencha todas as outras pequenas coisas em torno das mais importantes. É a única maneira de garantir que você está avançando em direção às coisas que importam.

Automatizar

A segunda etapa do processo é automatizar. Automatizar tarefas repetitivas é como caminhar em uma daquelas esteiras rolantes no aeroporto. Você percorre o dobro do terreno com o mesmo esforço! Procure tarefas repetitivas que você possa automatizar. Isso pode incluir coisas como planejamento de refeições, pagamentos de contas, respostas de e-mail, assinaturas ou rotinas de exercícios. Eu tento automatizar o máximo possível. Se envolver finanças, eu automatizo ou pago antecipadamente minhas contas para maximizar meus objetivos de investimento. Automatizo as coisas com minha equipe para economizar tempo. Automatizo treinamentos para ajudar minha equipe a fazer as coisas de forma eficiente, ajudando o negócio a crescer.

Atente-se às coisas que faz diária, semanal, mensal e anualmente. O que é recorrente? Onde você está desperdiçando tempo agindo em algo que poderia ser automatizado? Quem você pode equipar e capacitar para assumir algumas das coisas que você mesmo não precisa fazer?

Faça da automação uma estratégia-chave em sua rotina e você conseguirá fazer mais coisas!

Eliminar

Este é um ponto importante. Gastamos muito tempo fazendo coisas que não deveríamos estar fazendo porque não são importantes ou porque deveríamos delegar a alguém que pode fazê-las tão bem quanto (ou melhor que) nós.

Se você é empreendedor, vai gostar disto — você não precisa estar em todas as reuniões, em todos os e-mails ou participar de todas as discussões e decisões. Não tente administrar tudo sozinho. Capacite sua equipe para trabalhar em seus próprios pontos fortes, para que você possa fazer o mesmo. Eu trabalho para eliminar cuidadosamente da minha agenda as coisas que não devo fazer, para poder me concentrar nas coisas que podem ajudar tudo e todos a crescer.

A eliminação pode levar à aceleração. Procure coisas para reduzir, simplificar, otimizar e descartar. É provável que você não sinta falta delas quando desaparecerem, e isso permitirá que você avance mais rapidamente.

Celebrar

Por fim, é ótimo celebrar suas vitórias! Quando agendar o que é importante, automatizar as coisas que sugam sua energia e eliminar as que não deveria fazer, você se sentirá incrível! É por isso que, no fim do dia, eu costumo dizer frases como: "sou muito grato por ter feito essas coisas que deveria fazer hoje".

Primeiro, eu reconheço as coisas que consegui fazer, e então me preparo mentalmente para o dia seguinte. Procuro incorporar a gratidão ao fim do meu dia, porque isso me ajuda a criar um ambiente e um processo que me parecem agradáveis. Isso, por sua vez, me dá energia e me traz confiança, fazendo com que eu me sinta orgulhoso pelos esforços realizados naquele dia para me aproximar dos meus objetivos.

Cada uma dessas coisas pode, ao longo do tempo, se transformar em hábitos que formam a base da sua identidade. Gosto da maneira como Jen Sincero expressou: "adquirir o hábito do hábito é algo realmente importante."[11] Às vezes, você desenvolve os melhores hábitos mesmo estando cansado, não sendo tão consistente ou não obtendo tantos resultados como gostaria. Isso é adquirir o hábito do hábito. Com o tempo, fica mais fácil.

Continue avançando. Faça a próxima coisa certa. Faça as coisas acontecerem.

UMA ROTINA PARA A SIGNIFICÂNCIA

Há uma razão pela qual pessoas de alto desempenho geralmente usam a mesma roupa todos os dias, ouvem as mesmas músicas, comem as mesmas coisas todas as manhãs ou recitam um mantra todas as noites. As rotinas nos mantêm focados e nos ajudam a minimizar a sobrecarga e as distrações que surgem ao tomar pequenas decisões.

Os melhores entre os melhores têm rotinas funcionais.

Austin Kleon, autor de *Roube como um artista*, me contou sobre seu "hábito de caderno".

"Eu escrevo em um caderno todos os dias", disse ele. "Eu faço cerca de três páginas pela manhã, não importa o quê. Isso é uma constante na minha vida criativa. Não importa o que esteja acontecendo, estou sempre lendo e escrevendo."[12]

Quando perguntei a Anthony ONeal, autor de *Debt Free Degree* [sem publicação no Brasil], sobre os hábitos das pessoas ricas, ele disse: "quando penso em todas as pessoas ricas que conheço, elas têm uma rotina diária de segunda a sexta-feira."[13]

Os melhores entre os melhores têm rotinas funcionais.

Rob Dyrdek, ex-skatista profissional, empreendedor e personalidade televisiva, concorda com isso. "A única maneira de ter sucesso é através da disciplina. E disciplina e consistência são as coisas mais difíceis. Como se tornar mais disciplinado e consistente? Tendo clareza sobre aonde está indo."[14]

Se você não tem essa clareza, pode até se manter ocupado, mas não estará no rumo da grandeza. Você ficará preso no que os outros estão fazendo. A grandeza requer sacrifício. Como a ex-esquiadora olímpica Lindsey Vonn me disse: "se você quer ter sucesso em qualquer coisa que esteja fazendo na vida, precisa fazer sacrifícios. Sinceramente, eu acredito que as pessoas mais bem-sucedidas não são as mais talentosas; não são as mais inteligentes. São aquelas que estão dispostas a ir além do que as outras não se dispõem a fazer."[15]

Até onde você está disposto a ir além?

A grandeza também requer pensar mais sobre como e onde você gasta seu tempo. O autor de *Suba a escada*, Rory Vaden, compartilhou esta pérola comigo: "o próximo nível de resultados sempre requer o próximo nível de pensamento."[16] Em particular, Rory diz que precisamos mudar nossa forma de pensar sobre *significância*. Ele ensina algo que chama de "cálculo da significância":

> Urgência significa o *quão rapidamente* algo importa. A maioria de nós vive em um mundo de urgência. É tudo sobre o que precisa ser feito agora. A importância é diferente. Importância é *o quanto* isso importa. Mas a significância também é diferente. Significância é *por quanto tempo* isso vai importar. Ao invés de pensar no amanhã e no dia seguinte, o cálculo da significância muda tudo, pois assim é possível multiplicar o tempo. E a maneira de multiplicar o tempo é dar a si mesmo permissão emocional para gastar tempo com coisas hoje que criam mais tempo amanhã.[17]

Se você estiver em uma jornada rumo à grandeza, descobrirá que há muito a fazer. Você precisa ter uma rotina e um processo que diferenciem o que parece urgente e importante do que realmente é significativo e faz você avançar.

O movimento em direção à grandeza é, em última instância, um estado de espírito. Não existe linha de chegada. Não importa se o mundo está contra você ou diz que você não consegue fazer algo. Não importa se você não tem os recursos, se não é geneticamente dotado, ou qualquer que seja o obstáculo.

Se você não tem clareza sobre aonde está indo, pode até se manter ocupado, mas não estará no rumo da grandeza.

Fazer as coisas acontecerem depende de uma única pessoa — *você mesmo.*

Então, respire fundo, alinhe os ombros e siga em frente.

Avalie seus hábitos. O que funciona? O que não? O que precisa mudar?

Observe suas rotinas. Elas são otimizadas? Funcionam a seu favor ou contra você?

Lute contra o perfeccionismo. Por onde você pode começar? O que seria bom o suficiente? Quando você pode começar?

Busque a significância. O que realmente importa? O que durará?

O que multiplica o seu tempo?

Celebre suas conquistas. Do que você se orgulha? Pelo que você é grato? Onde você se destacou?

Se você acredita em si mesmo e segue os hábitos que confirmam essa crença e as ações diariamente, pode fazer praticamente qualquer coisa — inclusive ser grandioso.

ESTIMULANDO A GRANDEZA

Exercício 1: A Estratégia da Significância

PASSO 1 — AVALIE SEU ÍNDICE DE PERFECCIONISMO

Para começar a fazer as coisas acontecerem, é preciso medir o quanto o perfeccionismo está impedindo você. Você pode fazer isso avaliando seu índice de perfeccionismo. Avalie as seguintes afirmações em uma escala de 1 a 10.

Costumo adiar as coisas até ter certeza de que darão certo.

Costumo definir grandes metas que parecem inalcançáveis.

Coloco muita pressão em mim mesmo para "acertar de primeira."

Eu me castigo quando tento algo e falho ou cometo um erro.

Sou crítico em relação às minhas habilidades e capacidades.

Eu me preocupo com a opinião dos outros quando tento algo novo.

Às vezes, me perco nos detalhes e não consigo ver o quadro geral.

Depois de trabalhar com essas afirmações, você deve ter um parâmetro para o quanto o perfeccionismo está o impedindo. O objetivo é fazer com que seu número para cada uma dessas afirmações seja o mais próximo possível de 1 (ou mesmo de zero!)

PASSO 2 — DEFINA SEU 1%

Uma das melhores coisas a ter em mente ao avançar é que a grandeza é uma maratona, e não uma corrida curta. Isso significa que você deve buscar melhorias pequenas e contínuas. Para fazer isso, deve dividir as áreas em que é necessário melhorar.

Fisicamente. Isso envolve movimento, exercício e saúde. Pense em seu nível atual de condicionamento físico e identifique sua melhoria de 1%. Não importa de onde você está começando; anote como dá para melhorar 1% a cada dia.

Relacionalmente. Refere-se à maneira como você se relaciona com os outros. Pode ser uma pessoa importante, um colega de trabalho, um amigo ou um estranho na rua. A cada interação, reserve um tempo para pensar em maneiras de melhorar 1% nesse relacionamento e anote-as.

Mentalmente. Inclui seus pensamentos e resiliência mental. Para este ponto, você precisará identificar os pensamentos que orientam o seu dia e determinar se são positivos ou negativos. Para os pensamentos negativos, seu 1% o tirará desse padrão de pensamento e o levará para um território positivo. Para pensamentos positivos, você precisará procurar maneiras de fortalecê-los e torná-los ainda melhores.

Intelectualmente. Refere-se à maneira como você trabalha no autoaperfeiçoamento. Dê uma olhada nas informações que você consome e como isso afeta sua produção. Esforce-se para melhorar 1% tanto no que você absorve quanto no que isso faz com que você produza.

PASSO 3 — CRIE UMA ROTINA

Pessoas de alto desempenho têm rotinas que as ajudam a multiplicar seus resultados. Existem quatro maneiras de começar. Agendar. Automatizar. Eliminar. Celebrar.

Agendar. Seu cronograma é sua primeira ferramenta para fazer as coisas acontecerem. Ele ajuda você a priorizar o que é significativo e a encaixar o que é importante. Trabalhe nos seguintes blocos para construir seu cronograma.

Coisas que desejo fazer diariamente. Podem ser coisas como passar um tempo de qualidade com meu parceiro, fazer exercícios, ler ou passar tempo ao ar livre. Coloque esses itens importantes em seu cronograma primeiro. Eles o ajudarão a ter um desempenho de alto nível.

Coisas que preciso fazer diariamente. Estas são as coisas que giram em torno do seu trabalho ou atividades básicas. Faça uma lista delas e reserve um tempo para realizá-las entre as coisas que deseja fazer.

Tudo o mais que você poderia fazer. Esta é uma categoria para todas as outras coisas que você poderia fazer — consultas médicas, coisas que estão na lista de tarefas de outras pessoas, reuniões etc. A realidade é que sempre haverá mais dessas tarefas em potencial do que seria possível realizar. Coloque-as no cronograma, onde elas se encaixarem melhor, mas trabalhe para proteger o tempo em que você é mais criativo ou produtivo.

Automatizar. Procure maneiras de otimizar tarefas por meio da automação. O objetivo aqui é garantir que você não perca tempo com coisas que não exigem seu esforço. Peça a alguém da sua equipe ou em sua vida para ajudá-lo a identificar atividades que consomem tempo. Muitas vezes, você terá dificuldade em identificá-las por conta própria, portanto, um par de olhos a mais é fundamental.

Eliminar. O objetivo aqui é garantir que você não perca tempo com coisas que não requerem sua atenção. Use as perguntas a seguir para identificar o que eliminar.

- Qual é o melhor e mais importante uso do seu tempo?
- O que você pode fazer que *somente* você pode fazer?
- Em que está trabalhando que outra pessoa poderia fazer tão bem quanto você?
- Ao que você está se dedicando que é uma distração do seu verdadeiro propósito?
- De quais reuniões ou e-mails você pode se desligar?
- Onde você está trabalhando em uma área de fraqueza em vez de força?
- Onde alguém da sua equipe pode ser mais adequado para uma tarefa que você não gosta de fazer?

Celebrar. Por fim, reserve um tempo para celebrar. Quando você realiza coisas, é um motivo para se recompensar. Faça uma lista das coisas que o deixam feliz e se dê um tapinha nas costas quando superar o perfeccionismo e realmente fazer as coisas acontecerem!

PASSO 4 — DEFINA SIGNIFICÂNCIA

Esta pode ser a coisa mais pessoal e, ainda assim, mais importante que você fará neste exercício. Dedique algum tempo pensando sobre sua vida até aqui e o que está fazendo em busca de significância. Onde os lugares em que você gasta seu tempo se posicionam na escala de significância?

Avance 10 anos e escreva uma declaração definindo o que você realizou, por que foi importante e como isso levou à significância. Em seguida, avalie a maneira como você está gastando seu tempo *hoje* e procure identificar o que precisa ser ajustado.

Capítulo 18

CELEBRE: VOCÊ É SUFICIENTE!

Quando eu era mais jovem, nunca celebrava minhas conquistas porque nunca me sentia digno. Nenhum sucesso era grande o suficiente para que eu me sentisse merecedor. Mesmo quando cumpri meus objetivos de me tornar um atleta All-American duas vezes, de me tornar um atleta profissional ou de quebrar um recorde mundial nos esportes, nunca me permitia celebrar porque não me sentia suficiente.

Eu achava que precisava ir além e ser melhor — ser mais.

Só comecei a me permitir celebrar de fato as vitórias quando iniciei minha jornada de cura, há cerca de nove anos. Não digo celebrar que havia chegado ao meu destino e estava pronto. Era mais uma celebração do que eu havia alcançado e a percepção de que ainda havia mais a cumprir na minha missão.

Eu não quero parar nunca. Quero continuar crescendo, aprendendo, desenvolvendo e criando. Celebrar me permite desfrutar esses momentos poderosos em vez de sentir a pressão de continuar porque ainda não sou *bom o suficiente.*

Aprendi a pausar e apreciar as vitórias, sejam elas quais forem, em vez de me pressionar para sempre fazer melhor e nunca me sentir suficiente. Por exemplo, nos últimos dez anos, eu quis ter Dwayne "The Rock" Johnson (lembra da história que eu contei dele?) no meu programa. Mas até agora isso não aconteceu... ainda. Recentemente, porém, The Rock começou a me seguir no Instagram. Atualmente, ele segue apenas cerca de 500 pessoas e tem mais de 300 milhões de seguidores. No passado, eu poderia ter visto isso e pensado: *ainda não alcancei meu objetivo de tê-lo no programa. Preciso me esforçar mais!* Mas, em vez disso, parei para desfrutar o momento e celebrar um passo bacana na minha jornada em direção ao objetivo. Um dia depois de me seguir, The Rock postou um vídeo do meu programa em seu Instagram, no qual eu entrevistava um amigo dele, Jay Glazer. Ele mencionou que aquela era uma mensagem poderosa e me marcou na publicação. Mais uma vez, outra vitória para celebrar enquanto continuo avançando; quiçá eu esteja um passo mais perto de entrevistá-lo. É tudo uma questão de como reformulamos a jornada.

Todos os dias deveriam ser motivo de celebração pelo seu esforço consistente em cumprir com a sua Missão Significativa.

Uma ótima maneira de fazer isso é perguntar a si mesmo todas as noites: *pelo que sou grato hoje? O que podemos celebrar hoje?* Aprecie esses momentos de sucesso e crescimento, mesmo reconhecendo que há mais a ser feito amanhã.

Eu costumava pensar que se celebrasse os pequenos sucessos, poderia me tornar complacente, mas agora eu sei mais. Por ter uma Missão Significativa, existe um alicerce sobre o qual posso me apoiar, algo mais sólido do que a necessidade de me sentir digno, amado e suficiente. Celebrar não me torna complacente. Pelo contrário, me deixa animado e faminto por mais, mas a partir de um lugar de paz, satisfação e alegria. Eu sei que sempre haverá mais para criar, então é um tipo diferente de energia.

Quais são as ações que você deseja realizar amanhã pelas quais quer ser grato para poder celebrar novamente?

Em certos dias, eu simplesmente reconheço o esforço que fiz para cumprir as coisas que disse que faria no dia — *sou grato por ter me dedicado à minha saúde hoje; sou grato por ter me dedicado ao meu relacionamento e aos meus objetivos de negócios*. Reconheço as três coisas que fiz nesse dia para me aproximar dos meus objetivos.

Por isso, todas as noites reflito sobre as três coisas pelas quais sou grato. É um momento de celebração pelo meu esforço, consistência e perseverança. Quando houver um momento de grande sucesso ou um marco alcançado, você também pode celebrar, mas todos os dias deveriam ser motivo de celebração pelo seu esforço consistente em cumprir com a sua Missão Significativa.

Desafio você a reservar um tempo todas as noites para celebrar três coisas que aconteceram no dia. Às vezes, isso pode estar relacionado a uma área específica da sua vida. Pode estar relacionado ao bem-estar ou aos relacionamentos. Talvez você tenha conseguido passar mais tempo com sua família. Seja o que for, reserve um tempo para reconhecer as coisas boas. Crie uma rotina de se perguntar: *quais são as três coisas que se destacam hoje pelas quais posso ser grato e celebrar?*

Em seguida, planeje o que você fará amanhã para continuar no caminho da Missão Significativa. Quais são as ações que você deseja realizar amanhã pelas quais quer ser grato para poder celebrar novamente? O que você planeja celebrar na noite seguinte?

VOCÊ É SUFICIENTE *E* ESTÁ SE TORNANDO CADA VEZ MAIS

"Se você estivesse sozinho em um campo, sem roupas, sem posses, sem troféus, absolutamente nada — apenas você, sozinho, você é suficiente. Você sempre foi e sempre será, não importa o que aconteça". O famoso dançarino Derek Hough disse que finalmente percebeu que de fato era suficiente quando alguém lhe disse isso.[1]

Antes, ele sempre sentia que precisava fazer ou ter algo para ser suficiente. Só quando aceitou que já era suficiente é que realmente começou a fazer as coisas porque gostava delas, o que, por sua vez,

Em vez de avaliar nossas realizações para ver se realmente somos suficientes, precisamos inverter a lógica e afirmar que é o esforço, propriamente, que revela nosso valor.

acelerou sua carreira. A capacidade de ter confiança em si mesmo e fazer parte de algo pela alegria que isso proporciona potencializou seu trabalho. Ele já não se esforçava para ser suficiente, pois sabia que o era.

A autora e terapeuta Lori Gottlieb concorda. "Você pode ser desorganizado", disse ela, "e falível e imperfeito e todas essas coisas, mas você é suficiente"[2] É verdade, meu amigo. Você é suficiente, exatamente como você é. Você não precisa fazer ou ser nada além para ser importante.

Em vez de avaliar nossas realizações para ver se realmente somos suficientes, precisamos inverter a lógica e afirmar que é o esforço, propriamente, que revela nosso valor. Quem você é se revela no ato de fazer e no ato de ser, e na pessoa que você se torna pela expressão do seu dom, sua arte e seu talento — não importa o que alguém tenha a dizer sobre isso. Como afirma Sarah Jakes Roberts: "o sucesso está no processo, e não no resultado."[3] O processo é o prêmio.

AME A SI MESMO

Para realmente abraçar a realidade de que você é suficiente, você precisa se aceitar. Você tem que se desprender da negatividade e viver sua vida sabendo que não precisa se esforçar para ser o suficiente.

Eu não cresci em uma comunidade onde as pessoas se amavam. Crescendo no meio-oeste, aprendi a ser rijo e corresponder aos padrões da sociedade. Isso ficou enraizado em mim por cerca de 22 anos, me transformando em uma máquina de negócios atlética e competitiva, mas me deixando com sensações de insatisfação, dor, solidão, tristeza, ciúme e insegurança, porque muitas vezes eu tomava decisões com base no medo.

Se as pessoas entendessem a sutil arte de se apaixonar por si mesmas, o mundo seria um lugar muito melhor.

Foi somente quando muitas coisas começaram a desmoronar na minha vida que percebi que algo estava errado. Eu estava ganhando dinheiro e tinha o que parecia ser uma vida boa, mas por dentro o sofrimento era imenso. Foi quando comecei minha jornada de cura.

Voltei à minha infância e me permiti refletir e sentir as emoções para poder deixá-las ir e integrar o significado por trás de algumas das minhas memórias mais dolorosas. Tem sido incrível. Tenho experimentado uma leveza em relação a coisas que costumavam parecer extremamente pesadas.

Tive que criar coragem para me permitir ser vulnerável e expressar essa vulnerabilidade. Tornou-se cada vez mais fácil falar o que é necessário e me expressar com autenticidade. Isso não significa que não tenha havido problemas ou desafios, mas é incrível estar do outro lado dessa jornada. Isso faz parte do processo de saber que eu sou digno e suficiente em todos os aspectos.

Se as pessoas entendessem a sutil arte de se apaixonar por si mesmas, o mundo seria um lugar muito melhor. É um processo para toda a vida, mas também é algo com o qual todos nós precisamos aprender a nos envolver.

CELEBRE CADA SUCESSO

À medida que você segue a Estratégia de Grandeza, estabelecendo metas e superando-as, procure reservar um tempo para celebrar seus sucessos. Sua felicidade é encontrada na própria jornada. Tire alguns instantes para reconhecer o quão longe você chegou e comemorar suas vitórias.

Nicole Lynn se tornou a primeira agente feminina a representar um atleta de ponta da NFL e é uma das agentes esportivas mais jovens da história. No entanto, apesar de seu sucesso em representar atletas de elite e ganhar mais dinheiro do que nunca, ela descobriu que estava mais infeliz do que jamais estivera antes. Ela me disse que percebeu que "o sucesso não significa felicidade". Não foram as conquistas que a deixaram mais feliz. Foi a jornada para alcançá-las: "o que estou tentando fazer agora é aprender a estar presente no momento. Quando atinjo uma meta, celebro o feito. Em vez de pensar: *bem, o que vem agora?*, eu tiro um momento para realmente saborear isso."[4]

Faça uma pausa para celebrar seu sucesso. Sua felicidade está na própria jornada.

E você também deveria. Faça uma pausa para celebrar seu sucesso e as realizações de seu trabalho duro, para que também possa encontrar felicidade ao longo da jornada. Não se preocupe tanto com o objetivo final a ponto de não aproveitar todas as pequenas conquistas maravilhosas em seu caminho para a vitória final.

O PODER DA CELEBRAÇÃO

Uma série de estudos mostram a importância de celebrar suas vitórias. No podcast *A Escola da Grandeza*, o Dr. Ivan Joseph disse que cria uma lista de vantagens quando está enfrentando uma nova situação ou buscando um novo emprego — uma lista para lembrar a si mesmo o quão poderoso ele realmente é.

Eu adoro usar essa técnica, e até criei um acrônimo para isso — BRAG [gabar-se, em inglês], que significa Grandes Resultados, Objetivos e Conquistas [Big Results, Accomplishments and Goals]. Para criar uma lista BRAG, anote tudo, desde o ensino fundamental até o ensino médio, passando pela faculdade e além, lembrando-se de tudo o que já fez. Talvez você sinta que não fez nada relevante ultimamente, mas concluir o ensino médio ou a faculdade já é uma conquista, por exemplo. Ser promovido no trabalho; finalmente fazer aquela viagem que você sempre sonhou; começar um negócio paralelo. Nenhum sucesso é garantido. Esta lista aumentará sua confiança para você se lembrar de quão capaz é.

ATIVIDADES CELEBRATIVAS E COMPROMISSOS FUTUROS

Exercício Final: Criar uma lista BRAG

Reserve alguns momentos de silêncio para refletir sobre suas vitórias ao longo dos anos — pessoais e profissionais, grandes e pequenas. Pense nas vezes em que você alcançou um objetivo, obteve os resultados desejados ou cruzou a linha de chegada — ou simplesmente se sentiu orgulhoso! Cada um desses momentos foi um degrau para chegar aonde você está hoje!

Nenhum sucesso é garantido.

Anote-os, dividindo-os nas seguintes categorias:

- Primeiros anos escolares (ensino fundamental e médio)
- Pós-ensino médio (faculdade, escola técnica etc.)
- Início da carreira (primeiro emprego, início e meados dos 20 anos)
- Do fim dos 20 anos até os dias atuais

COMPROMETA-SE COM UMA VIDA DE GRANDEZA!

Parabéns! Foi um privilégio caminhar com você nesta jornada para a grandeza — mas ainda não acabou. Na verdade, suspeito que ela esteja apenas começando. Aguardo ansiosamente para ouvir mais sobre a sua história em busca de sua Missão Significativa, à medida que você for adotando o Mindset de Grandeza.

Sua Missão Significativa:

Qual o próximo passo para implementar sua Estratégia para a Grandeza?

Para recursos adicionais que ajudarão você a vivenciar o Mindset de Grandeza, visite: TheGreatnessMindset.com/resources [conteúdo em inglês] ou o site da editora www.altabooks.com.br pra obter a versão traduzida. Procure pelo nome do livro ou ISBN.

AGRADECIMENTOS

Falei sobre meu eu mais jovem na minha dedicatória. Acho importante que todos reconheçamos nossos eus mais jovens, aqueles que chegaram a este mundo e enfrentaram tantas incertezas. Por isso, agradeço a ele por ter a coragem de enfrentar toda a dor e aprender a se curar, mesmo quando parecia não haver esperança. Você me levou até esta fase da minha vida, e sou muito grato pela coragem que teve em todos aqueles dias sombrios para continuar comparecendo em busca da paz e da verdade.

À minha mãe, que continua se dedicando à própria saúde, à minha e à do mundo — você é uma luz, e seu amor me eleva. Ao meu pai, que faleceu no ano em que escrevi este livro — obrigado por plantar sementes em mim durante toda a minha vida, elas que sempre me ajudaram tanto. Obrigado por todas as lições, amor e crença em mim, e por sempre me inspirar a SONHAR GRANDE!

Agradeço a Chris, Heidi e Katherine. Sou muito grato por ter irmãos que me responsabilizam, aceitam minha singularidade e me amam, não importa o que aconteça.

A Equipe da Grandeza, todas as pessoas apaixonadas e dedicadas que tornaram esta jornada possível — vocês me inspiram todos os dias a seguir minha Missão Significativa, e aprecio cada um de vocês. Considero um privilégio estar nessa jornada com vocês.

A Matt Cesaratto e Sarah Livingstone por estarem ao meu lado nesta jornada incrível. Vocês dois sabem que nada disso seria possível sem vocês!

A Martha Higareda, por me mostrar o amor consciente e a parceria. Obrigado por aceitar plenamente minha missão, minha visão e quem eu sou. Eu te amo.

Um agradecimento especial ao meu parceiro de escrita Bill Blankschaen e à sua equipe StoryBuilders por captarem meus pensamentos e darem vida a este livro de uma forma tão agradável e envolvente.

A Lisa Cheng, Monica O'Connor, Patty Gift, Reid Tracy e toda a equipe da Hay House — obrigado por todos os esforços dedicados para entregar este livro e pelo compromisso de fazer uma diferença real no mundo. Vocês todos são de primeira linha!

A todos os meus treinadores, professores, mentores e guias, que me deram tanto durante toda a minha vida — obrigado por acreditarem em um garoto que nem sempre acreditava em si mesmo.

A todos os convidados inspiradores que apareceram no podcast *A Escola da Grandeza* e aos futuros convidados (estou de olho em você, Dwayne "The Rock" Johnson!) — obrigado pelas histórias e sabedoria que vocês compartilharam e compartilharão para curar, energizar e inspirar tantas pessoas em seu rumo para a grandeza.

E, é claro, a todos os meus amigos e apoiadores — obrigado por serem vocês mesmos e terem a coragem de dar o próximo passo em suas próprias Missões Significativas. Vocês me inspiram!

SOBRE O AUTOR

Lewis Howes é autor best-seller do *New York Times*, palestrante motivacional e apresentador de destaque na indústria. Howes é um atleta All-American em duas modalidades esportivas, ex-jogador profissional de futebol americano e membro da Seleção Nacional Masculina de Handebol dos EUA. Seu programa *A Escola da Grandeza* [The School of Greatness] é um dos principais podcasts do mundo, com mais de 500 milhões de downloads. Ele foi reconhecido pela Casa Branca e pelo presidente Obama como um dos 100 maiores empreendedores do país com menos de 30 anos. Lewis já apareceu em programas como *Ellen, The Today show, The New York Times, People, Forbes, Fast Company, ESPN, Entrepreneur, Sports Illustrated* e *Men's Health*, entre outros importantes veículos de mídia. Saiba mais em LewisHowes.com.

NOTAS

CAPÍTULO 1

1. Viktor E. Frankl, *Man's Search for Meaning* (Boston: Beacon Press, 2006).
2. Paul Conti, *Trauma: The Invisible Epidemic: How Trauma Works and How We Can Heal From It* (S.L.: Vermilion, 2022).
3. John Maxwell, "One Is Too Small a Number", John Maxwell, 31 de maio, 2011, https://www.johnmaxwell.com/blog/one-is-too-small-a-number/.

CAPÍTULO 2

1. "Anxiety Disorders — Facts & Statistics", Anxiety & Depression Association of America, 27 de junho, 2022, https://adaa.org/about-adaa/press-room/facts-statistics.
2. "Panic Disorder", Cleveland Clinic, 12 de agosto, 2020, https://my.clevelandclinic.org/health/diseases/4451-panic-disorder.
3. "Any Anxiety Disorder", National Institute of Mental Health, acesso em 25 de janeiro, 2022, https://www.nimh.nih.gov/health/statistics/any-anxiety-disorder.
4. Wendy Suzuki, "The Most Effective Ways to Manage Stress & Anxiety w/Dr. Wendy Suzuki EP 1160", 8 de setembro, 2021, em: *The School of Greatness*, podcast, áudio em MP3, 01:42:00, https://lewishowes.com/podcast/the-most-effective-ways-to-manage-stress-anxiety-with-dr-wendy-suzuki/.

5. Jean M. Twenge, "The Sad State of Happiness in the United States and the Role of Digital Media", World Happiness Report, 20 de março, 2019, https://worldhappiness.report/ ed/2019/the-sad-state-of-happiness-in-the-united-states-and-the-role-of-digital -media/.

6. "Overweight & Obesity Statistics", National Institute of Diabetes and Digestive and Kidney Diseases, setembro de 2021, https://www.niddk.nih.gov/health-information/ health-statistics/overweight-obesity.

7. Bill Fay, "Demographics of Debt", Debt.org, 23 de fevereiro, 2022, https://www.debt.org/faqs/americans-in-debt/demographics/#:~:text=The%20average%20American%20has%20%2490%2C460.

8. "The State of Mental Health in America", Mental Health America, 25 de janeiro, 2022, https://mhanational.org/issues/state-mental-health-america.

9. Jason Redman, "Navy Seal's 3 Rules for Leadership, Overcoming Near Death Experiences & Breaking The Victim Mentality w/Jason Redman EP 1175", 13 de Outubro, 2021, em: *The School of Greatness*, podcast, áudio em MP3, 01:37:00, https:// lewishowes.com/podcast/navy-seals-3-rules-for-leadership-overcoming-near-death-experiences-breaking-the-victim-mentality-w-jason-redman/.

10. Jason Redman, "Navy Seal's 3 Rules".

11. Valuetainment, "Consequences of Over Protected Children— Jordan Peterson", YouTube, 8 de agosto, 2019, vídeo, 03:26, https://www.youtube.com/watch?v=Ll0opgJ9_Ck.

12. Brian Dunbar, editor, "Tribute to John Glenn from the Glenn Family and the John Glenn School of Public Affairs", NASA, 8 de dezembro, 2016, https://www.nasa.gov/feature/tribute-to-john-glenn-from-the-glenn-family-and-the-john-glenn-school-of-public-affairs/.

CAPÍTULO 3

1. The Rock, "Seven Bucks Moment: Dwayne 'The Rock' Johnson", YouTube, 17 de fevereiro, 2022, vídeo, 05:57, https:// www.youtube.com/watch?v=RjATMi9yNd0&t=336s.

2. The Rock, "Seven Bucks Moment".

3. Nicole Lynn, "Nicole Lynn On Breaking Down Industry Barriers & Accomplishing Your Goals EP 1142", 28 de julho, 2021, em: *The School of Greatness*, podcast, áudio em MP3, 01:06:00, https://lewishowes.com/podcast/nicole-lynn-on-breaking-down-industry-barriers-accomplishing-your-goals/.

4. Gurudev Sri Sri Ravi Shankar, "A Spiritual Approach To Death, Abundance & Purpose w/Gurudev Sri Sri Ravi Shankar EP 1216", 17 de janeiro, 2022, em: *The School of Greatness*, podcast, áudio em MP3, 01:23:00, https://lewishowes.com/ podcast/a-spiritual-approach-to-death-abundance-purpose-with-gurudev-sri-sri-ravi-shankar/.

5. Tony Robbins, "Tony Robbins: Key to Success, Wealth and Fulfillment", 4 de abril, 2016, em: *The School of Greatness*, podcast, áudio em MP3, 00:52:00, https://lewishowes.com/podcast/tony-robbins2/.

6. Katy Milkman, "The Science of Identity, Believing in Yourself & Setting Goals w/Katy Milkman Part 1 EP 1151", 18 de agosto, 2021, em: *The School of Greatness*, podcast, áudio em MP3, 00:59:00, https://lewishowes.com/podcast/the-science-of-identity-believing-in-yourself-setting-goals-with-katy-milkman-part-1/.

7. Zig Ziglar, "Quotable Quote", Goodreads, 8 de fevereiro, 2022, https://www.goodreads.com/quotes/309132-money-isn-t-the-most-important-thing-in-life-but-it-s.

8. Donald Miller, "Donald Miller: The Power of Storytelling", 16 de maio, 2016, em: *The School of Greatness*, podcast, áudio em MP3, 00:55:00, https://lewishowes.com/podcast/donald-miller/.

9. Laurie Santos, "961 The 5 Keys to Long-Term Happiness and Prosperity with Dr. Laurie Santos", 1º de Junho, 2020, em: *The School of Greatness*, podcast, áudio em MP3, 01:02:00, https://lewishowes.com/podcast/the-5-keys-to-long-term-happiness-and-prosperity-with-dr-laurie-santos/.

10. Gurudev Sri Sri Ravi Shankar, "A Spiritual Approach To Death".

11. John Brennan, "1051 CIA Director REVEALS All: Making Mistakes, Being a Leader & Inside the Bin Laden Mission w/John Brennan", 28 de dezembro, 2020, em: *The School of Greatness*, podcast, áudio em MP3, 01:41:00,

https://lewishowes.com/podcast/cia-director-reveals-all-making-mistakes-being-a-leader-inside-the-bin-laden-mission-with-john-brennan/.

12. Robert Greene, "1024 Robert Greene: The Positive Side of HumanMANIPULATION (The #1 Skill for SUCCESS)", 26 de outubro, 2020, em: *The School of Greatness*, podcast, áudio em MP3, 01:50:00, https://lewishowes.com/podcast/overcome-tragedy-create-abundance-embrace-failure-with-robert-greene/.

13. Donald Miller, "Donald Miller: The Power".

CAPÍTULO 4

1. Sara Blakely, "397 Sara Blakely: SPANX CEO on Writing Your Billion Dollar Story", 24 de outubro, 2016, em: *The School of Greatness*, podcast, áudio em MP3, 01:05:00, https://lewishowes.com/podcast/sara-blakely/.

2. Emma Fierberg e Alana Kakoyiannis, "Learning to Celebrate Failure at a Young Age Led to This Billionaire's Success", Insider, 16 de fevereiro, 2022, https://www.businessinsider.com/sara-blakely-spanx-ceo-offers-advice-redefine-failure-retail-2016-7.

3. Lauren Thomas, "Spanx Founder Sara Blakely Says Business Will Expand into Denim and More after Blackstone Deal". CNBC, 22 de outubro, 2021, https://www.cnbc.com/2021/10/22/ spanx-founder-sara-blakely-says-business-will-to-expand-to-denim-and-more.html.

4. Sara Blakely (@sarablakely), 2020, "Here's a glimpse of the moment i joined Instagram..." Vídeo do Instagram, 1º de outubro, 2020, https://www.instagram.com/p/CFzRXzmA1Rs/.

5. Sara Blakely, "397 Sara Blakely: SPANX CEO on Writing Your Billion Dollar Story", 24 de outubro, 2016, em: *The School of Greatness*, podcast, áudio em MP3, 01:05:00, https://lewishowes.com/podcast/sara-blakely/.

6. Robert Greene, "1024 Robert Greene: The Positive Side of Human MANIPULATION (The #1 Skill for SUCCESS)", 26 de outubro, 2020, em: *The School of Greatness*, podcast, áudio em MP3, 01:50:00, https://lewishowes.com/podcast/overcome-tragedy-create-abundance-embrace-failure-with-robert-greene/.

7. Wendy Suzuki e Billie Fitzpatrick, *Good Anxiety: Harnessing the Power of the Most Misunderstood Emotion* (Nova York: Atria Books, 2021).

8. Sarah Jakes Roberts, *Woman Evolve: Break Up with Your Fears and Revolutionize Your Life* (Nashville, Tennessee: Thomas Nelson, 2021).

9. Dan Millman, "How to Develop a Peaceful Heart & Warrior Spirit w/ Dan Millman EP 1217", 19 de janeiro, 2022, em: *The School of Greatness*, podcast, áudio em MP3, 01:20:00, https://lewishowes.com/podcast/how-to-develop-a-peaceful-heart-warrior-spirit-with-dan-millman/.

10. Ben Shapiro, "Jordan Peterson's Thoughts on Transgenderism", YouTube, 8 de fevereiro, 2022, vídeo, 12:44, https://youtu.be/3enLBUJ5Od0.

11. Sukhinder Cassidy, "Building Wealth, Overcoming Failure & Rethinking Risk Taking w/Sukhinder Singh Cassidy EP 1150", 16 de agosto, 2021, em: *The School of Greatness*, podcast, áudio em MP3, 01:29:00, https://lewishowes.com/podcast/building-wealth-overcoming-failure-rethinking-risk-taking-with-sukhinder-singh-cassidy/.

12. Robert Greene, "1024 Robert Greene".

13. Sarah Jakes Roberts, "How To Heal Your Past, Build Strong Relationships & Deepen Your Faith w/Sarah Jakes Roberts EP 1105", 3 de maio 2021, em: *The School of Greatness*, podcast, áudio em MP3, 01:30:00, https://lewishowes.com/podcast/how-to-heal-your-past-build-strong-relationships-deepen-your-faith-with-sarah-jakes-roberts/.

14. Dan Millman, "How to Develop a Peaceful Heart".

15. Sarah Jakes Roberts, "How To Heal".

16. Ibid.

17. Ibid.

18. Priyanka Chopra Jonas, "1067 Priyanka Chopra Jonas: Create Self Worth, Find Happiness & Choose Yourself", 3 de fevereiro, 2021, em: *The School of Greatness*, podcast, áudio em MP3, 01:32:00, https://lewishowes.com/podcast/priyanka-chopra-jonas-create-self-worth-find-happiness-choose-yourself/.

19. Ethan Suplee, "Processing Pain, Losing 250+ Pounds, & Dissecting Trauma EP 1025", 28 de outubro, 2020, em: *The School of Greatness*, podcast, áudio em MP3, 01:26:00, https://lewishowes.com/podcast/processing-pain-losing-250-pounds-dissecting-trauma-with-actor-ethan-suplee/.

20. Sukhinder Cassidy, "Building Wealth, Overcoming Failure".

21. Ray Dalio, "Create Financial Success, Develop Principles & Understand Your Purpose", 7 de dezembro, 2020, em: *The School of Greatness*, podcast, áudio em MP3, https://lewishowes.com/ podcast/create-financial-success-develop-principles-understand-your-purpose-with-ray-dalio/.

22. Katy Milkman, "Behavioral Scientist's Take on Accountability, Temptation Bundling & Creating Lasting Habits w/Katy Milkman Part 2 EP 1152", 20 de agosto, 2021, em: *The School of Greatness*, podcast, áudio em MP3, 00:56:00, https://lewishowes.com/podcast/behavioral-scientists-take-on-accountability-temptation-bundling-creating-lasting-habits-with-katy -milkman-part-2/.

23. Katy Milkman, "Behavioral Scientist's Take on Accountability".

CAPÍTULO 5

1. Jamie Kern Lima, "1074 How to Overcome Self-Doubt & Rejection to Build a Billion Dollar Brand w/Jamie Kern Lima", 19 de fevereiro, 2021, em: *The School of Greatness*, podcast, áudio em MP3, 01:40:00, https://lewishowes.com/podcast/how-to-overcome-self-doubt-rejection-to-build-a-billion-dollar-brand-with-jamie-kern-lima/.

2. Jade Scipioni, "IT Cosmetics Jamie Kern Lima: 'I Lived Completely Burnt Out for Almost a Decade,'" CNBC, 9 de março, 2021, https://www.cnbc.com/2021/03/09/it-cosmetics-jamie-kern-lima-on-building-a-billion-dollar-company.html.

3. Phil McGraw, "Dr. Phil's Keys For Creating Success In Your Life EP 1172", 6 de outubro, 2021, em: *The School of Greatness*, podcast, áudio em MP3, 01:11:00, https://lewishowes.com/podcast/dr-phils-keys-to-owning-your-life-future-today/.

4. Phil McGraw, "Dr. Phil's Keys For Creating Success in Your Life EP 1172".

5. Tim Grover, "The Mindset of World Champions w/Tim Grover EP 1111", 17 de maio, 2021, em: *The School of Greatness*, podcast, áudio em MP3, 01:03:00, https://lewishowes.com/podcastthe-mindset-of-world-champions-with-tim-grover-part-one/.

6. Amy Cuddy, "The Science of Building Confidence & Self Esteem w/ Harvard Psychologist Amy Cuddy EP 1198", 6 de dezembro, 2021, em: *The School of Greatness*, podcast, áudio em MP3, 01:46:00, https://lewishowes.com/podcast/the-science-of-building-confidence-self-esteem-with-harvard-psychologist-amy-cuddy/.

7. Evans, Jonny. 2015. "The Untold Story behind Apple's 'Think Different' Campaign". Computerworld. 17 de junho, 2015. https:// www.computerworld.com/article/2936344/the-untold-story-behind-apple-s-think-different-campaign.html#:~:text=Think %20Different%20became%20TV%2C%20posters%2C%20 advertising.

8. Jamie Kern Lima, "1074 How to Overcome".

9. Tim Grover, "The Mindset of World Champions".

CAPÍTULO 6

1. Robin Sharma, "988 The Morning Routine of Millionaires, Superstars & History's Greatest Geniuses w/Robin Sharma", 3 de agosto, 2020, em: *The School of Greatness*, podcast, áudio em MP3, 01:24:00, https://lewishowes.com/podcast/the-morning-routine-of-millionaires-superstars-and-historys-greatest-geniuses-with-robin-sharma/.

2. Dan Millman, "How to Develop a Peaceful Heart & Warrior Spirit w/ Dan Millman EP 1217", 19 de janeiro, 2022, em: *The School of Greatness*, podcast, áudio em MP3, 01:20:00, https://lewishowes.com/podcast/how-to-develop-a-peaceful-heart -warrior-spirit-with-dan-millman/.

3. Daniel Gilbert (@DanTGilbert), 2018, "He loved bumblers and despised pointers. Not even a question", publicação no Twitter, 23 de maio, 2018, https://twitter.com/DanTGilbert/status/999154208128622592.

4. Erin McCarthy, "Roosevelt's 'The Man in the Arena,'" Mental Floss, 23 de abril, 2015, https://www.mentalfloss.com/article/63389/roosevelts-man-arena.

5. Ellen Vora, "How To Turn Your Anxiety Into Your Superpower w/ Ellen Vora EP 1240", 14 de março, 2022, em: *The School of Greatness*, podcast, áudio em MP3, 01:28:00, https://lewishowes.com/podcast/how-to-turn-your-anxiety-into-your-superpower-with-ellen-vora/.

6. Rich Diviney, "1058 How to Attract Success, Destroy Laziness & Achieve Optimal Performance w/Former Navy SEAL Officer Rich Diviney", 13 de janeiro, 2021, em: *The School of Greatness*, podcast, áudio em MP3, 01:46:00, https://lewishowes.com/podcast/how-to-attract-success-destroy-laziness-achieve-optimal-performance-with-former-navy-seal-officer-rich-diviney/.

7. Joel Osteen, "Joel Osteen: Create Confidence & Abundance In All Areas Of Your Life! EP 1180", 25 de outubro, 2021, em: *The School of Greatness*, podcast, áudio em MP3, 01:13:00, https://lewishowes.com/podcast/joel-osteen-how-to-create-confidence-abundance-in-all-areas-of-your-life/.

8. Priyanka Chopra Jonas, "1067 Priyanka Chopra Jonas: Create Self Worth, Find Happiness & Choose Yourself", 3 de fevereiro, 2021, em: *The School of Greatness*, podcast, áudio em MP3, 01:32:00, https://lewishowes.com/podcast/priyanka-chopra-jonas-create-self-worth-find-happiness-choose-yourself/.

9. Priyanka Chopra Jonas, "1067 Priyanka Chopra Jonas".

10. Rich Diviney, "1058 How to Attract Success".

11. Wendy Suzuki, "The Most Effective Ways to Manage Stress & Anxiety w/Dr. Wendy Suzuki EP 1160", 8 de setembro, 2021, em: *The School of Greatness*, podcast, áudio em MP3, 01:42:00, https://lewishowes.com/podcast/the-most-effective-ways-to-manage-stress-anxiety-with-dr-wendy-suzuki/.

12. Wendy Suzuki, "The Most Effective Ways".

CAPÍTULO 7

1. Tim Grover, "Why You NEED to be Selfish to WIN w/Tim Grover EP 1112", 19 de maio, 2021, em: *The School of Greatness*, podcast, Áudio em MP3, 01:05:00, https://lewishowes.com/podcast/why-you-need-to-be-selfish-to-win-with-tim-grover-part-two/.

2. Joel Osteen, "Joel Osteen: Create Confidence & Abundance In All Areas Of Your Life! EP 1180", 25 de outubro, 2021, em: *The School of Greatness*, podcast, áudio em MP3, 01:13:00, https://lewishowes.com/podcast/joel-osteen-how-to-create-confidence -abundance-in-all-areas-of-your-life/.

3. Dan Millman, "How to Develop a Peaceful Heart & Warrior Spirit w/ Dan Millman EP 1217", 19 de janeiro, 2022, em: *The School of Greatness*, podcast, áudio em MP3, 01:20:00, https://lewishowes.com/podcast/how-to-develop-a-peaceful-heart-warrior-spirit-with-dan-millman/.

4. J'na Jefferson, "Snoop Dogg Explains Why He Thanked Himself during 'Walk of Fame' Speech", *Vibe*, 24 de maio, 2014, https://www.vibe.com/news/entertainment/snoop-dogg-walk-of-fame-speech-explanation-651073/.

5. Dan Millman, *Everyday Enlightenment: The Twelve Gateways to Personal Growth* (Sydney: Hodder, 2000).

6. Joel Osteen, "Joel Osteen: Create Confidence".

7. Seth Godin, "1027 Habits of Success for Creatives, Artists & Entrepreneurs w/Seth Godin", 2 de novembro, 2020, em: *The School of Greatness*, podcast, áudio em MP3, 01:13:00, https://lewishowes.com/podcast/habits-of-success-for-creatives -artists-entrepreneurs-with-seth-godin/.

CAPÍTULO 8

1. Dale Carnegie, *How to Stop Worrying and Start Living* (S.L.: Jaico Publishing House, 2019).

2. Ibid.

3. Ibid.

4. Ethan Kross e Gretchen Rubin, *Chatter: The Voice in Our Head, Why It Matters, and How to Harness It* (Nova York: Crown, 2022).

5. C. G. Jung, "Quotable Quote", Goodreads, 15 de fevereiro, 2022, https://www.goodreads.com/quotes/44379-until-you-make-the-unconscious-conscious-it-will-direct-your.

6. Todd Herman, *The Alter Ego Effect: The Power of Secret Identities to Transform Your Life* (Nova York: HarperCollins Publishers, 2019).

7. Wendy Suzuki e Billie Fitzpatrick, *Good Anxiety: Harnessing the Power of the Most Misunderstood Emotion* (Nova York: Atria Books, 2021).

8. "An Ocean of Bliss May Rain Down from the Heavens, But If You Hold Up Only a Thimble, That Is All You Receive", Statustown, 16 de fevereiro, 2022, https://statustown.com/quote/9693/#:~:text=An%20ocean%20of%20bliss%20may.

CAPÍTULO 9

1. Ramani Durvasula, "Signs You're Dating a Narcissist & How to Know If You Are One w/Dr. Ramani Durvasula (PART 1) EP 1195", 29 de novembro, 2021, em: *The School of Greatness*, podcast, áudio em MP3, 00:53:00, https://lewishowes.com/ podcast/narcissists-vs-psychopaths-how-to-avoid-dating-one-with-dr-ramani-durvasula-part-1/.

2. RecoveryRevival (@recoveryrevival), "'Stresses Have an Impact on Your Physiology' — Dr. Gabor Mate", vídeo do TikTok, 27 de fevereiro, 2022, https://www.tiktok.com/@recoveryrevival/video/7069601379811216642?t=8RnnBW7SuAI&_r=1.

3. Dr. Shefali Tsabary, "How to Understand Your Trauma & Relationships w/Dr. Shefali EP 1110", 14 de maio, 2021, em: *The School of Greatness*, podcast, áudio em MP3, 01:41:00, https:// lewishowes.com/podcast/how-to-understand-your-trauma-relationships-with-dr-shefali/.

4. Nicole LePera, "The Power to Heal Yourself", The Holistic Psychologist, 16 de fevereiro, 2022, https://theholisticpsychologist.com/.

5. David Perlmutter, "How Your Diet Affects Your Behavior, Risk Of Disease & What You Should Do About It w/Dr. David Perlmutter EP 1211", 5 de janeiro, 2022, em: *The School of Greatness*, podcast, áudio em MP3, 01:32:00, https://lewishowes.com/podcast/how-your-diet-affects-your-behavior-risk-of-disease-what-you-should-do-about-it-with-dr-david-perlmutter/.

6. Tim Ferriss, "Paul Conti, MD — How Trauma Works and How to Heal from It (#533)", The Tim Ferriss Show, 22 de setembro, 2021, https://tim.blog/2021/09/22/paul-conti-trauma/.

7. Donald Miller, "Your Life Is A Story: Why You Should Write Your Own Eulogy TODAY w/Donald Miller EP 1215", 14 de janeiro, 2022, em: *The School of Greatness*, podcast, áudio em MP3, 01:40:00, https://lewishowes.com/podcast/your-life-is-a-story-why-you-should-write-your-own-eulogy-today-with-donald-miller/.

CAPÍTULO 10

1. Payal Kadakia, "Why You Shouldn't Have A 'Plan B' & The Ultimate Goal Setting Method w/Payal Kadakia EP 1224", 4 de fevereiro, 2022, em: *The School of Greatness*, podcast, áudio em MP3, 01:25:00, https://lewishowes.com/podcast/why-you-shouldnt-have-a-plan-b-the-ultimate-goal-setting-method-with-payal-kadakia/.

2. Payal Kadakia, "Why You Shouldn't Have A 'Plan B'".

3. Adam Grant, "1066 Positively Influence Others, Increase Mental Flexibility & Diversify Your Identity w/Adam Grant", 1º de fevereiro, 2021, em: *The School of Greatness*, podcast, áudio em MP3, 01:37:00, https://lewishowes.com/podcast/positively-influence-others-increase-mental-flexibility-diversify-your-identity-with-adam-grant/.

4. Amy Cuddy, "The Science of Building Confidence & Self Esteem w/ Harvard Psychologist Amy Cuddy EP 1198", 6 de dezembro, 2021, em: *The School of Greatness*, podcast, áudio em MP3, 01:46:00, https://lewishowes.com/podcast/the-science-of-building-confidence-self-esteem-with-harvard-psychologist-amy-cuddy/.

5. Leon Howard, "From Prison To Financial Freedom: The Journey of Reshaping Your Identity w/Wallstreet Trapper EP 1209", 31 de dezembro, 2021, em: *The School of Greatness*, podcast, áudio em MP3, 01:47:00, https://lewishowes.com/podcast/the-simple-keys-to-building-financial-freedom-eliminating-poor-money-habits-with-wallstreet-trapper/.

6. Adam Grant, "1066 Positively Influence Others, Increase Mental Flexibility & Diversify Your Identity w/Adam Grant", 1º de fevereiro, 2021, em: *The School of Greatness*, podcast, áudio em MP3, 01:37:00, https://lewishowes.com/podcast/positively-influence-others-increase-mental-flexibility-diversify-your-identity-with-adam-grant/.

7. Benjamin Hardy, "The Secret to Avoiding Burnout & Reshaping Your Identity w/Dr. Benjamin Hardy EP 1181", 27 de outubro, 2021, em: *The School of Greatness*, podcast, áudio em MP3, 01:07:00, https://lewishowes.com/podcast/the-secret-to-avoiding-burnout-reshaping-your-identity-with-dr-benjamin-hardy/.

8. Tim Storey, "1078 Finding Spiritual Truth, Understanding Identity & Managing Your Inner Mess w/Tim Storey", 1º de março, 2021, em: *The School of Greatness*, podcast, áudio em MP3, 01:19:00, https://lewishowes.com/podcast/finding-spiritual-truth-understanding-identity-managing-your-inner-mess-with-tim-storey/.

9. Donald Miller, "Your Life Is A Story: Why You Should Write Your Own Eulogy TODAY w/Donald Miller EP 1215", 14 de janeiro, 2022, em: *The School of Greatness*, podcast, áudio em MP3, 01:40:00, https://lewishowes.com/podcast/your-life-is-a-story-why-you-should-write-your-own-eulogy-today-with-donald-miller/.

10. Donald Miller, "Your Life Is A Story".

11. Ibid.

CAPÍTULO 11

1. Joe Dispenza, "1054 Dr. Joe Dispenza: Transform Your Mind for Lasting Love & Magnetic Relationships (PART 1)", 4 de janeiro, 2021, em: *The School of Greatness*, podcast, áudio em MP3, 01:08:00, https://lewishowes.com/podcast/dr-joe -dispenza-transform-your-mind-for-lasting-love-and -magnetic-relationships/.

2. Caroline Leaf, “1079 How to Heal Your Mind & Improve Mental Health (Based on NEUROSCIENCE!) w/Dr. Caroline Leaf”, 3 de março, 2021, em: *The School of Greatness*, podcast, áudio em MP3, 01:49:00, https://lewishowes.com/podcast/how-to-heal-your-mind-and-improve-mental-health-based-on-neuroscience-with-dr-caroline-leaf/.

3. Marisa Peer, “Get Rid Of Your Negative Beliefs, Manifest Abundance & Start Loving Yourself w/Marisa Peer EP 1213”, 10 de janeiro, 2022, em: *The School of Greatness*, podcast, áudio em MP3, 01:10:00, https://lewishowes.com/podcast/get-rid-of-your-negative-beliefs-manifest-abundance-start-loving-yourself-with-marisa-peer/.

4. Joe Dispenza, “679 Heal Your Body with Your Mind: Dr. Joe Dispenza”, 12 de agosto, 2018, em: *The School of Greatness*, podcast, áudio em MP3, 01:20:00, https://lewishowes.com/podcast/heal-your-body-with-your-mind-dr-joe-dispenza/.

5. Joe Dispenza, “1055 How To Overcome Negative Emotions, Let Go of Your Identity & Truly Love Yourself w/Dr. Joe Dispenza (PART 2)”, 6 de janeiro, 2021, em: *The School of Greatness*, podcast, áudio em MP3, 01:03:00, https://lewishowes.com/podcast/how-to-overcome-negative-emotions-let-go-of-your-identity-and-truly-love-yourself-with-dr-joe-dispenza-part-2/.

6. Ethan Kross, “Turn Your Inner Dialogue Into Productivity and Confidence w/Dr. Ethan Kross EP 1118”, 2 de junho, 2021, em: *The School of Greatness*, podcast, áudio em MP3, 01:38:00, https:// lewishowes.com/podcast/turn-your-inner-dialogue-into-productivity-and-confidence-%EF%BB%BFwith-dr-ethan-kross/.

7. Mel Robbins, “The High 5 Habit & The Secret To Motivation w/ Mel Robbins EP 1170”, 1º de outubro, 2021, em: *The School of Greatness*, podcast, áudio em MP3, 01:38:00, https://lewishowes.com/podcast/the-5-second-rule-the-secret-to-motivation-with-mel-robbins/.

8. Mel Robbins, “The High 5 Habit”.

9. Ibid.

10. Ibid.

11. Gabrielle Bernstein, *Super Attractor: Methods for Manifesting a Life beyond Your Wildest Dreams* (Carlsbad, Califórnia: Hay House, 2021).

12. Gabrielle Bernstein, *Super Attractor.*
13. Ibid.
14. Dan Millman, "How to Develop a Peaceful Heart & Warrior Spirit w/ Dan Millman EP 1217", 19 de janeiro, 2022, em: *The School of Greatness*, podcast, áudio em MP3, 01:20:00, https://lewishowes.com/podcast/how-to-develop-a-peaceful-heart-warrior-spirit-with-dan-millman/.
15. Dan Millman, "How to Develop a Peaceful Heart".
16. Susan David, "Why Emotional Agility Is The Most Important Skill You Need To Know EP 1297", 18 de fevereiro, 2018, em: *The School of Greatness*, podcast, áudio em MP3, 01:28:00, https://lewishowes.com/podcast/susan-david-the-art-of-emotional-agility/.
17. Susan David, "Why Emotional Agility".
18. Gabrielle Bernstein, *Super Attractor.*
19. Dan Millman, "How to Develop a Peaceful Heart".
20. Ibid.
21. Nir Eyal, "Build Life Changing Habits & Become A Productivity Master w/Nir Eyal EP 1097", 14 de abril, 2021, em: *The School of Greatness*, podcast, áudio em MP3, 01:31:00, https://lewishowes.com/podcast/build-life-changing-habits-become-a-productivity-master-with-nir-eyal/.
22. Nir Eyal, "Build Life Changing Habits".
23. Susan David, "Susan David: The Art of Emotional Agility", 18 de fevereiro, 2018, em: *The School of Greatness*, podcast, áudio em MP3, 01:15:37, https://lewishowes.com/podcast/susan-david-the-art-of-emotional-agility/.
24. Derek Hough, "How To Pursue Your Dream & Make A Living As An Artist w/ Derek Hough EP 1167", 24 de setembro, 2021, em: *The School of Greatness*, áudio em MP3, 01:33:00, https://lewishowes.com/podcast/how-to-pursue-your-dream-make-a-living-as-an-artist-with-derek-hough/.
25. Susan David, "Susan David: The Art".

26. Nir Eyal, "Build Life Changing Habits".

27. Ibid.

28. Gabrielle Bernstein, *Super Attractor.*

29. Seth Godin, "1027 Habits of Success for Creatives, Artists & Entrepreneurs w/Seth Godin", 2 de novembro, 2020, em: *The School of Greatness*, podcast, áudio em MP3, 01:13:00, https://lewishowes.com/podcast/habits-of-success-for-creatives-artists-entrepreneurs-with-seth-godin/.

CAPÍTULO 12

1. Rachel Rodgers, "How To Develop A Rich Mindset, Double Your Income & Accomplish Your Dreams w/Rachel Rodgers EP 1184", 3 de novembro, 2021, em: *The School of Greatness*, podcast, áudio em MP3, https://lewishowes.com/podcast/how-to-develop-a-rich-mindset-double-your-income-accomplish-your-dreams-with-rachel-rodgers/.

2. Rachel Rodgers, "How To Develop".

3. Ibid.

4. Ali Abdaal, "Build Multiple Income Streams, Habits To Become A Millionaire, and How To Gamify Your Productivity w/Ali Abdaal EP 1158", 3 de setembro, 2021, em: *The School of Greatness*, podcast, áudio em MP3, 01:59:00, https://lewishowes.com/podcast/build-multiple-income-streams-habits-to-become-a-millionaire-and-how-to-gamify-your-productivity-with-ali-abdaal/.

5. Ali Abdaal, "Build Multiple Income Streams".

6. Ali Abdaal, "Why I Left Medicine… Forever", YouTube, 29 de abril, 2022, vídeo, 43:16, https://www.youtube.com/watch?v=mZOVLrLXKCE.

CAPÍTULO 13

1. Brandon Gaille, "23 Lottery Winners Bankrupt Statistics", Brandon Gaille, 26 de maio, 2017, https://brandongaille.com/22-lottery-winners-bankrupt-statistics/.

2. Gabrielle Bernstein, "How to Manifest Your Dreams, Replace Negative Beliefs & Attract Abundance w/Gabby Bernstein EP 1103", 28 de abril, 2021, em: *The School of Greatness*, podcast, áudio em MP3, 01:44:00, https://lewishowes.com/podcast/how-to-manifest-your-dreams-replace-negative-beliefs-attract-abundance-with-gabby-bernstein/.

3. Seth Godin, "Reject the Tyranny of Being Picked: Pick Yourself", Seth's Blog, 27 de abril, 2022, https://seths.blog/2011/03/reject-the-tyranny-of-being-picked-pick-yourself/.

4. Rory Vaden, "How To Beat Procrastination & Rewire Your Brain For Success w/Rory Vaden EP 1144", 2 de agosto, 2021, em: *The School of Greatness*, podcast, áudio em MP3, 00:58:00, https://lewishowes.com/podcast/how-to-beat-procrastination-rewire-your-brain-for-success-with-rory-vaden/.

5. Gabrielle Bernstein, "How to Manifest".

6. Stephen R. Covey, *The 7 Habits of Highly Effective People* (Nova York: Simon & Schuster, 2013).

7. Sean Covey e Stacy Curtis, *The 7 Habits of Happy Kids* (Nova York: Simon & Schuster, 2018).

8. Rory Vaden, "How To Multiply Your Time & Income w/Rory Vaden EP 1133", 7 de julho, 2021, em: *The School of Greatness*, podcast, áudio em MP3, https://lewishowes.com/podcast/how-to-multiply-your-time-income-with-rory-vaden/.

CAPÍTULO 14

1. Rory Vaden, "How To Beat Procrastination & Rewire Your Brain For Success w/Rory Vaden EP 1144", 2 de agosto, 2021, em: *The School of Greatness*, podcast, áudio em MP3, 00:58:00, https://lewishowes.com/podcast/how-to-beat-procrastination-rewire-your-brain-for-success-with-rory-vaden/.

2. Katy Milkman, "The Science of Identity, Believing in Yourself & Setting Goals w/Katy Milkman Part 1 EP 1151", 18 de agosto, 2021, em: *The School of Greatness*, podcast, áudio em MP3, 00:59:00, https://lewishowes.com/podcast/the-science-of-identity-believing-in-yourself-setting-goals-with-katy-milkman-part-1/.

3. Rory Vaden, "How To Beat Procrastination".

4. Katy Milkman, "The Science of Identity".

5. Shawn Achor, *The Happiness Advantage* (Nova York: Random House, 2011).

CAPÍTULO 15

1. Rory Vaden, "How To Beat Procrastination & Rewire Your Brain For Success w/Rory Vaden EP 1144", 2 de agosto, 2021, em: *The School of Greatness*, podcast, áudio em MP3, 00:58:00, https://lewishowes.com/podcast/how-to-beat-procrastination-rewire -your-brain-for-success-with-rory-vaden/.

2. Benjamin Hardy, "The Secret to Avoiding Burnout & Reshaping Your Identity w/Dr. Benjamin Hardy EP 1181", 27 de outubro, 2021, em: *The School of Greatness*, podcast, áudio em MP3, 01:07:00, https://lewishowes.com/podcast/the-secret-to-avoiding -burnout-reshaping-your-identity-with-dr-benjamin-hardy/.

3. Jason Redman, "Navy Seal's 3 Rules for Leadership, Overcoming Near Death Experiences & Breaking The Victim Mentality w/Jason Redman EP 1175", 13 de outubro, 2021, em: *The School of Greatness*, podcast, áudio em MP3, 01:37:00, https:// lewishowes.com/podcast/navy-seals-3-rules-for-leadership-overcoming-near-death-experiences-breaking-the-victim-mentality-w-jason-redman/.

4. Katy Milkman, "The Science of Identity, Believing in Yourself & Setting Goals w/Katy Milkman Part 1 EP 1151", 18 de agosto, 2021, em: *The School of Greatness*, podcast, áudio em MP3, 00:59:00, https://lewishowes.com/podcast/the-science-of-identity-believing-in-yourself-setting-goals-with-katy-milkman-part-1/.

CAPÍTULO 16

1. Katy Milkman, "The Science of Identity, Believing in Yourself & Setting Goals w/Katy Milkman Part 1 EP 1151", 18 de agosto, 2021, em: *The School of Greatness*, podcast, áudio em MP3, 00:59:00, https://lewishowes.com/podcast/the-science-of-identity-believing-in-yourself-setting-goals-with-katy-milkman-part-1/.

2. Thomas Frank, "Avoid Burnout, Learn Faster, Improve Your Memory & Overcome Procrastination w/Thomas Frank EP 1205", 22 de dezembro, 2021, em: *The School of Greatness*, podcast, áudio em MP3, https://lewishowes.com/podcast/avoid-burnout-learn-faster-improve-your-memory-overcome-procrastination-with-thomas-frank/.

3. Jen Sincero, "How to Build Habits to Create Financial Abundance & Success w/Jen Sincero EP 1101", 23 de abril, 2021, em: *The School of Greatness*, podcast, áudio em MP3, https://lewishowes.com/podcast/how-to-build-habits-to-create-financial-abundance-success-with-jen-sincero/.

4. Caroline Leaf, "1079 How to Heal Your Mind & Improve Mental Health (Based on NEUROSCIENCE!) w/Dr. Caroline Leaf", 3 de março, 2021, em: *The School of Greatness*, podcast, áudio em MP3, 01:49:00, https://lewishowes.com/podcast/how-to-heal-your-mind-and-improve-mental-health-based-on-neuroscience-with-dr-caroline-leaf/.

5. Thomas Frank, "Avoid Burnout, Learn Faster".

6. Evy Poumpouras, "How to Build Command, Authority & Credibility w/ Evy Poumpouras 1092", 2 de abril, 2021, em: *The School of Greatness*, podcast, áudio em MP3, 01:55:00, https://lewishowes.com/podcast/how-to-build-command-authority-credibility-with-evy-poumpouras/.

7. Jordan Peterson, "Jordan Peterson on Marriage, Resentment & Healing the Past (Part 1) EP 1093", 5 de abril, 2021, em: *The School of Greatness*, podcast, áudio em MP3, 01:23:00, https:// lewishowes.com/podcast/jordan-peterson-on-marriage-resentment-healing-the-past-part-1/.

CAPÍTULO 17

1. PHP, "Steph Curry 105 THREES in a ROW, 5 Minutes Straight without Missing", YouTube, 30 de abril, 2022, vídeo, 05:13, https://www.youtube.com/watch?v=1mi-lCTCvrE.

2. MasterClass, "Stephen Curry's 9 Tips for a Basketball Practice Routine", MasterClass, 2 de março, 2022, https://www. masterclass.com/articles/stephen-currys-practice-tips#a-brief-introduction-to-steph-curry.

3. Sourabh Singh, "Steph Curry Workout Routine: What Makes Him the Best Shooter in the League?" Essentially Sports, 19 de maio, 2021, https://www.essentiallysports.com/nba-basketball-news-golden-state-warriors-steph-curry-workout-routine-what-makes-him-the-best-shooter-in-the-league/.

4. Bharat Aggarwal, "Steph Curry Details 'How It Feels Like' When He Hits Prime Shooting Form & Achieves a Flow State", Essentially Sports, 10 de março, 2021, https://www.essentiallysports.com/nba-basketball-news-steph-curry-details-how-it-feels-like-when-he-hits-prime-shooting-form-achieves-a-flow-state/.

5. Motivation Stop (@motivationstop), "Perfectionism Is a Defence Mechanism", vídeo do TikTok, 30 de abril, 2021, https://www.tiktok.com/@motivationstop/video/7082462324438748421.

6. Thomas Frank, "Avoid Burnout, Learn Faster, Improve Your Memory & Overcome Procrastination w/Thomas Frank EP 1205", 22 de dezembro, 2021, em: *The School of Greatness*, podcast, áudio em MP3, https://lewishowes.com/podcast/avoid-burnout-learn-faster-improve-your-memory-overcome-procrastination-with-thomas-frank/.

7. Motivation Stop (@motivationstop), "Perfectionism Is a Defence Mechanism".

8. Jonathan Acuff, *Finish: Give Yourself the Gift of Done* (Nova York: Portfolio/Penguin, 2018).

9. Motivation Stop (@motivationstop), "Perfectionism Is a Defence Mechanism".

10. Thomas Frank, "Avoid Burnout, Learn Faster".

11. Jen Sincero, "How to Build Habits to Create Financial Abundance & Success w/Jen Sincero EP 1101", 23 de abril, 2021, em: *The School of Greatness*, podcast, áudio em MP3, https://lewishowes.com/podcast/how-to-build-habits-to-create-financial-abundance-success-with-jen-sincero/.

12. Austin Kleon, "The Habits & Routines Behind Great Artists w/Austin Kleon EP 1123", 14 de junho, 2021, em: *The School of Greatness*, podcast, áudio em MP3, 01:25:00, https://lewishowes.com/podcast/the-habits-routines-behind-great-artists-with-austin-kleon/.

13. Anthony ONeal, "How To Reshape Your Beliefs Around Money, Love & Your Future w/Anthony ONeal EP 1222", 31 de janeiro, 2022, em: *The School of Greatness*, podcast, áudio em MP3, 01:28:12, https://lewishowes.com/podcast/how-to-reshape-your-beliefs-around-money-love-your-future-with-anthony-oneal/.

14. Rob Dyrdek, "How To Reshape Your Beliefs Around Money, Love & Your Future w/Anthony O'Neal EP 1222", 6 de setembro, 2021, em: *The School of Greatness*, podcast, áudio em MP3, https://lewishowes.com/podcast/how-to-reshape-your-beliefs-around-money-love-your-future-with-anthony-oneal/.

15. Lindsey Vonn, "Lindsey Vonn: DISCOVER Your Potential, Destroy Self-Doubt & Develop Habits for SUCCESS EP 1132", 5 de julho, 2021, em: *The School of Greatness*, podcast, áudio em MP3, 00:58:00, https://lewishowes.com/podcast/lindsey-vonn-discover-your-potential-destroy-self-doubt-develop-habits-for-success/.

16. Rory Vaden, "How To Multiply Your Time & Income w/ Rory Vaden EP 1133", 7 de julho, 2021, em: *The School of Greatness*, podcast, áudio em MP3, https://lewishowes.com/podcasthow-to-multiply-your-time-income-with-rory-vaden/.

17. Rory Vaden, "How To Multiply".

CAPÍTULO 18

1. Derek Hough, "How To Pursue Your Dream & Make A Living As An Artist w/ Derek Hough EP 1167", 24 de setembro, 2021, em: *The School of Greatness*, áudio em MP3, 01:33:00, https://lewishowes.com/podcast/how-to-pursue-your-dream-make-a-living-as-an-artist-with-derek-hough/.

2. Lori Gottlieb, "Red Flags To Watch Out For & The Keys To A Healthy Relationship w/Lori Gottlieb EP 1191", 19 de novembro, 2021, em: *The School of Greatness*, podcast, áudio em MP3, 01:04:00, https://lewishowes.com/podcast/red-flags-to-watch-out-for-the-key-to-a-healthy-relationship-with-lori-gottlieb/.

3. Sarah Jakes Roberts, "How To Heal Your Past, Build Strong Relationships & Deepen Your Faith w/Sarah Jakes Roberts EP 1105", 3 de maio, 2021, em: *The School of Greatness*, podcast, áudio em MP3, 01:30:00, https://lewishowes.com/podcast/how-to-heal-your-past-build-strong-relationships-deepen-your-faith
-with-sarah-jakes-roberts/.

4. Nicole Lynn, "Nicole Lynn On Breaking Down Industry Barriers & Accomplishing Your Goals EP 1142", 28 de julho, 2021, em: *The School of Greatness*, podcast, áudio em MP3, 01:06:00, https://lewishowes.com/podcast/nicole-lynn-on-breaking-down-industry-barriers-accomplishing-your-goals/.

ÍNDICE

A

Abundância Positiva 93
Ansiedade
  Gatilhos 117
Apoio Profissional 245
  Responsabilidade Profissional 246
Apple
  Think Different 79
Aprovação
  Desejo por Permissão 205
Autoconfiança 82
Autodúvida
  Lições Importantes 91
Autores Importantes
  Brené Brown 256
  Carl Jung 107
  Dale Carnegie 104
  Donald Miller 42
  Ethan Kross 107
  Gabby Bernstein 172
  Greg McKeown 219
  John C. Maxwell 11
  Jordan Peterson 23
  Nedra Glover Tawwab 124
  Nicole LaPera 127
  Paul Conti 9
  Robert Greene 44
  Sarah Jakes Roberts 59
  Stephen R. Covey 207
  Timothy Ferris 5
  Viktor Frankl 8

B

Barreiras para a Grandeza
  Fracasso 56
BRAG
  Lista 276

C

Ciclo da Mentalidade em Movimento 163, 166
  Comportamentos 166
  Emoções 166
  Otimização 168
  Pensamentos 166
Coaching para a Grandeza
  Definição 25
  Identidade Atual 147–150
  Kit de Ferramentas de Conversão do Medo 69
  Localizador de Inspiração 158–161
  Manifesto de Missão Significativa (MMS) 150–152
  Matriz da Abundância 183
Convidado Podcast
  Adam Grant 143
  Ali Abdaal 197
  Amy Cuddy 78, 143

Austin Kleon 264
Benjamin Hardy 145, 231
Caroline Leaf 164, 246
Dan Gilbert 84
Dan Millman 59, 173
David Perlmutter 129
Derek Hough 178, 273
Donald Miller 145
Dr. Phil 75
Dwayne "The Rock" Johnson 33
Ellen Vora 85
Ethan Kross 169
Ethan Suplee 66
Evy Poumpouras 248
Gabby Bernstein 205
Gabor Maté 126
Grant Cardone 196
Ivan Joseph 276
Jamie Kern Lima 71
Jason Redman 13, 231
Jen Sincero 245
Joe Dispenza 164
Joel Osteen 87
John Brennan 44
Jordan Peterson 60
Katy Milkman 39, 218
Laurie Santos 43
Leon Howard 144
Lindsey Vonn 265
Lori Gottlieb 274
Marissa Peer 164
Mel Robbins 170
Nicole Lynn 34, 275
Nir Eyal 176
Novak Djokovic 245
Payal Kadakia 142
Priyanka Chopra Jonas 66
Rachel Rodgers 191
Ramani Durvasula 124
Ray Dalio 67
Rich Diviney 86
Rob Dyrdek 264
Robin Sharma 83
Rory Vaden 208, 218
Sara Blakely 55
Sarah Jakes Roberts 274
Seth Godin 98, 180
Shefali Tsabary 127
Simon Sinek 98
Sri Sri Ravi Shankar 34
Sukhinder Singh Cassidy 62
Susan David 174
Thomas Frank 243
Tim Grover 77
Tim Storey 145
Tony Robbins 37
Wendy Suzuki 16
Correntes Invisíveis 83
Críticas
Convivendo 86
Crítica Construtiva 252

D

Dale Carnegie
Fórmula Mágica 104
Desafios
Superação 221
Deus da Opinião 84
Diagrama da Dúvida 58
Autodúvida 58
Medo de falhar 59
Medo do julgamento 59
Medo do sucesso 59
Discursos Inspiracionais
TED Talks 144
YouTube 144

E

Emoções
Aceitação Gentil 178

- Remoer 175
- Reprimir 174

Equação de Aceitação de Riscos 66
Escola da Grandeza 196
Esportes
- All-American 20
- Arena Football League 31
- Canadian Football League 31
- Decatlo 1
- Handebol 227
- Jogos Pan-Americanos 229
- New York City Handball Club 228
- NFL 1

Estimulando a Grandeza
- Exercícios 44–51

F

Fatos Relevantes
- Julgamento de O. J. Simpson 32
- Pandemia COVID 2

Fechamento Identitário 143
Figuras Políticas
- Barack Obama 24
- George W. Bush 23
- Martin Luther King Jr 116
- Robert Gates 23
- Teddy Roosevelt 84
- Winston Churchill 116

Fluxo da Abundância 83
Fracasso
- Lições importantes 62

G

Grandeza
- Definição 7
- Nova Identidade 166
- Processo 77

Greatness Academy 42

I

Identidade 84
- Apontadores 84
- Aspirantes 84

Inimigo da Grandeza 33
Inspiração
- Busca 114

Integridade 82
IT Cosmetics 72
Itinerário do Dia Perfeito (IDP) 44–47

J

Julgamento
- Lições Importantes 81

K

Kit de Ferramentas de Conversão do Medo 101
- Exercícios
  - Condicionador da Alegria 117–120
  - Conversor do Medo 101–104
  - Enfrentamento do Medo 111–113
  - Fórmula Mágica de Minimização 104–106
  - Localizador de Alter Ego 113–117
  - Solução do Autocoaching 107–111

L

Loops 107
- Pensamentos Negativos 110

M

Matriz da Abundância 181
Medos

Crenças Limitantes 102
Lista de Medos 101
Mentalidade 164
Componentes 164
Mentalidade de Grandeza , 126, 104
Avaliação de desempenho
Três Fatores 25–28
Ciclo da Mentalidade em Movimento 9
Comportamentos 9
Emoções 9
Identidade 9
Pensamentos 9
Cinco Perguntas 193
Pergunta da Paixão 195
Pergunta da Possibilidade 194
Pergunta da Prioridade 194
Pergunta da Prosperidade 195
Pergunta da Pureza 193
Coaching para a Grandeza 25
Definição 3
Desafios comuns 8
Estratégia para a Grandeza 10
Inimigo da Grandeza 19
Mentalidade em Movimento 193
Objetivos de Grandeza 261
Zona de Transformação 188
Mentalidade de Impotência 188
Merecimento 93
Metas Pessoais
Definição 232
Importância 230
Plano de Definição de Metas 237
Mídia
New York Times 211
Time 67
Wired 67
Missão Significativa 8, 33
4 Passos 8–11
Ponto Fortes 41
Paixão 41
Poder 41
Problema 42
Servir 100 milhões de pessoas 39

N

Network Empresarial 6

O

Objetivos de Grandeza 261
Agendar 261
Automatizar 262
Celebrar 263
Eliminar 263
Obras Relevantes
7 hábitos das pessoas altamente eficazes 207
Agilidade emocional 174
Ansiedade do Bem 58
As 48 Leis do Poder 44
A voz na sua cabeça 107
Believe IT 73
Como curar sua vida 127
Como se tornar sobre-humano 164
Defina limites e encontre a paz 124
Despertar radical 127
Em Busca de Sentido 8
Essencialismo 219
Herói em missão 42
LifePass 142
Luzes no dia a dia 95
Mulheres evoluem 59
Roube como um artista 264
Suba a escada 265
Super Attractor 172
The Anatomy of Anxiety 85
The Gap and the Gain 231
The Mask of Masculinity 125
The School of Greatness 259
Trabalhe 4 horas por semana 5
Trauma: A Epidemia Invisível 9
Você é fodona 245
We Should All Be Millionaires 191

Organizações Sociais
Art of Living Foundation 34
Charity: Water 7
Hello Seven 191
Operation Underground Railroad 7
Pencils of Promise 7

P

Plataforma Digital
Amazon 44
Instagram 56
Plataformas Digitais
LinkedIn 4
Network 6
Podcast 34
Escola da Grandeza 260. Consulte também The School Of Greatness
The Happiness Lab 43
The School of Greatness 7
Problemas de Saúde
Esgotamento 18
Estresse 18

R

Referências Estatísticas
Cleveland Clinic 16
Departamento de Habitação e Desenvolvimento Urbano 17
Instituto Nacional de Saúde Mental dos EUA 16
Regra do 1% 257
Reservas de Emergência 69
Responsabilidade 241
Ressignificação 78
Abraçar a mudança 79

S

Significância 265
Síndrome do Impostor 78
Sistema de Alto Desempenho (GPS) 235
Poder do Número 3 235
Sistema de Ativação Reticular (SAR) 171
Atitude de Celebração 171
SPANX 55
Sucesso
Lições Importantes 71
Medo 74

T

Terapia Transformacional Rápida (TTR) 164
Toastmasters 5
Traumas
Conflitos de relacionamento 124
Interromper Ciclos 124
Mecanismos de Enfrentamento 127
Narcisismo 124
Treinador Interior 97
Três Fatores
Bem-estar 25
Negócios 25
Relacionamentos 25

V

Validação
Busca 88
Valores Fundamentais 81
Varejistas
Apple 79
L'Oreal 73
Sephora 72

W

Webinar 21

Este livro foi impresso nas oficinas gráficas da Editora Vozes Ltda.,
Rua Frei Luís, 100 – Petrópolis, RJ.